邹厚本文集

南京博物院 编

文物出版社

图书在版编目（CIP）数据

邹厚本文集/南京博物院编. —— 北京：文物出版社，2023.5

ISBN 978-7-5010-8043-4

Ⅰ．①邹… Ⅱ．①南… Ⅲ．①考古工作－中国－文集 Ⅳ．①K87-53

中国国家版本馆CIP数据核字(2023)第086408号

邹 厚 本 文 集

编　　者：南京博物院

封面设计：刘　远
责任编辑：秦　彧　刘雅馨
责任印制：张道奇

出版发行：文物出版社
地　　址：北京市东城区东直门内北小街2号楼
邮　　编：100007
网　　址：http://www.wenwu.com
经　　销：新华书店
印　　刷：北京荣宝艺品印刷有限公司
开　　本：889mm×1194mm　1/16
印　　张：18
版　　次：2023年5月第1版
印　　次：2023年5月第1次印刷
书　　号：ISBN 978-7-5010-8043-4
定　　价：210.00元

南京博物院

学丛

人书

邹厚本

1961 年 4 月，随 1956 届考古班赴大同考察参观，与阎文儒先生（中排左七）、宿白先生（中排左六）合影

向参观者介绍龟山二号汉墓棺椁及黄肠题凑结构

1991年5月18日，陪同地质学家闻广教授和良渚文化研究学者、浙江省文物考古研究所牟永抗研究员考察江苏省溧阳小梅岭良渚文化玉矿产地

在徐州狮子山西汉楚王陵墓发掘现场研究如何起取耳室青铜器

1992 年 2 月 3 日，陪同日本奈良文化财研究所学者坪井清足、町田章考察南京明故宫午朝门遗址

在长江三峡重庆淹没区考古发掘现场（巫山冬瓜包）划分地层

与江苏省农业科学研究院学者汤陵华在发掘现场讨论草鞋山水田考古问题

1996 年，在日本宫崎市作"中国苏州草鞋山马家浜文化时期古稻田遗迹"学术报告

陪同安志敏先生考察句容丁沙地考古工地（前排左起：梁白泉、安志敏、赵清芳、纪仲庆；后排左起：李民昌、邹厚本、吴荣清）

1998年4月26日，北京大学百年校庆时与宿白先生等合影（前排左起徐苹芳、邹厚本、宿白、王仲殊、林沄；后排左起：杨育彬、李伯谦、陈振裕、张长寿）

陪同中国科技大学陈其玢教授考察南京九华山唐代铜矿遗址

2002年，参加考古发掘专家座谈会现场

2005 年，在宁常镇溧高速公路考古发掘现场

2010 年，参加溧阳电站考古验收

2011 年，参加大云山考古检查

2011 年，参加江苏大遗址考察

2012 年，参加南京考古工地验收

2013 年，参加土山二号墓考察

2015 年，参加川东港考古工地验收

2017 年，参加第三批大遗址考察

2019 年 9 月，摄于新疆赛里木湖畔

2019 年 9 月，摄于新疆昌吉

凡　例

（一）为了传承先辈学者的治学精神，介绍当代学者的研究成果和治学方法，也为了激励青年学人的学术热情，探索一条新时期可持续的学术途径，南京博物院决定编辑《南京博物院学人丛书》，陆续出版我院学人的学术论著，以集中展示我院的整体学术面貌和科研水准。

（二）学人丛书以个人的形式推出文集，定名"ＸＸ文集"。每集40万字左右，对于著述量较多的文集，则又根据内容分成若干专辑，冠以"ＸＸ卷"，如"考古卷""博物馆卷""文物科技卷"等。

（三）学人丛书以严谨审慎的态度认真遴选，尤其注重著述的学科意义和学术史价值，原则上只收录已公开发表的学术论文，不能体现作者学术水平的杂谈、小品、通讯等一般不予收录。

（四）学人丛书各卷编排一般以内容题材和发表时间并行的原则编定次序，以见专题性和时代性。

（五）大凡学术著述多受作者所处时代环境之制约，征引、论断未必尽善。诸如此类，学人丛书一般未予匡正，以存历史原貌，使之真实地再现每位作者撰述时的时代气氛和思想脉络。对于入选论文，在文末以按语的方式附简单说明，主要介绍写作背景、发表或出版等情况，基本不做主观评价。

（六）学人丛书一般改正原稿中的个别错字，删除衍文，包括古今字、异体字、纪年、数字、标点等，一律按国家语言文字工作委员会颁布之标准体处理，而少量的未刊稿则酌情进行细微的文字处理。

（七）各卷前刊主编撰写的总序一篇，阐明学人丛书编纂缘起和意义等，以便读者对该丛书获致一轮廓性的了解。同时，设有前言或序（作者自序或由直系亲属决定的他序）。在体例上，每卷卷首配有若干照片、手稿等，卷末附有编后记，而论文所附插图、照片、线图等基本采用原有样式以保持论文原貌。

（八）学人丛书编辑委员会本着务实、有效的原则，分别由专人担任每卷的责任整理者，在主编主持下分工合作，共襄其役。丛书的整体设计和最后定稿均由主编全权负责。

《南京博物院学人丛书》编辑委员会

2009年8月

总　序

　　南京博物院坐落于六朝古都的江南胜地，其前身是国立中央博物院筹备处，1933年由时任国立中央研究院院长的蔡元培先生倡议成立，是当时全国唯一仿照欧美现代博物馆建设的综合性博物馆。原拟建"人文""工艺""自然"三馆，后因时局关系，仅建"人文馆"，即现在的南京博物院主体建筑仿辽式大殿。建院之初，就明确提出"提倡科学研究，辅助公众教育，以适当之陈列展览，图智识之增进"的宗旨，为博物院的筹建和发展奠定了理论基础。故院长曾昭燏先生在《博物馆》中明确提出："研究为博物馆主要功用之一"，这一观念至今对南京博物院的业务工作产生着积极而持久的影响。

　　建院70余年来，尊重科学研究的优良传统在南京博物院一直传承着，并不断发扬光大。建院之初，这里汇聚了一大批享誉海内外的著名学者，如叶恭绰、傅斯年、胡适、李济、吴金鼎、马长寿、王介忱、李霖灿、曾昭燏、王振铎、赵青芳等，即便在烽火弥漫的抗日战争期间，在十分艰苦的生活工作条件下，他们也不忘自己的职责，进行卓有成效的科研工作，为民族文化的传承保存了可贵的薪火，也为南京博物院后来的科研人员树立了榜样。

　　1937年8月，中央博物院奉命带院藏文物向西南迁移，研究人员则在艰辛条件下开展田野考古和民族民俗调查工作。20世纪三四十年代，吴金鼎、曾昭燏、王介忱在云南苍洱地区进行考古调查和发掘；李济、吴金鼎、王介忱、冯汉骥、曾昭燏、夏鼐、陈明达、赵青芳等发掘四川彭山汉代崖墓，收集了大批汉代文物资料；以马长寿、凌纯声为团长的川康民族调查团在西南地区进行了历史遗迹、民族服饰、手工业、语言和象形文字、动植物的调查，采集了大量的少数民族文物；中央博物院与中央研究院史语所等联合组建了西北科学考察团，在敦煌、玉门关等地进行科学考察，并发掘了甘肃宁定阳洼湾齐家文化墓地等。在此期间，中央博物院在研究的基础上整理编写了《博物馆》《远东石器浅说》《云南苍洱境考古报告》《麼些标音文字字典》《麼些象形文字字典》等一系列学术著作。这些代表性论著，知识建构博大精深，社会学方法论应用得当，新学科新知识光芒闪烁，其学术开创意义和精神价值，足可视为经典。

　　1949年10月，随着新中国的成立，我院进入新的发展阶段。1950年3月，前中央博物院正式更名为南京博物院。南京博物院继承了前中央博物院前辈学人的治学精神和学术理念，坚持循序渐进地开展学术研究工作。随后开展了江苏南京南唐二陵发掘、六朝陵墓调查，以及山东沂南汉画像墓、安徽寿县春秋时代蔡侯墓等考古发掘工作，还奉命派人到郑州协助发掘商代城址，都取得了良好科研成果。同时，先后在江苏境内发掘了淮安青莲岗、无锡仙蠡墩、南京北阴阳营、邳县刘林和大墩子等重要遗址，发掘了丹徒烟墩山"宜侯夨簋"墓、南京东晋砖印壁画"竹林七贤及荣启期"墓、东晋王氏家庭墓地王兴之与王献之墓等重要墓葬，并对江苏境内的淮河、太湖、洪泽湖、射阳湖流域和宁镇山脉进行了大规模的考古调查。随之提出的"青莲岗文化"和"湖熟文化"的命名，将江苏考古纳入系统研究范畴，为后来的江苏考古学文化区系类型研究开启先河。

自1978年中国实行改革开放政策的30余年来，南京博物院在积极倡导创新精神的同时，秉承前中央博物院学人"博大深约"之精神理念，注重将社会教育与学术研究交融贯通，形成了"兼容创新"和"与时俱进"的学术风气，迎来了学术研究的美好春天，在博物馆学、考古学、历史学、民族民俗学，以及古代建筑、艺术文物、文保科技、陈列展览等相关领域均取得了不斐成绩，并呈现了以老专家引领、中青年骨干为中坚力量的梯队式研究群体，其治学之道、研究之法亦与前中央博物院前辈学人的传统息息相通。

现今南京博物院是一所拥有42万余件各类藏品，20万余册中外专业图书的大型综合性博物馆，集探索、发现、典藏、保护、研究、教育、服务于一体，具有举办各种展览、开展科学研究的深厚基础，在学术方面已经拥有比较深厚的历史积淀和鲜明的综合性特色。近年来，南京博物院将科学研究与服务公众作为工作的两极。立足科研，努力提升学术水平，逐步提高工作能力，最大程度地扩大学术声誉和影响力，为公益性博物馆的发展提供基础和动力；努力将博物馆的科研成果转化为现实生产力，服务于文物遗产的保护和利用，服务于社会公众教育，成为南京博物院长远发展的基本方针和工作目标。

今天，随着博物馆事业的快速发展，我们清晰地认识到，开展科研工作是公益性博物馆发展的基础和动力，要提高对科研工作重要性的认识，有的放矢、循序渐进地开展工作。首先，要认识到科学研究是生产力，是博物馆实现社会价值的重要手段。要从发展生产力的高度认识博物馆科研工作的重要性，认识到我们的职责是利用古代文化及其研究成果来推动和促进当地经济社会的和谐发展。通过博物馆的研究成果，使社会认识到，古代文化遗产是一个地区、一个民族、一个国家的象征，具有精神上的巨大作用，发展博物馆事业，也直接间接地发展了社会生产力；通过博物馆的科研发明和技术创造，让社会认可文物保护技术的重大作用，它不仅可以使文物坚固、延年，并保持美感，更让公众在欣赏文物的过程中认识、理解并尊重了其中"过去的辉煌"和"今天的创造"。其次，要促进科研成果的转化和推广。科研成果只有进行有效转化，才能真正成为现实生产力，更好地发挥科研成果服务社会的功能；积极促进科研成果的推广，可以为文物保护力量比较薄弱的地区提供技术支撑；科研成果的研究和推广，可以培养、锻炼一批既具有理论研究水平，又有实践能力的队伍。第三，要明确科研的内容和重点。南京博物院作为大型综合性博物馆，能够在国际国内博物馆界有一定地位和影响，积极的科学研究无疑是重要条件。全院有一支专业素质好、知识水平高的业务队伍，他们探索古远历史，研究地域文化，保护物质遗产，服务社会公众。科研的内容和重点主要围绕服务社会发展、服务江苏文博事业、服务公众文化享受的目标来进行。具体而言，主要围绕研究江苏文明史发展的考古发掘研究、文物保管及科学保护、文物展示及公众服务、文物利用及社会作用的发挥等内容来进行。其中在考古发掘研究方面，70余年的考古收获成果，基本可以勾划出江苏历史发展的轮廓概貌，弥补了文献记载之不足。在文物科学保护方面，共有获奖科技成果20多项，在文物保护实践中都得到了广泛的应用。在文物展示及服务公众方面，在完成了南京博物院艺术馆陈列，还开展了文博系统人文社会科学重点课题研究，并帮助多家博物馆进行展览设计与布展。在利用文物发挥社会作用方面，多方组织精品展览服务各地公众。同时积极利用科研技术，保护地面文物建筑，启动"身边的博物馆"走进农村基层的数字化博物馆项目，致力于将博物馆与公众的距离拉得更近。

回首往昔，我们欣喜地看到，南京博物院70余年的科研成就硕果累累；筹划今朝，深感我们仍需砥砺精神，不断求索，以更好的业绩促更大的发展。为了集中展示并检阅南京博物院在学术研究方面的综合性成果，并藉此体现服务与研究相结合的学术导向和科研特色，我院组织编辑出版《南京博物院学人丛书》，通过整理与学习前辈学人的学术成就与传承脉络，介绍当代学者的研究成果和治学方法，使之作为系统的历史文献资料保存下来，并成为后人获得知识、方法与灵感的重要源泉。同时，真诚希望我院青年学人能得以站在前人肩膀上，坚持良好的学术风气，促进科研工作的不断开展，探索一条新时期可持续发展的学术途径。在我看来，《南京博物院学人丛书》是一种精神资源，在叙述和阐释的过程中，不仅仅是对历史文化积淀的整理，也是对南京博物院学术精神的弘扬。我们有理由相信，无论从文献价值还是从学术传承着眼，作为一项系统的文化工程，《南京博物院学人丛书》随着时间的推移必将会显示出嘉惠后人的永恒价值，成为激励后来者不断前进的动力。

南京博物院院长　龚　良

2009年9月1日

目　录

序

今年九月郑州"第九届中国博物馆及相关产品与技术博览会"期间，我的学生、现就职于南京博物院的田名利来我郑州家中看望，并有一事相托，请我为《邹厚本文集》作序，此时距邹厚本先生驾鹤仙去已三月有余。据田名利讲，请我作序为邹先生之生前愿望。邹先生在去年岁末着手准备编撰其个人文集事宜，当时他身体还很硬朗，不曾想来年开春病魔突然来袭，一位著名的考古学家就此匆匆离去，给很多关心他的人留下伤心与不舍。我虽年事已高，但对于邹先生的愿望是无论如何也不能推托的，这既包含了邹先生对我的信任，同时，我也想借此表达一下对邹先生的思念与缅怀。

我和邹先生既是同学，又是朋友。邹先生是学兄，他是一九五五年考入北京大学历史系，我是一九五六年，两人前后脚。后来，邹先生又考上历史系的研究生，跟随苏秉琦先生研究新疆考古。邹先生是苏州人，在我的印象中，他知识面广，懂的东西很多，性格上既有江南人的温和细腻，又兼具北方汉子的豪爽大方、古道热肠。因为老家是江苏的缘故，1964年邹先生被分配到南京博物院考古部。当时与他共事的北大校友还有纪仲庆、汪遵国等。邹先生去南博后，我们一南一北，虽不常见面，但大家从事相同的职业，我时时刻刻也在关注邹先生的消息，并知道他在江苏辛勤耕耘，为江苏的考古和文博事业做了大量工作，并取得了不俗的成就，发自内心为他感到高兴。

邹先生到了南博之后，一生都没有脱离考古岗位，他走遍了江苏的山山水水，并先后担任过南京博物院考古部副主任、主任，江苏省考古学会理事长等职。他的研究重心则放在了商周时期，对江苏地区土墩墓、宁镇地区青铜文化序列做出了许多开创性研究；但其研究的范围又不局限于商周时期，新石器时代、汉代、六朝、甚至隋唐时期的有关遗址、墓葬、窑址等都有涉猎。尤其值得一提的是，20世纪90年代他和中、日学者一起发掘了草鞋山遗址，发现了马家浜文化的水稻田遗迹，这在当时的考古界也是非常有影响的一件事。当他年逾花甲，大多数人已退休颐养天年时，他却老骥伏枥，投身到长江三峡的考古抢救保护工作，而当其因年龄关系不能直接参与田野一线工作时，他依旧心系江苏考古，为江苏考古进言献策，把他的所学所知向晚辈倾囊相授，并在省里和地方上培养了大量的中坚力量。据我所知，江苏考古界的晚辈对邹先生都非常敬重，邹先生也是出了名的好人缘。

　　邹先生的一生，可谓心系考古，心无旁骛。其个人文集的出版，是对他一生所孜孜以求事业的总结。虽然邹先生已然离世，但他的学术成果将长期影响着后来的学者。他的为人、他的治学态度、对考古事业的专注与热情，更值得同行们学习。

李伯谦
于2022年12月

草鞋山遗址考古收获及其学术价值

　　苏州草鞋山遗址为长江下游东太湖平原典型的新石器时代文化遗址，2013年3月被国务院公布为全国重点文物保护单位。

　　遗址位于苏州市工业园区唯亭镇的阳澄湖畔，相距约2千米，北纬30° 22′ 28.3″，东经120° 47′ 33.2″，黄海高程3.463米，地处北亚热带，季风气候明显，年平均气温13.5℃，降水量1235毫米。

一　发现与复查

　　遗址于1956年10月江苏省文物管理委员会在全省文物普查中被发现，当时按遗址所辖村的位置，公布称陵南村遗址。同年11月3日南京博物院考古专家赵青芳先生专程赴现场考察，在其工作日记详细记录了考察经过，特别提到夷陵山和草鞋山应属同一遗址，夷陵山之高是后来堆筑的，山体下部文化层为原生堆积，未经扰动。黄土堆筑夷陵山山巅尚存留石砌的壕沟。1957年5月23日南京博物院吴县考古调查小组复查了遗址，拍摄了现场照片，并实测绘制了遗址平面图，正式发表称其为草鞋山、夷陵山遗址。

二　遗址范围

　　20世纪70年代初首次调查公布的遗址范围东西长约260、南北宽约170米，总面积约44200平方米。90年代发掘期间对遗址的全面复查和择点勘探，根据地形、地貌、河网分布、发掘区的地层堆积，认定遗址东、西、南三面以河（港）为界，北面为阳澄湖滩地，形成三面环水，一面湿地的生态自然环境，这样的布局符合远古时期选择聚落位置的特点。草鞋山遗址范围即东临东港河、西界司网泾港，两河（港）均南通娄江。南面为横泾港与其串联沟通。这些港河的前身分析应归属古河道水系。遗址东西宽约500、南北长约800米，总面积约为400000平方米。21世纪初结合建设工程和遗址保护规划的制定，对遗址及其周边区域进行了更大范围的考古勘探普查，除20世纪90年代认定范围外，其东跨

过东港河，其南越过横泾港，在近百万平方米的范围划分成五个区（原圈定范围
即为Ⅱ、Ⅲ、Ⅳ区），延伸范围南部为Ⅰ区，东港河以东为Ⅴ区。勘探或小规模
试掘证明：Ⅰ区局部发现马家浜文化、良渚文化以及东周时期的文化堆积，但均
遭唐宋时期扰乱，堆积厚度深浅不一，且不能连续分层。Ⅴ区除西南角有极少的
良渚文化遗存外，仅发现战国和明清时期的文化遗存。至于原定阳澄湖滩地，定
为Ⅳ区，西南部地层堆积很厚，但均属后期（明清）堆积，并未发现新石器时代
文化堆积，东南部有一些新石器时代文化堆积。调查发掘结果对草鞋山遗址范围
出现如此的差距究其原因，关键是对新石器时代文化为主体的草鞋山遗址范围认
定的基本概念，一是以功能认定应包括生活区（住地、公共活动场所）、生产区
（农业、渔猎采集等）和墓葬区。二是以布局认定即遗址核心区、外围区和边缘
区。严格意义上讲，20世纪90年代确定的遗址范围既有丰富的文化遗存和遗迹
现象，地层堆积清晰且层位连续分布是科学合理的。至于70年代认定的范围可能
是遗址核心区的一部分。21世纪初调查资料应是遗址的边缘，因此新石器时代
堆积很弱且文化层断续，无法形成片区。总之草鞋山遗址范围当在四十万平方米
左右。

三　考古发掘的主要收获

草鞋山遗址的考古发掘前后历经九次，总面积达3230.5平方米，是迄今为
止，在江苏境内发掘次数最多，除连云港藤花落、昆山绰墩遗址外，发掘面积较
大的新石器时代聚落遗址。大致可以划分成三个阶段。

1. 第一阶段

20世纪70年代初期两次（1972年10月至1973年1月；1973年4～8月），主要
收获集中体现在考古学文化研究方面。

（1）经发掘，探明草鞋山遗址文化层堆积最厚处有11米左右，按照土质土色
的不同可划分成10个层次，最上层为东周时期文化层，第二、三、四层为良渚文
化层，第五层为淤土层，第六层为崧泽文化层，第七层至十层为马家浜文化层。
层位清晰，内涵遗存丰富，为太湖东部平原古文化发展序列树立了标尺。

（2）发掘清理了新石器时代墓葬204座（马家浜文化墓葬112座，崧泽文化墓
葬88座，良渚文化墓葬4座），各文化墓葬均存在早晚关系。反映出葬制、葬俗、
随葬品组合和器物的典型特征，为考古学文化研究和探索当时生产水平和社会发
展阶段提供了实物例证。

（3）良渚文化M198随葬品中，玉器琮、璧、钺等和一批精美刻纹陶器，显
示墓主身份系掌握宗教祭祀权、军事行政权的巫觋贵族。

2．第二阶段

20世纪90年代，中日合作课题《苏州草鞋山遗址古稻田研究》野外考古发掘，马家浜文化时期水田结构的发现是本阶段最主要的收获。

马家浜文化时期水田结构根据发现层位的上、下区别的水田结构形态不同，可以区分成三种不同的水田结构类型。

早期：不规则形状是利用自然状况的洼地，没有形成明显的人为加工的灌溉设施，纯天然畦地。

中期：人工开挖的小面积椭圆形浅坑畦田，田块之间有水相通，设有沟状水槽和蓄水井、坑为主体的灌溉设施已初步形成，粗放形成规模和格式的畦田。

晚期：以方形蓄水塘为中心排灌设施开始出现，浅坑洼地围绕水塘分布，田块之间有水口或浅沟形成的水口加以串连。水塘是调节水源的主导系统。

东周水田结构遗迹是本阶段的又一收获，虽然未揭示出完整的水田结构系统，但从已发现的线索看出东周水田选址已由马家浜文化时期自然状态的低洼湿地，移向平坦地，单块水田面积明显扩大，平面规整，特别需要指出的，在水田附近区域已有人工开挖的河道，这就不能排除当时已存在开沟渠引水灌溉的可能。

3．第三阶段

21世纪初三次（2008年3～4月、2009年10～12月、2012年1～3月），结合涉及遗址所在区域京沪高铁、东港河驳岸工程和草鞋山遗址保护规划的制订所进行的考古勘探调查和抢救性发掘，主要收获补充和增添了一批新资料，并对遗址范围考古学文化领域的研究又有了一些新的认识。

（1）马家浜文化、崧泽文化时期遗址主体区域在所划定的Ⅲ区和Ⅱ区，包括居住址、墓地和水田遗迹。良渚文化时期除墓地外，其分布区已扩大到Ⅰ区、Ⅳ区和Ⅴ区的东南隅。马桥文化、吴越文化时期其分布范围又扩展到Ⅰ区和Ⅴ区。但自良渚文化以后，文化的扩展区域并未形成连片的文化堆积，主要获取的是个别遗迹单元井、坑等现象。为我们界定遗址范围提供了更科学的依据。

（2）新石器时代，马家浜文化墓葬14座，其形制葬式、葬俗、随葬品组合，与20世纪70年代所发现同时期墓葬完全一致，应属同一墓地。

崧泽文化墓地的构建是先垫土筑台，然后挖坑埋葬，属于高祭台墓地的前身，发现墓葬15座。从北向南排列成三排，北面一排形制规格略大，随葬品丰富，中间及南部两排，规格略小，随葬品亦少于北排墓葬。墓地中部有一片经燎烤的烧土面，应属经过重要祭祀活动后留下的燎祭遗迹现象。同类现象在上海福泉山崧泽文化墓地和昆山赵陵山良渚文化墓地亦发现过。

所发现的良渚文化墓地并未发现筑高祭台的现象，而是直接挖坑埋葬。随葬品亦为日常器皿，未见表示身份的玉器和高等级陶器，显然墓主身份较低。

（3）在20世纪发现的马家浜文化水田的北面相距不远处，又发现一片水田，其形状、蓄水坑、水口规模与以往发现完全一致，应属同一片水田遗迹。唯其中一块水田曾有后期将前期田块归并扩大的改造现象。

（4）马家浜文化时期的房址2处，一处为构筑在生土面上由方形中心柱洞和一周小柱洞组成的圆形房址，另一处为具有基槽构筑于生土面上的长方形房址，房址内留有圆形灶坑，留存有黑灰色灰烬、熏黑的陶釜以及烧土层面。

四　学术价值

（1）草鞋山遗址考古发掘在江南史前考古学上的学术地位具有里程碑的意义和价值，正如1977年在南京举行的《长江下游新石器时代文化学术讨论会》著名考古学家苏秉琦先生指出的"太湖—钱塘江流域即古越地区，吴县草鞋山、余姚河姆渡遗址是两个典型突破，应跟踪追寻早于马家浜文化类型的早期遗存以及晚于草鞋山上层那类原始文化遗存之后，并与之衔接的吴越文化遗存。"期望我们以草鞋山遗址的发掘为契机，探寻本区域的考古学文化序列，也就是考古学文化研究的基础区、系类型的划分，对江南地区的高度理论概括。

当时太湖平原原始文化的命名，马家浜文化、崧泽文化的提出正处于酝酿之中，曾一度将其定为青莲岗文化江南类型，马家浜期、崧泽期和越城期，对此在会上学术界争议较大，并不认同，当时考古研究所所长，著名考古学家夏鼐先生建议称"马家浜文化"，包括马家浜遗址和上海崧泽遗址二期，但二者均有缺陷，前者无崧泽文化，后者马家浜文化贫乏，因此严文明先生认为草鞋山遗址文化堆积厚，内涵丰富，马家浜期、崧泽期、越城期各期衔接紧密，前后发展脉络清晰，是具有典型意义和代表性的遗址，因此建议将此类文化遗存定名为"草鞋山文化"，得到不少学者的认同，嗣后随着江浙沪二省一市考古发掘的蓬勃展开，新资料的不断补充，研究的深入细化，分别独立命名为马家浜文化、崧泽文化，所谓越城期则归入早期良渚文化。而草鞋山遗址中马家浜文化时期丰富的文化遗存特征，与常州圩墩遗址同时代遗存一起被考古学界认定属马家浜文化中晚期的代表，因此，新出版的《中国考古学大辞典》将草鞋山类型列为马家浜文化的重要类型之一。

草鞋山遗址地层堆积厚达10米以上，每个层位基本上代表本区域原始文化的发展脉络，而且几个文化都存在各自的早晚关系，丰富的各期文化遗存建立了文化编年的标尺。

（2）尤其是1973年发掘一座良渚文化时期的大墓M198，该墓属于高土台墓地的墓葬，随葬品中首次发现琮、璧、钺等玉器与良渚文化典型陶器，带盖鼎、贯耳壶、刻纹黑衣大陶罐、黑衣陶豆等共存，证实这些玉器均为良渚文化的代表器物，它是对良渚文化玉器的断代认定有着突破意义的发现。随着江浙沪等地良渚玉器不断有新的重要发现，由此长期以来许多未经考古发掘流传于世的误断时代的自以为三代、汉代的同类器物，得以恢复其原来的历史真实和价值，草鞋山遗址的开创性发现成为良渚文化及其玉器研究的起跑点。这些随葬良渚文化琮璧为主的大批的完整墓葬，学者们结合《周礼》中的记载认定琮璧等是良渚文化时期显贵和巫师们祭祀天地的礼器。结合上海福泉山、常州寺墩的发现，汪遵国先生首次提出良渚文化已存在"玉敛葬"的学术观点。

（3）长江流域人群发展的轨迹离不开农业文明，而首先课题是稻作农业研究，长期以来集中在探讨其起源和稻谷遗存的籼、粳和生产工具的研究模式，草鞋山水田遗迹的发掘和发现开启了多学科合作研究的模式，考古学家从水田的布局、形态、井坑、水沟等整体灌溉系统的演变过程，分析自距今6000年前的马家浜文化时期开始直至距今约2500年左右吴越文化时期，本地区已有了稳定的具有一定规模的水田结构，使先民们能长期聚居于此，则是农业聚落的基本条件，文化堆积的增厚、文化内涵的不断丰富、多样，规模扩大，对该遗址更全面揭露，可对草鞋山聚落有一个全面完整的认识。农学家从多方面分析得出结论，所有取样的水田遗迹内除一处例外，几乎所有土层中均发现大量水稻植物蛋白石的存在，并且换算出了当时的稻谷产量，同属马家浜文化时期不同层位随着年代增长，有递增的趋势，确认是六千年前开始栽培水稻，一直至今，而水稻类型从植物蛋白石形态上看均属于粳稻，但早期粳稻与现代粳稻形态上有所不同，从环境资源、古生物学家们对本地区的环境古气候、土壤类型的分析，本区域古气候以温暖湿润为主要特征，平均气温高出现在2℃左右，夏季风强盛，马家浜文化时期遗址距水域仅几米，湖沼水面纵横分布，水域面积比目前大，生长水生植物，湿生禾本科，某些稍高的土丘，生长柳树、榆树等植物，而菊科花粉大量增加，木本植物花粉较前期略增，反映水域面积显然较前缩小，气候较前干冷，当时遗址比目前离沼略远。

本区域马家浜文化时期地貌类型为高台平原，存在垅岗和洼地，地貌呈现起伏，分布河塘、沼泽、小型湖泊和浅水洼地。经探孔法对草鞋山遗址马家浜文化时期稻田区域探测结果表明，生土层形成后，古稻田几乎覆盖整个调查区域，而且直接利用了当时高低起伏自然地形地貌，在洼地栽种水稻。值得提出的是本区域在第二层时期曾经进行过人工改造平整，这种人为改变地貌的现象，可能与夷陵山人工堆筑加高相关，当时是就近取土，至今尚能清晰看出，草鞋山遗址1972～1973年发掘区域与夷陵山西南坡马家浜文化时期水稻田区地形上看尚存在一定的落差。

五　文物精品

草鞋山遗址考古发掘出土的众多文化遗存中，有一批极具历史艺术科学价值的文物，现举例介绍。

1. 草绳

编织物有三股的草绳，草绳用以捆扎草束；芦席和竹席，草绳和芦席的搓编方法，几乎与现代的技法完全一致。

纺织品的原料，经上海市纺织科学研究院等单位科学鉴定认为纤维原料采用的是野生葛，属花葛织物，残长8.8、宽4厘米，葛线的纺织经纬向均为合股的线，线径0.45～0.90毫米，拈向为S拈，从线的加拈情况看出当时对纤维的煮炼、脱胶、抽取、集束的技法已经有所掌握。织物的织造，它是属于编织类的纬起花纹罗织物，方法变化较多，织物比较匀称，反映了当时技术性很高，织物经密为每厘米10根，纬密为每厘米罗纹部约26～28根，地部约13～14根，花纹呈山形斜纹，菱形斜纹利用了左绞和右绞的异向螺旋绞转，形成了独特的斜纹结构，这是研究中国古代纺织技术发展史最原始最珍贵的实物。

织物纹样的图案设计是在大块素地上，画成线条菱形或山形斜方块形线条花纹，其组织结构特点是经线几乎不屈曲，主要是纬线绕经线上下绞缠而成罗纹组织，而绞纱的方向又不一致，形成了表面有Z向和S向组织点不同的花纹，收到了独特风格的效果。

研究者分析从织造方法变化多端，图案设计艺术性较高，手工操作技艺精到，从遗址内出土骨针、三股绳束等方面观察，推定六千多年前这里可能已经发明和采用了简单的原始织机——竖机。

2. 刻符玉璧

直径25.9、孔径5.3、厚1.3～1.7厘米，扁平圆形，中有两面对钻的圆孔，圆孔孔璧有台痕，淡青色，有墨绿斑，局部有白沁，璧的一面刻有纤细的符号、图符，上下端平直，两侧略内弧，呈梯形，上宽1.3、下宽1.4、中高1.6厘米，靠近一端有径为0.3厘米的圆圈，纵向刻二道纤细直线，其形如钺，由断断续续的短直线连接成整体轮廓，外轮廓线较粗，由多道线条重复，阴线刻划，毛刀明显刻成，内圆圈由多道短弧线连接而成形，在外轮廓外右侧隐约有刻出的穗草线条。目前国内外发现的良渚文化玉璧，多在高台立鸟，类似图符少见，正式出土的仅见三例，此件刻符玉璧出土地点明确，图符形象完整，琢刻工艺清晰，为良渚文化图符玉璧研究提供了十分重要的实物资料。

这种分段环刻，整个连接成轮廓的琢刻技法在春秋时期刻纹铜器中尚能见到其孑遗。

3.四足兽形器

遗址出土陶器数量较多，反映了各个时期的制陶技术，无论从造型的多样性、雕刻工艺和装饰效果看均不乏珍品，其中仿动物造型的陶器，把实用和艺术融为一体，出色的代表作有崧泽文化的四足兽形器。

椭圆形口，腹如扁宽上翘的鸭身，下安四足，两侧由圆形、方形、三角形组成的镂空和典型的崧泽刻纹装饰，整体造型既仿真又简朴，兴味盎然。

4.木桨

桨柄、桨叶自然连接，两端为长方形叶板块，此桨出土于吴越时期水塘遗迹边缘的淤泥之中，从其出土位置看，它应用于双向划水，以推进在池塘内乘具的移动，采集菱角、芡实等水生植物。除叶面稍有破损外，基本保存完好，在吴越文化时期遗存中罕见。

六　考古遗址公园保护利用的思考

草鞋山遗址位于特定的江南水网地区阳澄湖畔，具有特殊的区位优势，以其丰富的历史文化底蕴，给考古遗址公园保护利用提出了更高的要求。

总体上应以生态修复，文化底蕴展现为主，还原一片以绿色环境新石器时代遗迹为主线的遗址公园，最大限度保留恢复当时的古河道、湿地、林相等自然风貌，最大程度保持现状、本体区域的安全，最小限度地干预遗址遗存"栖息"环境。

未来考古遗址公园要以绿植标识、覆土保护，景观示意、原状展示等方式向公众显现。

草鞋山遗址的亮点：

（1）夷陵山是东太湖平原远古文化的标尺，这是唯一尚保存于地面的长江下游三角洲最大亮点，严防水土流失，以当今最科学最安全的现代科技手段永久性方式展现。

（2）20世纪70年代，考古发掘地点探方位置目前尚能寻找其确切位置，以植被方式再现探方位置，恢复历史记忆。

（3）20世纪90年代及21世纪水田遗迹，提升复原古稻田，可作稻田探源的科学实践基地。

（4）规划好遗址的后续考古发掘工作，有目的了解各个时期的聚落布局。

（5）夷陵山下重元寺不宜再复建，地下仍留有古代柱础等遗迹，可列入考古发掘规划，复原古寺庙平面，增添亮点。

（6）筹建阳澄湖生态环境博物馆。

总之使苏州工业园区现代化建设与草鞋山古文化遗址成为现代文明与古代文明交相辉映的具有影响力的成功作品。

表一　草鞋山遗址考古发掘墓葬统计表　　　　　　（座数）

文化名称 发掘时间	马家浜文化		崧泽文化		良渚文化	
	早	晚	早	晚	早	晚
1972～1973年	106	6	88		3	1
1994年	1		1			
2008年	11					
2009年	3			17	3	

注：1972～1973年墓葬统计数按正式发表三篇资料核对统计。1994年按南京博物院资料（内部）统计。2008年、2009年按苏州博物馆、考古研究所资料（内部）统计。

表二　草鞋山遗址考古发掘遗址统计表　　　　　　（个或座）

发掘时间	名称	总数	新石器时代 马家浜文化	崧泽文化	良渚文化	马桥文化	东周	汉六朝	唐	宋	明清	近代	不明
1992～1995年	灰坑	59	20	19		2	6			9	2	1	
	井	35	7	4		2	9	4			6	2	1
	灶	1					1						
2008年	灰坑	32		√							√		
	井	14						1		1	√		
	灶	1	1										
	水塘	1					1						
2009年	灰坑	22			6	6	3			2		4	
	井	8			2	1	1			3	1		
2012年	灰坑	6			3						3		
	井	5					1			4			

注：1972～1973年尚未发表统计资料。1992～1995年、2012年由南京博物院提供资料（内部）。2008年、2009年按苏州博物馆、考古研究所资料（内部）统计。

参考文献：

1. 南京博物院：《江苏吴县草鞋山遗址》，《文物资料丛刊·3》，文物出版社，1980年。

2. 南京博物院：《苏州草鞋山良渚文化墓葬》，《东方文明之光——良渚文化发现60周年纪念文集》，海南国际新闻出版中心，1996年。

3. 邹厚本、谷建祥、李明昌、丁金龙、姚勤德、汤陵华等：《江苏草鞋山马家浜文化水田的发现》，《稻作 陶器和都市的起源》，文物出版社，2000年。

4. 苏州博物馆、苏州考古研究所：《苏州草鞋山遗址》2008、2009年考古发掘资料（内部）。

5. 南京博物院：《苏州草鞋山遗址》，2012年考古发掘资料（内部）。

（本文为2017年10月25～27日，在江苏苏州"草鞋山遗址的考古意义及当代社会价值"国际学术研讨会上的发言）

江苏草鞋山马家浜文化水田的发现

草鞋山遗址为长江下游太湖平原典型的古文化遗址，1956年江苏省文物普查中被发现，现属省级重点文物保护单位。

遗址位于苏州市城东15千米处的阳澄湖畔，北纬30°22′28.3″，东经120°47′33.2″，黄海高程3.463米。遗址范围东西宽约500、南北长约800余米，总面积接近45万平方米。它包括生产、生活区和墓葬区。遗址在水网围绕之中，东、西、南三面以河港为界，东临东港河，西界司网泾港，两河（港）均南通娄江，北达阳澄湖，南面为横泾港，北距阳澄湖滩约300余米。遗址总的地貌比较平坦，仅在其中心范围内有两座紧邻的人工堆积成的土山，一座俗称草鞋山，原高出地面约8米左右，现已成为高山附近高约2米的坡地，面积约1.2万平方米；另一座在其东南，"相传为吴王夷昧墓"，故称夷陵山，面积约300平方米，原黄海高程15.23米，由于多年来人为取土和自然雨水冲刷等因素，"山"体面积日趋缩小，高度亦降，成为裸露地表的锥形土山（图一）。

1972年和1973年曾对遗址内草鞋山土墩范围进行过两次正式发掘，发掘面积1037.75平方米。文化层堆积丰富，最厚处可达10.5米左右，分为10个文化层，马家浜文化、崧泽文化、良渚文化到东周时期（吴越文化）的地层叠压关系明确，建立了太湖平原古文化序列的基本结构。

由于草鞋山遗址发掘的重要成果在海内外有一定的影响，并经1991年对该遗址钻探获取土壤样品分析，发现其内含有大量稻科植物蛋白石，故推断遗址内有存在水田遗迹的可能。因此，选定草鞋山遗址作为中日合作研究古稻田的地点。由中方南京博物院、江苏省农业科学院与日方宫崎大学农学部合作研究。自1992年至1995年，每年一期，从11月开始至次年1月，发掘工作由南京博物院主持，由苏州博物馆、吴县市文物管理委员会和江苏省农业科学院专业人员组成的考古队承担，1994年发掘结束前国家文物局考古专家严文明教授曾到工地检查指导工作。日本方面以宫崎大学农学部藤原宏志教授为首的课题组成员和佐佐木高明、工乐善通、都出比吕志等考古学家先后到现场进行了考察研究。

发掘区域在1972～1973年发掘地点以南，靠近后港浜，位于遗址中心区的南缘，属于生产区范围（图二）。先后四次发掘，分东西两片进行（图三），共计

图一　草鞋山遗址及周围环境

发掘面积1400平方米，终于在黏土地带发现了马家浜文化时期的水田遗迹结构，在中国水田考古学研究中取得了重大突破。

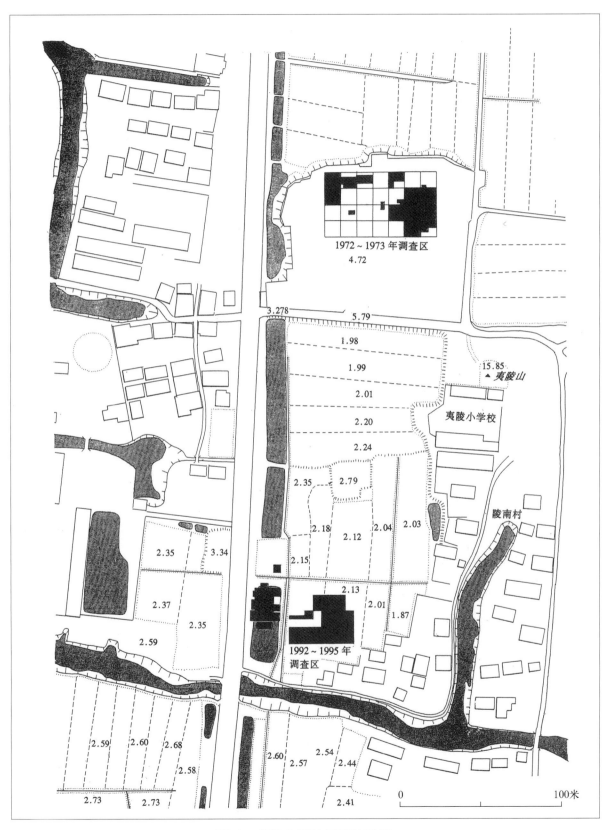

图二　草鞋山遗址周围地形图

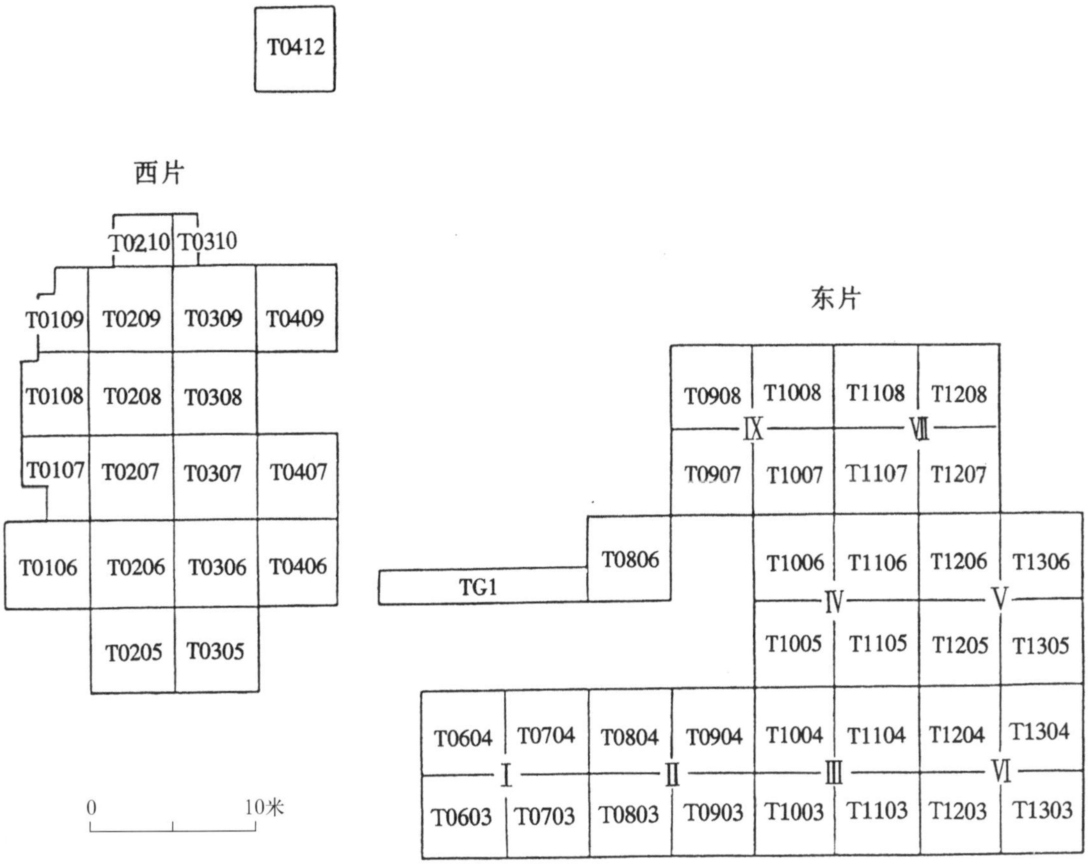

图三　草鞋山遗址 1992～1995 年考古发掘探方分布图

一　东片马家浜文化时期的水田遗迹

东片800平方米发掘范围内，新石器时代马家浜文化主要遗迹为叠压在⑩与⑨层下生土面上的水田及相关设施，分别有水田33块（S1～S33）、水沟3条（G2、G5、G6）、蓄水井（坑）6个（J18、J19、J28～J30、J35）、灰坑8座（H32、H38、H44～H46、H51、H53、H59），以及相关的水口等，按上述水田及相关遗迹的分布与相互关系可分为四组（图四、五）。

甲组：有S1～S7、S10、G2、J35、H32、H37、H38等13个单位。这些遗迹全部分布在第Ⅲ单元内。S1～S7、S10为平面呈圆角长方形或椭圆形的浅坑，位于低洼处，成两行排列，西南至东北走向，浅坑与浅坑之间相连或有水口相通。其中S1南与J35连接。J35为一椭圆形井，最大直径1.85、深1.6米，其东侧与一条长5.1、宽0.5～1.4、深0.2～0.4米的沟（G2）连通。G2东端有一圆形坑H32。从H32经G2至J35，落差0.4米，可见高处的水到H32通过G2流入J35，再由J35内溢出进入低洼处的S1～S7、S10内。这一组以浅坑S1～S7、S10为主，J35、H32、H37、H38起蓄水、灌溉作用，为浅坑的辅助设施（图六）。

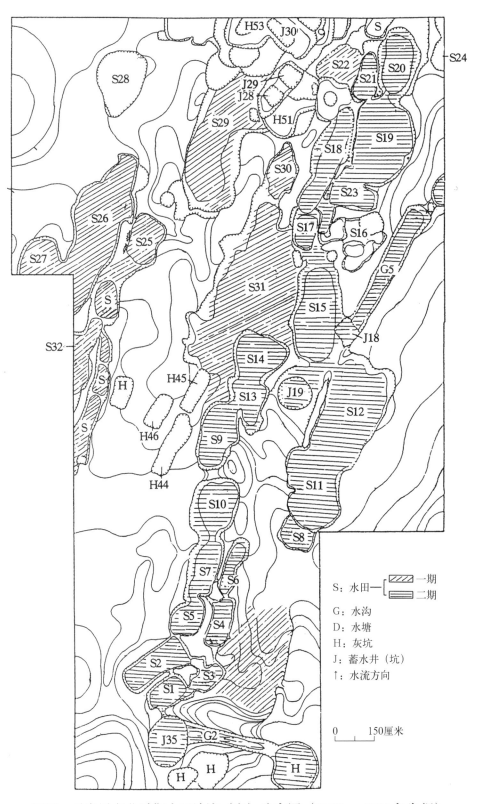

图四 马家浜文化时期水田遗迹（东）分布图（1992 ～ 1995 年发掘）

图五　马家浜文化水田遗址（东片）

图六　水沟 G2、蓄水井（坑）J35 与水田

乙组：有S8、S9、S11～S15、J18、J19、G5、H59等11个单位。这一组主要分布于第Ⅳ、Ⅴ单元内。同第一组一样，以浅坑为主。浅坑分东、西两行，走向与前一组一致。西行S9、S13、S14相连，东到S15。东、西两行浅坑呈品字形分布。品字中间为蓄水井（坑）J19。J19与另一蓄水井（坑）J18在同一直线上，J18连接G5，G5上端有一蓄水坑H59。G5长6.5、宽0.7～0.8、深0.2～0.6米，其走向与浅坑一致。这一组与前一组一样也由浅坑、蓄水井（坑）、水沟组成。

丙组：有S16～S24、S33、J28～J30、H51、H53等15个单位。这一组主要分布于第Ⅷ、Ⅸ单元。浅坑排列及走向同前二组，但浅坑之间有打破关系。例如S18打破S17、S21打破S22等。出现大坑中套小坑的情况，如S16中有三个小坑，反映这一时期人类活动较频繁。另外S24大部在东北发掘单元以外，浅坑还向外延伸。这一组集中有3个蓄水井（坑）J28～J30，其中J30较大较深，南端S17与第二组S15、G5相连，可见这二组共一条水沟。

丁组：S25～S27、S29～S32等七个单位。这些单位相对集中，分布于第Ⅳ、Ⅷ、Ⅸ单元生土面的高岗与低洼交界处的缓坡上，且都面向东南。S29被H51打破，其东侧S30南连S31，S31被S14、S15等打破。S26连S27，其东侧为S25与S32。

从这四组遗迹平面分布关系看，除丁组外都以浅坑S为主，相对集中的浅坑之间相连，都有蓄水井（坑）、水沟。水流方向经水沟、蓄水井（坑）进入浅坑内。浅坑成行排列，西南至东北走向。单个浅坑形状或圆角长方形，或椭圆形及不规则形，面积小的仅0.9平方米，大的达12.5平方米，一般为3～5平方米。浅坑深0.2～0.5米，坑内填灰白、灰黑、浅黄土，有不少浅坑填土分灰黑、灰白二层。

二　西片马家浜文化时期的水田遗迹

西片发掘区的西侧为现代公路，东侧有93WCTG1与东片发掘区相连（图七）。发掘范围内相当一部分为公路边之浅水池，其宋代以后的地层堆积已被破坏殆尽，东周以前的地层堆积基本保持完整。发掘面积近600平方米，遗迹现象丰富，现简介如下：

共计发现人工大水塘2个（D1、D2）；水田状遗迹11块（D2：S1～S11）；水沟3条（D2：G1、G2、G4）；蓄水井（坑）4座（J31～J34）（图八）。

（一）水塘

1.D1

位于本区之最南端，基本包括T0205、T0305之全部。开口于⑦层下，打破生

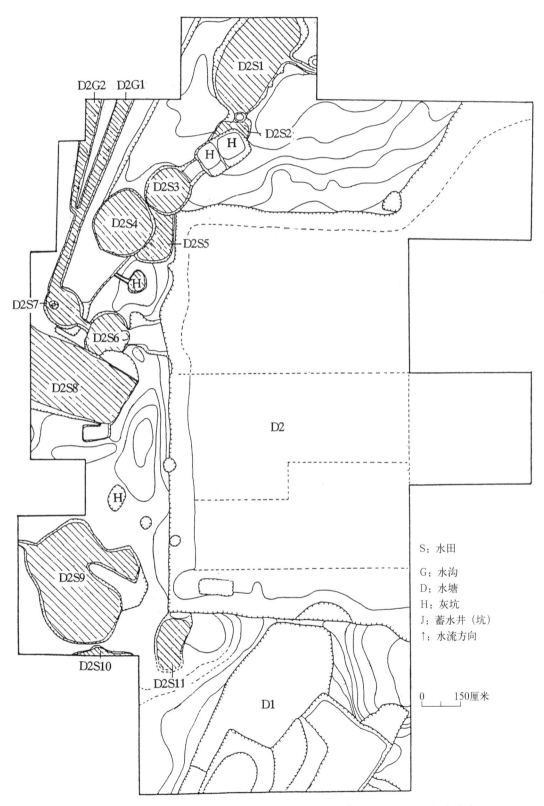

图七　马家浜文化时期水田遗迹（西）分布图（1992～1995年发掘）

图八　马家浜文化水田遗址（西片）

土，平面呈梯形，北窄南宽，由北向南呈喇叭口状向前延伸，北边宽2米，南北长度已露7米，现南端宽6.75米。其底部由北往南呈二级台阶状下降，台面呈北高南低之倾斜状，落差近0.5米，其南即为水池底部，包含物稀少，主要为马家浜文化时期陶片。

2.D2

与D1南北紧邻，中间相隔仅1米，其南岸即D1之北岸，此水塘范围较大，现发现的水域面积已逾250平方米。开口于⑦层下，打破生土，目前仅揭露西岸及南、北岸之一部分，东岸尚未暴露。西岸南北向，长14.5米；南、北边平行略呈东南向（约94°），边由西向东8米后，分别向东南及东北延伸。深度一般在0.55米以上。四壁呈斜坡状，底部平坦。塘内下层为深青灰色淤土，再上被⑦层所填。

D2西壁偏北处有一较大的水口与外侧水路相连，水田上宽下窄，壁面呈斜坡状，深度与水池底同，上宽近1、下宽约0.4米。另南壁斜坡之下端有一半月形浅坑，深0.1～0.15米；西南角部有一东西长、南北窄之长方形坑，深约0.5米。

（二）水田与水口

共发现新石器时代水田状遗迹11块，均围绕上述D2之西岸外侧分布；所有水田均位于生土面上，从水塘（D2）西岸有若干水口与外侧水田相连情况看，它们应是同时开挖并启用的。11块水田从分布和结构上可分为三组：

1. 甲组

5块，编号为D2：S1～S5。此组中S1、S2呈长条形，S3、S4呈圆形。其中S1、S2、S3相互间有水口相连，且S3另有水口与D2相通；S3、S4之间虽无水口串连，但两者南北紧邻，并同时打破S5，所以S4应同S1、S2、S3属一体结构；而S5为此组中最早者，至S1～S4成片水田产生时被破坏废弃。现举例：

S1　位于T0210、T0310之南部，呈西南—东北走向，长条形，四边微弧，南北长约4.5、东西宽约2.5、深0.4～0.5米，微斜壁，平底。其南端有水口与S2相连，水口中央有直径0.35米左右的小坑，坑深0.17米；东侧有一条形水口及水路向东延伸至发掘区外。

S3　位于T0109之东部偏东，圆形，直径约1.5、深0.3米，直壁，近平底，北部有水田与S2相连，东部有水口与D2相通。

2. 乙组

3块，编号为D2：S6～S8。此组中S6、S7有水口相通连为一体，两者均呈圆形。S8略晚于S6，呈长条形。现举例：

S7　位于T0108之西北部，圆形，东西径1.25、南北径1.1、深约0.1米，直壁，平底，其东部有水口与S6相连。S6东部亦有水口与大塘口相连，水口底部有直径约0.4米之小坑，深0.3～0.4米。此外S7之西北水口与其北侧水路相衔接，水口处亦有小坑，直径0.3、深0.3米。

S8　位于T0107、T0108南北交接处，近长方形，南北宽2～2.6、东西长现暴露4米，西部尚有部分压于发掘区外，直壁，平底，深约0.3米。其东南有水口与外侧小方坑串连，东北角处弧出，底部略高，呈半月形二层台状结构。此区发现之11块水田内填土绝大部分从土质土色上均无法与叠压其上的文化层分开，惟S8下层填土可与叠压其上的文化层相区别，似为原耕作土遗存。土色黑，黏性强，质软而纯净，厚0.18～0.2米。

3. 丙组

3块，编号为D2：S9～S11，均直接叠压于⑦层下，三者相邻，但相互间无水口相连，亦无叠压打破关系。其中S9为多边形，S11为长条形，其北侧与D2有水口相通，S10仅暴露北部一侧，大部压于发掘区南侧外。现举例：

S9　位于T0106正中，多边近凸字形，东西宽3.8、南北长4.3、深0.2米。其东侧有一东西向田埂延至田中，埂长2.5、宽0.5米。田埂西侧及南侧形成长条形田块，底部平坦；北侧底部略高，呈二层台状。田之西北角有水口及水路向外延伸至发掘区外，水路底部略低于田块底部。

（三）水路

除以上介绍的水田相互间串连所用水口性质的短距离水路外，另发现有呈长条形状的水路3条。编号为G4，D2：G1、G2。现举例：

D2：G1、G2　长条形，呈西南—东北走向，同向并列，其中G2揭露长度4.35米，G1长7.5米，北部继续延伸至发掘区外；G1宽0.35～0.5米，G2宽0.25～0.35米，深约0.1米。G2南端东折与G1相串连，G1南延与S7北部水口相通，水口前端有小水坑。

三　稻作区的选择与水田结构

（一）稻作区的选择

从层位上看，马家浜文化时期的水田可分为三期：即⑩层下，⑨层下的水田（分布于发掘区东片）和⑧层下的水田（分布于发掘区西片）。这三期水田的共性是皆由小块水池状水田串连而成，呈西南—东北走向带状排列。各期之间的区别十分明显。

Ⅰ期，⑩层下水田，位于东西两侧微高而中间低洼的地势内，是对原生低洼地底部略加平整改造后作水田使用。水田块面积较后期大，相互间无明显水口串连，亦无其他配套设施。

Ⅱ期，⑨层下水田，是在Ⅰ期水田淤平后的区域内重新开挖成的水池状水田。水田块面积较小，相互间有水口串连，并出现蓄水井（坑）、水路等配套设施。

Ⅲ期，⑧层下水田，位于较平坦的地势上，亦为人工开挖的水池状水田，水田块面积大小不等，少者几平方米，多者十几平方米，田块相互间有水口串连，并出现了水塘及水路等配套设施。

上述Ⅰ至Ⅲ期水田遗迹从单元结构上看均属小区划设计，但从发掘范围内的整体布局看，在东西100米的范围内这种呈南北走向的带状排列的水田达三条之多，其中二条暴露的长度已超过25米，而且两端继续向发掘区外延伸，不难看出，作为居址外围的农业生产区，其总体规模是相当可观的。

（二）水田结构

草鞋山遗址东、西两区的小块水田群，代表了太湖地区马家浜文化时期水田的基本形态。如果从水田供水来源的角度进一步考察其灌溉系统，大致可分以下两种类型。

1. 以蓄水井（坑）为水源的灌溉系统

从东区已揭露的南北长30、东西宽10～17.5米的范围内水田的分布情况来看，区内33处水田块，可通过南、北、中三组蓄水井（坑）为水源进行灌溉。南部有J35。这是一座口径1.8米×1.5米，深1.9米的大型井，存水量可达近3立方米。一般情况下已能满足南部八处（S1～S7、S10）水田的用水量了。中部有水田S9、S13～S15，则由J18、J19灌溉。北部有三座（J28、J29、J30），分布在北部的田块可以这三座蓄水井（坑）为水源进行灌溉。应该指出的是：以上这三组以蓄水井（坑）为水源的灌溉系统，不是相互分割的，而是互通的。全区的所有田块和水井都是相互串连在一起的整体，所需水量的大小可相互调度。

值得注意的是水沟G3、G5在灌溉系统中的作用。这是两条直接在生土面上挖掘而成的沟渠。G3的西端与J35连接，G5的西南端与J18相通，它们的另一端由于发掘面积的局限，情况不明。从现场发掘的情况看，这两条水沟的前后落差都说明水流的方向是从一端流向蓄水井（坑）内的。由此可以推测这两条水沟的另一端应另有水源存在，否则它们便失去了作用。如果这种推断正确的话，那么，蓄水井（坑）J35、J18的性质应该具备渗水、存水的两种功能。它们既是土坑井又是存水坑。

从上述情况分析可知，以蓄水井（坑）为水源的水田体系，其特征是以打破生土的各种形状和深度不等的水井作为水田的供水来源。灌溉系统由蓄水井（坑）、水口、水沟组成。这种灌溉系统已涉及了基于实质性需要的技术构思，反映了原始的稻作文化的基本面貌。

2. 以水塘为水源的灌溉系统

根据西区发掘的情况看，已揭露11处水田的状态、大小、排列方式均与东区的水田相同，所不同的是田块与井（坑）之间相互没有内在的联系。所有的田块都分布在一个大水塘的西侧边沿。部分田块有水口直接与水塘勾通。由于区内的田块是群体串连形式，稻田内所需的水量可通过水口调节。

这种以水塘为水源的灌溉系统，比东区以蓄水井（坑）为水源的灌溉体系进步，它既可通过水口灌溉，又可排水。在史前时期人类征服自然的能力还相当有限的情况下，这种挖塘辟田的方法是较为合理的。

四　水田遗迹的相对年代

马家浜文化是分布在以太湖平原为中心的长江下游三角洲地区的史前文化。根据中国考古学中碳-14年代数据库的统计，已经测定的26个马家浜文化年代数据，测年最早的为6400±100BP，树轮校正7040±125BP（桐乡罗家角④H16）；测年最晚的为4690±240BP，树轮校正5245±255BP（常州圩墩T8502④），时间跨度达1700余年，显然马家浜文化有早、晚的区别。已测定的三个草鞋山遗址碳-14数据分别为T202⑩木板5620±115BP，树轮校正6575±205BP，4456BC～4165BC；T703⑩为5370±10BP，树轮校正6015±145BP，4228BC～3828BC；T203⑧为5365±105BP，树轮校正6010±140BP，4224BC～3827BC。以上三个数据在已测的全部26个年代数据中，处于偏前位置（第6、12、13位）。但是，以上三个数据均是在1972年至1973年发掘区内所取的样品，与本次发掘的水田结构挂钩，必须对两次发掘的层位做出相应的分析。由于前、后两次发掘对地层的判断划定标准不完全一致，难于从土质、土色、岩性上加以比较对应，唯一可资比较的是各层的遗迹及出土遗物。20世纪70年代马家浜文化上层墓葬出现于第⑦层，90年代马家浜文化墓葬出现于第⑤层，虽然墓葬无陪葬品，但所出层位属于马家浜上层时期。70年代第⑧、⑨层所见的罐形鼎、翘角牛鼻耳、高领罐、豆，90年代的第⑧、⑨层较为常见，⑥、⑦层少见，两者可资比较。70年代第⑩层出土遗物中的带錾陶釜及单把罐发现较多，而90年代的第⑨、⑩层均未发现类似的遗存。这样就可以把本次发掘的水田结构上限和下限加以框定（表一）。70年代第⑩层碳-14测定数据树轮校正6275±205BP。水田结构年代应晚于此数据，而70年代第⑧层碳-14测定数据树轮校正6010±140BP年，两者相距200余年。本次发现已测的两个碳-14数据分别为J19：1，5270±100BP，树轮校正5905±125BP，4034BC～3788BC；J30：1，5565±60BP，树轮校正6220±60BP，4353BC～4154BC。据此我们认为马家浜水田结构的年代大致在距今6000年左右。Ⅰ至Ⅲ期年代上虽有早晚之别，但相距时

表一　草鞋山遗址两次发掘地层对应表

层位	20世纪70年代	20世纪90年代
①	吴越文化	G1东周古稻田
②③④	良渚文化	无
⑤	淤土层	无
⑥	崧泽文化	④
⑦	马家浜文化上层墓葬	⑤
⑧	马家浜文化下层墓葬	⑥⑦⑧Ⅲ期水田结构
⑨	马家浜文化下层墓葬	⑨Ⅱ期水田结构
⑩	马家浜文化	Ⅰ期水田结构

间不远，因为三者所属地层有叠压，而地层内涵遗存目前尚无法进行分期。

五 稻作农业的自然背景分析

（一）现代自然概况

本地区处于北亚热带的暖温带，受季风影响显著，四季分明，平均气温为15.7℃，年降水量为1130毫米，植被类型为落叶阔叶与常绿阔叶混交林，土壤类型为由草甸土发育而来的水稻土。

（二）古地理与古气候

在晚更新世末期，因玉木冰期的影响，海平面下降，中国东部海平面达到最低（-150米左右）。进入全新世冰后期，气温开始回升，海平面也随之上升，在距今7000～6500年前，海侵达到最大范围，海平面与现代海面相当，而且海面位置相对稳定。在海退海侵期间，整个太湖东部地区形成了由黄色黏土组成的高台平原，在其周围分布着长江入海口和钱塘江海浪以及滨海潟湖，同时高台平原古地面因遭受河流切割而呈丘陵起伏状，垄岗与洼地相间，而且在高海面时期未遭受海侵影响，只是因长江与钱塘江间砂嘴砂坝合拢，部分古河道河床抬高，河口淤塞，排水不畅，使得本区变成了内陆湖沼地区，呈现出以河塘、沼泽、小型湖泊浅水洼地为主要景观的地貌类型。史前人类定居在高地平原之上，繁衍生息，草鞋山遗址也由此而形成。与此同时，本区气候进入大暖期稳定的暖湿阶段（7200BP～6000BP），年均气温比现今高出2℃。动植物资源丰富，湖沼发达，水域面积扩大，为史前人类定居创造了良好的地理环境和资源保障，也使得水稻的种植成为可能。

（三）古代动植物遗存

在1972年、1973年和1992年至1995年的数次发掘过程中，出土了数量较多的动物遗骸，以家猪、圣水牛、梅花鹿、麋鹿、獐、狗、乌龟、田螺和淡水鱼类较为常见。哺乳动物中尽管家猪的骨骼特征与野猪相近，但大多数猪的骨骼标本的年龄集中在0.5至1岁之间，幼仔及老年个体特别少，据此可以认为系人类饲养所为。水牛、麋鹿、獐是栖息于水边的喜湿性动物，梅花鹿则生存于丘陵岗地之间的灌木丛林和河边草地，反映出本区丘陵草地、河流湖泊的自然景观和亚热带气候特征。但其中麋鹿的数量较少，远远少于江淮地区同时期的文化遗址，说明本区不存在适合大规模麋鹿群生存的芦苇湖荡，进而说明本地区的湖泊沼泽面积不是很大。此外，较多的鹿类动物骨骼见于遗址的最下层文化层，上部文化层中较少，说明史前人类的渔猎经济逐步被农业经济替代，水稻种植已经成为人类经济生活的主要组成部分。

通过对探方95WCTⅨ的西壁地层土样的孢粉分析，发现新石器时代文化层中木本植物很少，只有栎属和柳属的花粉占一定的数量，草本植物花粉占有一定比例，如禾本科、十字花科；只有水生、湿生的植物花粉数量较多，如三棱科、眼子菜科等。由于在遗址的文化层中，受人类活动的影响，孢粉含量的总数特别少，尚不能准确反映出当时的生态环境，就上述孢粉分析结果来看，只能说明本地区新石器时代的植被类型以草本、水生、湿生为主，代表着平原草地、河塘湖沼的自然景观。

为了准确地阐明本地区的古环境，我们对探方94WⅤTⅣ北壁地层进行了植物硅酸体分析。自上而下共采集了17个样品，经过处理分析，除生土层17号样植物硅酸体含量特别少外，各个文化层中的植物硅酸体含量都特别丰富。

根据各层的含硅酸体的不同种类和数量变化，自上而下可划分五个组合带，其特征如下：

Ⅰ带：该组合带中禾本植物主要以芦竹、竹亚科及水稻等为主，早熟禾亚科植物较少。

Ⅱ带：黍亚科植物大量出现，并生长有较多的早熟禾亚科植物。

Ⅲ、Ⅳ两带：禾本科中各亚科植物为主要类型。

Ⅴ带：禾本植物中黍亚科消失。

上述各植物硅酸体组合带中以温暖湿润类型的扇形、方形-长方形为主要特征，代表干凉类型的棒形占有一定比例，总的反映出温暖湿润的气候，并存在一定的干凉因素。其中：Ⅰ带气候最为温暖；从Ⅱ带开始亚铃形、棒形的聚增，尤其是代表寒冷类型的齿形硅酸体出现，表明气候由温暖转为温凉偏干，反映出气候恶化；继而从Ⅲ带开始温暖类型逐步增加，气候回暖，并达到Ⅴ带所代表的现今温暖气候。气候的变化直接影响到史前人类的生产活动，在草鞋山遗址最为温暖湿润的⑩层时期，史前人类对临近水源的浅水洼地进行简单改造，形成Ⅰ期水田，进行水稻种植。⑩层文化期后段，由于气候转向温凉偏干，地表水减少，地下水下降，人类随之充分利用本遗址文化基底层——黄色黏土的良好隔水特性，在原有的浅水地带有意识地挖掘浅坑，使其呈带状分布，并通过水口使之相互贯通，辅之以蓄水井（坑）、水沟、水塘，用于储水灌溉，形成了初具规模的原始水田（Ⅱ期水田）。从⑨层开始，气候开始回暖，水域面积扩大，人类利用垄地之间的积水地带种植水稻。⑧层以后本区气候波动较多，并伴有洪水发生，但未改变人类史前的生产方式，随着生产经验的积累和生产力的提高，该地区史前人类选择更有利的地域，采用不同的水田模式，进行稻作农业生产。

（四）地层中的微量化学元素分析

通过对探方95WCTIX单元的西壁地层和水田S13坑内填土的微量化学元素分析，得出初步结果如下：分布于⑨层底和⑩层底的胶结层中的Fe、Mn、P三种元素含量特别高，明显高于其他层位，反映出史前人类渔猎活动加强，数量较多的动物骨骼碎屑使该层P的含量增加，另则说明后期的人类稻作活动，使得Fe、Mn等元素渗入底部富集，形成Fe、Mn结核，并与其他碎屑形成胶结层，表明二期水田从使用到结束，土壤中的氧化作用加强，并在结束时一度暴露于地表，Ca的聚增反映出气候由湿向干燥变化，这与植物硅酸体的Ⅱ组合带反映的气候特征是一致的。

其他层位中的相关元素变化不是非常明显，与现代稻作土大致相似的氧化还原环境和稻作养分，适于种植水稻。

六 相关问题的讨论

（一）炭化米的形态

经对马家浜文化时期水田内的土样定量淘洗，部分水田内筛洗出一定数量的炭化米粒，炭化米的类型与1971年的第一次发掘及其他新石器时代稻作遗址出土的炭化米一样有细长型，也有短圆型。为了判断这些炭化米中的DNA，利用籼、粳稻间叶绿体DNA有68个齿基对差异来鉴定炭化米的两种类型。鉴定结果证实，草鞋山遗址各文化层的炭化米都属粳型稻。在草鞋山遗址的各个历史时代地层中都发现了水稻植物蛋白石，根据水稻叶片机动细胞植物蛋白石的形状，分析稻种类型的结果与DNA分析的结果一致，这里的水稻是粳型稻。发现水田状遗迹这一事实说明该地区自有人类活动以来就已开始了原始稻作，种植稻的类型是粳型水稻。但是出土炭化米的数量不多，无法分析野生稻是何时由原始栽培稻演化成为栽培稻的。在长江北岸的高邮市龙虬庄遗址新石器时代（7000BP～5000BP）的各文化层中都出土了大量的炭化米，通过对各层炭化米的粒长、宽、厚的变异分析比较，可以这样认识：从年代上看，它们大致是在距今6300～5500年之间形成的，草鞋山出土的炭化米粒正处于这一时间段内。

（二）生产工具

以往一般认为石器应是史前农业生产的主要工具，但有的学者认为并非如此。在本次1400平方米的发掘面积中，马家浜文化时期水田结构范围内仅发现一件石斧和两件石锛，而在1972年至1973年发掘的1000平方米居住区内则发现14件石斧和48件石锛，居住区多于生产区。这是为什么？一种解释为石制工具多功能，与人们生产、生活息息相关，并非专门用于农业生产；另一种解释是石器用于加工农业生产工具，与农业生产仅是间接关系。基于上述两种原因，因此在生产区极少发现。本次发掘的地层和蓄水井（坑）内发现过残骨耜和木质材料，特别是角尖磨光或锯过的角料数量较多。废弃工具丢于田边井（坑），反映出当时的农业生产工具仍以骨、角、木质工具为主。江南太湖平原属于湖沼区域，土质柔软，土壤黏重，排水困难，使用骨、角、木质工具翻耕种植是简便易行的。

水田结构的洼田内所出陶片可辨器形主要有穿孔牛鼻耳高领罐、扁环耳罐、钵、豆等。其中，穿孔牛鼻耳高领罐胎壁较厚，容积大，数量较多，是当时主要的盛水容器，而且应是与稻作农业生产直接有关的工具，在J35井壁中央留出一个踏台，即是便于人们汲水的遗迹现象。

（三）水井的起源与功能

从马家浜文化的水田结构可知，水井是原始生产力发展到一定程度的产物。星罗棋布的古井群似众多毛细孔，支持着村落和稻作文化的发育。

在以往的田野考古工作中，中国境内新石器时代遗址曾出现过众多的水井遗存。而对史前期水井的问题，说法不一。有的学者根据江苏澄湖遗址发现大量的良渚文化时期水井，推断"新石器时代的水井还不能应用于水稻种植和灌溉农业，而仅仅是当时先民的生活用井"。现在看来，史前期水井的用途问题，主要分析所发现水井与周围遗迹单位的关系。如果在原始村落居住地、陶窑旁发现水井，那可能是生活用井。而像草鞋山遗址马家浜文化时期水田群中存在的那种水井，应该用于农业生产。至于灌溉的方式可能如文献所载"古者穿地取水以罐引汲"，这与上述水田范围内出土大量汲水陶器正相吻合。

马家浜文化时期的水田结构形态，从整体田块不大、田边挖有水渠、水井发展到水塘，已具有我国历史时期水田结构的雏形。从原始状态发展到规模经营，说明稻作农业生产已日趋成熟，与草鞋山发现炭化米粒粒形已演进成原始栽培稻的进程完全相符。

（原载《稻作 陶器和都市的起源》，文物出版社，2000年；与谷建祥、李民昌、汤陵华、丁金龙、姚勤德合作）

青莲岗文化再研究

前 言

　　青莲岗遗址自1951年发现至今已整整40年了，1956年对青莲岗文化的命名无疑在我国考古学研究方面有着重大意义，它率先打破了中国史前考古学仰韶—龙山的一元论体系，为中国大地上"满天星斗"的史前考古学文化的确立开创了先河。但是，由于传统认识的桎梏，青莲岗文化的内涵（包括时间和空间）在当时十分庞杂，它的命名客观上又成为新的东南一元论的倡导，其后有同志划分了青莲岗文化的"江南类型"和"江北类型"[1]，对问题的深入探讨起到了重要的积极作用。至20世纪70年代后期，考古界比较一致地认识到原称的"青莲岗文化"包括了苏、鲁、浙、皖、沪的实际上不同的新石器时代文化，并就"江南类型"和"江北类型"分别命名。80年代随着考古材料的不断增加，人们又逐渐发现，与青莲岗遗址同类的遗存，与四周的考古学文化面貌确有明显的差异，于是又再次引起人们对青莲岗文化的内涵特点、分布地域、相对年代诸问题的广泛探讨。

　　青莲岗文化这种马鞍形轨迹命运的产生，问题的焦点是对其文化面貌特点的理解不同和归属的争论，而问题的关键，则是没能正确地从地域、时间和文化内涵上加以限定，统观以往认识过程，要么将长江作为这一文化的纽带，遂有江南、江北之分；要么以黄河为纽带，遂有鲁南、苏北一统之说。目前，已有许多学者充分意识到必须对青莲岗文化在时空上加以限定，力主鲁南苏北为一整体的学者将青莲岗文化限定在大汶口文化之前[2]，这一提法显然比以往的认识进了一步，但将北辛文化包括在青莲岗文化之中又引起了新的文化命名上的不同看法，而从文化内涵上比较，青莲岗文化与北辛文化的差异是主要的，而且大汶口文化是直接继承北辛文化而发展起来的，与青莲岗文化的渊源关系并不明确。首先将青莲岗文化在时间和地域上进行全面考察的是石兴邦、郑笑梅等先生，石先生指出"青莲岗文化的主要遗址发现于江淮之间，这是南北过渡性状的地区，在文化上也有它临界区线所带有的特点，所以把青莲岗文化作为江淮之间早期新石器时代文化的一个阶段是合适的"，并强调"把青莲岗作为江淮之间小的区系文化的早期阶段或许更为合适，容易为大家所接受"，郑先生认为"江苏淮河以北的连云港二涧村，大村等遗址，……具有江淮地区新石器时代文化的因素……，因此，不宜将这类遗址笼统地归入北辛文化"。这类看法[3]，涉及了问题的核心，它将青莲岗文化赖以生存的地域第一次作了探索性的划分，为青莲岗文化的最后明确提供了新的思路。对事物的认识常随资料的积累而越来越清晰，本文从新的田野考古材料入手，拟对青莲岗文化的分布地域、文化特征、时间跨度作一些新的探讨，并认为青莲岗文化是淮河中下游地区距今7000～6000年间与黄河下游北辛文化，长江下游马家浜文化平行的新石器时代较早阶段的考古学文化。

一　分布范围

从现有的资料看青莲岗文化的分布范围，主要以淮河为中轴，西可到皖、豫、鲁三省交界处；北以泰沂山脉南缘为界；东至大海；其南沿的东部为江苏的江淮地区，西部包括安徽江淮地区和与其一衣带水的皖南及宁镇山脉。地理学界有部分学者认为长江下游故道原从芜湖经高淳至溧阳、宜兴、太湖入海，在距今5000年上下，由于茅山山脉的迅速升高，长江才改由芜湖北折经南京、镇江入海。青莲岗文化的区系范围为这一观点提供了人文地理上的证据。在如此广阔的范围内目前发现的青莲岗文化遗址总数仅30余处，显然如此零星的材料还不能全面地揭示出淮河中下游流域新石器时代较早阶段的文化面貌，不过它确已为我们全面梳理这一地区的文化主脉络提供了可能。

淮河中下游地区，水网密布，在全新世其东部为苏北平原，西部淮南淮北为高低起伏的准平原。气候和降雨量属于江南和华北交界的过渡类型，并形成了异于南北方的植被，在动物群属上亦属南北混杂，根据植物学、动物学和气候学的分区，它都是华北区和华南区的重要分界。这种自然环境将强烈地制约着人们的经济活动的范畴，尤其在新石器时代的较早阶段，农业仅有初步的发展，人类依赖自然环境的因素还较大，自然环境的相当大的差别，必然造成经济生活的差异，同时亦造成了考古学文化特征上的差异。由于黄河、长江、淮河流域各自的自然环境，生产资料和生活资料的不同，形成不同的生产方式、产品种类和生活方式，反映出相对稳定的地域性文化，这是我们探讨淮河中下游地区早期新石器时代文化与黄河流域、长江流域各不相同的一个重要出发点。

二　类型及其特征

经过近十年来的考古工作积累和探索，青莲岗文化的总体面貌已比较明朗，本文拟将青莲岗文化分为如下三个类型。

（一）侯家寨一期

该类遗存目前发现的数量偏少，仅见淮河中游的定远侯家寨遗址一期[4]和淮河下游的沭阳万北遗址一期[5]。

1.侯家寨一期

属侯家寨遗址最下层，地层堆积较厚，地层中包含有大量的动物骨骼。出土遗物主要有陶器、骨角器；石器比较缺乏。陶系主要为红褐色，均夹砂，器壁厚重粗糙，陶器制法均为手制，器表以素面为主，另有少量的堆纹、指甲纹、乳丁纹。流行平底器、矮圈足器及錾手、器耳等。值得注意的是器底刻划符号比较发达。器形多为残件，主要有深腹对称錾手的釜、圆锥形足鼎、束颈直腹平底小罐、带把三足鬶、矮假圈足的深腹碗等。骨器数量丰富，原料为动物肢骨和鹿角，种类较单纯，有鹿角靴形器、骨锥、骨针等。石器仅见少量的锛、弹丸、臼。

2.万北一期

属万北遗址最下层，地层堆积较薄，地层中包含有大量的淡水贝壳，并残留莲子、芡实等植物种子。出土遗物主要为陶器和骨角器，在发掘的近500平方米的范围里未见石器出土。陶器的陶系制法及纹饰与侯家寨一期相同，器物种类及造型绝大部分亦与侯家寨一期较为一致，典型器有深腹对称錾手釜、圆锥足鼎、束颈折腹平底小罐、带把三足鬶、带流盉、深腹圜底钵，其中唯食器深腹钵与侯家寨的圈足碗造型有别，另未见器底有刻划符号者，出土的骨器种类主要为鱼镖、镞和针。

侯家寨类型目前尚缺遗迹、墓葬、房址等材料，不过从上述两遗址的文化面貌看，它的基本特征还是比较清楚的。

①该类型的文化地层堆积中都伴有大量的动植物遗骸，说明当时生态环境中动植物资源丰富，人类的经济生活中渔业、采集业仍占有突出地位，遗址中侯家寨的石器显与锄耕无关，万北尚未发现石器；骨器都为小型的手工劳动工具，这些都说明当时的农业仅处在起步阶段。

②侯家寨类型的器物以陶器、骨器为主；陶器中以夹砂红褐陶为大宗，器物的基本组合为釜、鼎、鬶、罐、碗（钵），其中带把三足鬶、束颈平底罐，自身特色明显，在其他两个类型中不见。骨器中以靴形器、锥、针为代表性器物（图一）。

（二）双墩类型

该类型遗存主要分布在淮河中游地区，淮河下游地区亦有少量发现，其边缘

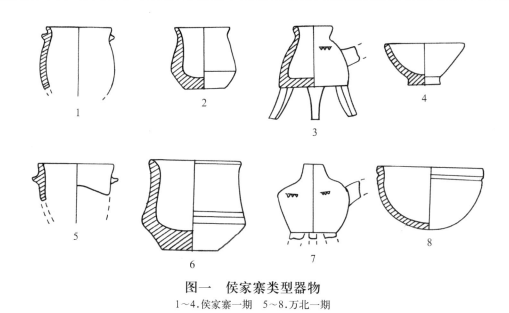

图一　侯家寨类型器物

1～4.侯家寨一期　5～8.万北一期

地区一直延伸至江苏的宁镇地区。其代表性遗址有蚌埠双墩、潜山薛家岗（下层）、望江汪洋庙（下层）、太湖王家墩（下层）；连云港朝阳（下层）、南京丁沙地、太岗寺（下层）；镇江四脚墩等。现将几处典型遗址的文化面貌试作归纳：

1.丁沙地遗址

遗址堆积单纯，其文化层堆积厚达3.5米，地层中含有部分猪、牛的兽骨。出土器物以陶器为主，生产工具以石器为主，极少骨器。陶器以夹砂红褐陶为大宗，次为泥质红陶，少量的泥质灰陶和泥质黑陶。器物均手制，器表主要是素面，有纹饰的占出土陶片的34.9%，纹饰以附加堆纹、鸡冠形器耳为主，另见有乳丁纹、刻划纹、捺窝纹等。陶器器类较单纯，仅釜、钵、盆、罐、碗、支座等，其中施窄沿或鸡冠形耳的深腹釜、对称竖环耳的侈口罐、圈足深腹碗、口沿有捺窝的深腹盆、桥形或环形纽的器盖、猪拱形支座，上下贯通的支座为一组带有特征性的器物。石器种类有斧、锛、刀、磨盘、镞、球、环等，其中砂岩琢制鞋形四足磨盘最具特色。丁沙地遗址还出土有4片彩陶片，皆白衣黑（或红）彩，其中一片盆口沿用红、黑彩绘十字交叉双眼组成主体图案，四周限于曲线菱格纹；另出土了10件刻划符号，分别见于器底，圆饼和器盖的纽部[6]。

2.双墩遗址

文化层堆积较厚，内含大量的淡水贝壳。出土器物基本与丁沙地一致，陶器仍以夹砂红褐陶为大宗，均手制、纹饰以捺窝、乳丁、划纹为主，典型器有带把釜、圆锥足鼎、外红内黑的折腹圈足钵、上下贯通的器座、猪拱形支座、带纽器盖等。在首次试掘的70平方米范围内粗略统计有刻划符号的陶片达287片之多，刻划符号的种类明显多于侯家寨类型，有些符号相当进步，已初具文字的雏形。双墩遗址的石器较发达，并大多磨光，器类有斧、锛、刀、镞等；骨器数量丰富，有镞、锥、凿等[7]。

3. 朝阳遗址（下层）

仅经过小规模的调查性试掘，在遗址的最下层出有一组与丁沙地相同的陶器，均夹砂红褐陶，手制，器物有对称鸡冠耳鋬的深腹釜、口沿有捺窝的侈沿盆、圈足钵、有耳的罐等。另见有骨质靴形器[8]。

对双墩类型的文化面貌可以得出如下两点结论：

（1）经济生活中农业的比重明显大于侯家寨类型，生产工具除发现斧、锛一类锄耕农具外，并有谷类加工用的石磨盘出土，虽然各遗址中动植物遗骸仍较丰富、骨制渔猎工具亦较发达，但总的看渔猎、采集经济已退为辅助性地位。从丁沙地出土的少量牛、猪骨看，此时家畜饲养业已经产生，从镇江四脚墩遗址发现的居住址看，当时建筑为木骨泥墙平地造屋。

（2）文化面貌的自身特点比较强烈，其中器物口沿带捺窝的风格，圈足器特别发达，上下贯通的器座，猪拱形的支座以及刻划符号的相当进步是它有别于其他两个类型的主要标志（图二）。

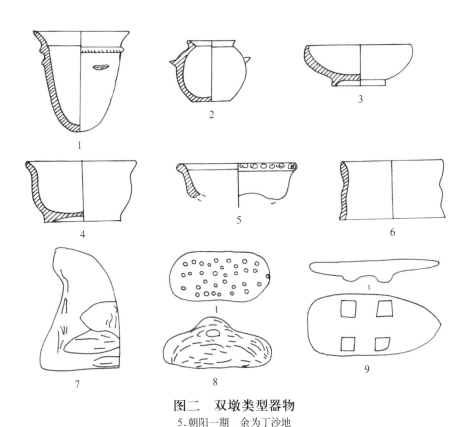

图二　双墩类型器物
5. 朝阳一期　余为丁沙地

（三）青莲岗类型

从目前的资料看，该类遗存主要分布在淮河下游地区，在淮河中游地区也有少量发现，其代表性遗址有淮安青莲岗、阜宁梨园、连云港二涧村和大村、沭阳万北（二期）、灌云大伊山、濉溪石山子（下层）、怀远双古堆（下层）等。其中几处典型遗址的文化面貌如下：

1. 青莲岗遗址

通过历次调查和采集的遗物属新石器时代的内涵比较单纯、陶器以夹砂红陶为主，次为泥质红陶，少见灰、黑陶。器物基本手制，纹饰不甚发达，此外有少量的彩陶，彩陶装饰于钵内壁，其特点是在内壁绘宽带纹、水波纹、鱼网纹、八卦纹等简单的几何形图案。典型器有宽沿釜、圆锥足鼎、带把钵、三足钵、双耳壶、高圈足豆等。遗址中陶制的生产工具比较发达，计有陶纺轮、网坠、陶拍、陶杵等；石制的生产工具有斧、锛、凿、砺石等。在青莲岗遗址还发现过成堆的草拌泥烧土块，一面平整，一面有芦苇秆的印痕，应为木骨泥墙的残迹[9]。

2. 万北二期

属万北遗址的中层，文化层堆积厚近2米，包含大量的动物骨骸。出土器物主要为陶器、骨器、石器。陶器中以夹砂红陶为主，次为泥质红陶，灰陶数量亦占相当比例。制法手制为主，部分慢轮修整，器形规整，壁厚适度。器表以素面为主，有的饰附加堆细条纹、刻划纹、弦纹、指甲纹、附加堆鸡冠耳等，器形以三足器、平底器居多，圈足器较少。典型器有圆锥足鼎、对称錾手的釜、带流钵、内彩折腹小平底钵、双耳壶、圈足豆、纺轮、拍、"I"字形支座等等。生产工具中以骨制的针、锥、凿、镖、镞为主，且数量超过石制工具的一半，石制工具有斧、锛、铲等[10]。

万北二期在居住址还发现有2座儿童墓葬，均长方形竖穴，仰身直肢，头向东，随葬品为钵、壶。两座墓的头部都覆盖内彩陶钵。

3. 大伊山墓地

墓地位于大伊山东麓青风岭岗地。墓地分为西南、东北两区，墓葬皆石棺结构。先后发掘两次。共清理新石器时代墓葬62座。墓葬平面长方形，构筑时先挖浅坑，再嵌石板形成四壁，底部不铺石板，上面平铺数块石板作棺盖。墓葬之间同向排列，分布密集，均单棺，墓向朝东，人骨保存较好的均为单人仰身直肢，其中有17座墓葬墓主头部覆盖红陶钵。随葬品数量没有明显的贫富差别，除个别的墓（M32）10件外，一般为1～2件。随葬品种类主要为陶器和石器，陶器以夹砂红褐陶、泥质红陶为主，均手制，器表纹饰与万北遗址相同，另在部分器底有刻划符号。器物的基本组合为鼎、钵、盆或釜、钵、罐，典型器有圆锥足鼎、腰沿豆、双耳壶、深腹钵、深腹盆以及纺轮、网坠、陶拍等。石器均为磨制，器类有斧、锛、杵、研磨器等等[11]。

大伊山墓地中有多组墓葬之间的打破或叠压关系，第一次材料未明确发表，第二次的共见5组，其中有1组被叠压的墓不见陶器，另4组8座墓均无陶器，故目前还无法分期。墓葬之下普遍存在一文化层堆积，从出土器物看，应早于墓葬时代，其中部分文化因素与侯家寨类型相似。

4.双古堆（一期）与石子山（一期）

双古堆第一期文化出土遗物主要以陶器、骨器为主，石器极少见，陶器均为手制，其器表装饰风格与其他青莲岗遗存相似，并见红衣和彩陶、器形主要有对称鋬手的釜、圆锥足鼎、带把或带三小足的钵、带把深腹杯等，另陶锉种类较多。骨器中以鹿角靴形器数量最多[12]。

石子山一期文化陶器以夹砂红褐陶为主，泥质陶所占比例甚小，器表大多素面，纹饰以附加堆纹为主，划纹次之，均手制。其中四鋬耳釜、圆锥足鼎、宽沿盆、三足钵、"I"字形支座及鹿角靴形器等为代表性器物[13]。

青莲岗类型目前的田野发掘资料最为丰富，除遗址地层堆积外，各类遗迹现象亦较为丰富，这为我们全面认识青莲岗文化的面貌提供了依据。该类型文化面貌的基本特征为：

（1）从大量增加的石制、陶制生产工具看，经济生活以农业为主；通过对万北遗址大量猪骨的鉴定，其中绝大部分为家养，证明当时的家畜饲养已相当发达；渔猎经济在社会经济活动中仍占有一定的比例。万北二期出土的骨制渔猎工具不仅数量多，种类齐，而且质量也好。

（2）器物特征明显，基本器物组合中的带流或带把钵、宽沿釜、"I"字形支座及器物常带三小足或把的风格及相当发达的内彩陶器，使其明显区别于其他两个类型（图三）。

（3）该类型的墓葬除万北和大伊山墓地外，以往在二涧村发现7座、大村发现1座，这8座墓葬据发掘者介绍亦都为石棺葬，其葬俗、葬式与大伊山墓地一致。青莲岗类型的墓葬习俗据上述资料可知，其一，儿童死后不归葬到氏族墓地，一般在居住址就地掩埋，成人墓葬则有专门的氏族墓地；其二，丧葬习俗较特殊，石棺结构可能与就地取材方便有关，但亦不能排除观念因素决定的可能，而死者普遍用红陶钵覆盖，则肯定具有宗教和巫术上的意义，这是青莲岗文化葬俗的重要特点。

这里需要提到的是，青莲岗类型的遗存虽然目前还缺乏可靠的地层依据（万北中层虽有若干个自然层，但上下层之间器物并没有明显的式别之分）来进行分期，但各遗址出土的器物的差异已有所表现，根据器物形态及与周围地区的关系

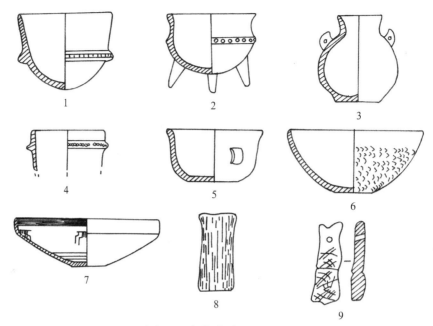

图三　青莲岗类型器物
1、8.青莲岗　4、6、7.万北二期　余为大伊山

看，青莲岗类型有分为早、晚两个阶段的可能性，万北、二涧村一类遗存属前段，青莲岗、大伊山一类遗存属后段，当然这需要以后明确的地层关系来验证。

三　文化遗存分析

青莲岗文化三个类型之间的差异在上面已做了初步的概括，它们各自的特殊性当然是青莲岗文化的重要组成部分，而其共性则是形成青莲岗文化的最基本的内核，下面对青莲岗文化的基本特点进行初步的分析。

陶器是文化分界的主要标志，青莲岗文化的陶器可分为夹砂红褐陶和泥质红陶两大系，仅有少量的灰、黑陶。其中以夹砂红褐陶为大宗。夹砂陶中的羼和物较粗杂，火候甚高，泥质红陶一般匀细，应经过淘洗，器物除青莲岗类型有少量慢轮修整外，其余均为手制，器物较粗糙笨重，除陶钵外，其他器类的壁常厚薄不匀，器表多为素面，少数施以红衣或饰以指甲纹、附加堆纹、乳丁纹、刻划纹等。在器物装饰方面，内彩陶和刻划符号是其两个显著特点。

青莲岗文化的内壁彩绘是用简单的线条组成水波、鱼网、八卦等几何形图案，描绘技法规范。其风格有别于仰韶文化，与大汶口文化早期刘林阶段的彩陶风格显系没有渊源关系。

青莲岗文化的刻划符号一般刻在隐蔽部位，这与内彩的处置可能基于同样的思想观念，尤其是刻划符号的内蕴丰富，反映了狩猎、捕鱼、网鸟、种植、养蚕、编织、饲养、记事、记数等广泛的内容，这在新石器时代早期文化中是绝无仅有的。

青莲岗文化的陶器器形有如下四种情况，其一是有自身强烈特点的，是其有别于其他文化的主要依据；其二是由于生产力水平、功能要求、制作技术的相似性而产生的与其他文化比较一致的器形，这类器形虽不能作为青莲岗文化的特征器，但确是青莲岗文化器物群中重要的组成部分；其三，部分陶器虽受其他文化的影响，但已被青莲岗文化所改造，并被融合在新的造型之中，实际上已成为青莲岗文化的新因素；其四，部分陶器，明显地具有其他文化的特征，这应该是文化之间相互交往的结果。上述四种情况，可分别称为甲、乙、丙、丁四组器物，其中甲组器构成了青莲岗文化器物群的主体，乙组、丙组亦较常见，而丁组器的比例则相对很小，我们得以确认青莲岗文化，则是从甲组、丙组器的确立出发的；而乙组、丁组器的存在，正是以往大"青莲岗文化"的重要依据，从这一点看，以往的认识也是有一定道理的，现按组别分述（图四）。

1. 甲组器

夹砂红褐陶对称鋬手的釜，有的鋬上近口沿处有一道附加堆链状或锯状的装饰。此类陶釜是青莲岗文化的主要炊器，其造型为大口、深弧腹；马家浜文化的陶釜则多筒腹，另腰沿较宽；北辛文化的釜一般为窄腰沿。这三种釜应属同时并存，相互间看不出影响关系。

夹砂红褐陶圆锥足鼎，它是青莲岗文化的辅助炊器，数量明显少于陶釜。从造型与制作方法看应属陶鼎早期形式，造型偏小，足位于底部、短细，它明显有别于北辛文化的圆锥足鼎，北辛的鼎一般形体高大厚重，鼎足粗实并从鼎底直通鼎身侧面。马家浜文化则以釜为炊器，一般不见鼎类。

泥质红陶的三足钵，有的口部带流或器身一侧带把手，此类陶钵是青莲岗文化中最具特征的器物之一。目前在其他文化中还相当少见。

除了上述3种常见的典型器物外，甲组器中还有几种陶器值得注意，它们是假矮圈足碗、带鋬杯、内彩钵、口沿带一周捺窝的盆，上下贯通的支座，造型变化丰富的盉，束颈折腹平底小罐，"I"字形支座等。这些器物在同时期的其他文化中不见或少见，对它们的认识可以帮助我们加深对青莲岗文化的理解。

2. 乙组器

泥质红陶双耳壶，这类器形最早见于磁山裴李岗文化，稍后的马家浜文化、北辛文化和青莲岗文化中都有普遍发现。

泥质红陶钵，口部常有一周深红色装饰带，或称为"红顶钵"，此类陶钵在青莲岗文化中大量出土，在北辛文化、马家浜文化中亦常有发现。

乙组器中常见的器形还有猪拱形支座、矮圈足豆、陶杵、陶拍、陶纺轮等。

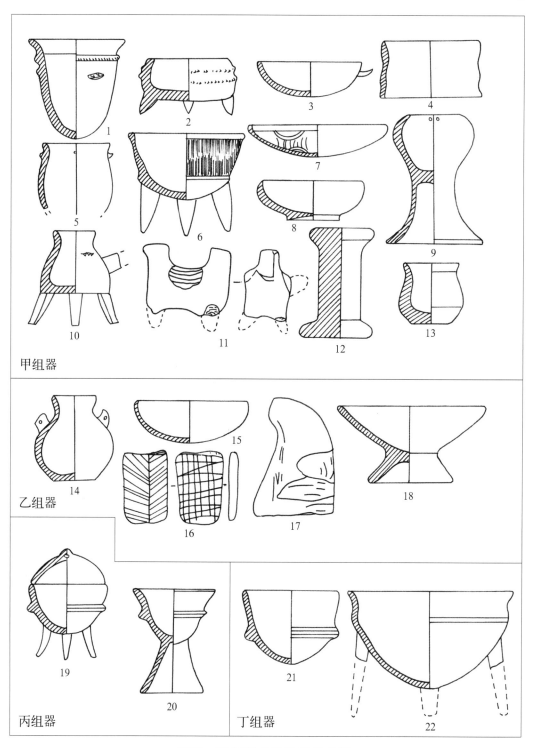

图四　青莲岗文化的陶器分组
1、4、8、17.丁沙地　3、21.青莲岗　5、10、13.侯家寨　14、19、20.大伊山　余为万北

3.丙组器

主要见于大伊山墓地的随葬品，该组器物并非外来文化在器物群上的混合，而是在器物造型上将青莲岗文化主体器物和北辛文化或马家浜文化的器物有机地

融合在一起形成新的造型。其代表性器物是带腰沿的鼎、带腰沿的豆等，这类器物既有别于北辛文化又有别于马家浜文化，它已成为青莲岗文化器物主体的新因素，正是从这种意义上讲，青莲岗文化的腰沿特别发达。一般说来，与外来文化因素交往并吸收、融合其成为自身的新因素，需要一段相当长的时间，所以我们认为出有丙组器的青莲岗文化遗存可能处于青莲岗文化的较晚阶段。

4.丁组器

该类器物比较少见，主要有马家浜文化的腰沿釜和北辛文化的鼎。腰沿釜偶见于青莲岗遗址和二涧村遗址，马家浜的釜可粗分为深筒腹和浅弧腹两类，前者早晚都有，后者时间偏于后段；青莲岗文化发现的均为浅弧腹。北辛文化的鼎少见于万北遗址和二涧村遗址，该类鼎圜底微尖，有高大圆锥状足，上腹部有刻划纹组成的装饰带。青莲岗文化的生产工具，包括石器和骨器其形制与周围文化区别不大，这可能说明当时各文化的生产力水平基本在同步发展，不过其中骨制的鹿角靴形器虽在其他文化中有所发现，但以青莲岗文化最为丰富，它很可能是青莲岗文化先民首先创造，然后影响到其他地区的。

青莲岗文化除了有一组特征明显的陶器之外，在其他文化因素方面亦有着强烈的自身特点。

青莲岗文化完整的房址揭露仅见镇江四脚墩一处，另在青莲岗遗址和万北遗址发现有零星的烧土块堆积。四脚墩F1为一南北向的长椭圆形地面建筑，门向朝南，双进间，外间中心有一大灶坑，内间偏东北有一小火坑。营造方法是先在地表挖坑竖柱，然后围以芦苇（或小竹秆），在芦苇一侧涂泥成墙，这种木骨泥墙的地面建筑，既有别于长江下游太湖地区的干栏式建筑，也有别于黄河下游地区的挖槽夯土墙建筑。

青莲岗文化的墓葬，目前发现的主要集中于江苏淮北的沿海一线，或许这只是青莲岗文化丧葬习俗的一个类型。其中儿童就地掩埋，成人有专门的氏族墓地的情况与仰韶文化半坡类型相似。青莲岗文化石棺葬是迄今国内发现的最早的石棺结构。各墓均仰身直肢，全系单人葬，头向东，随葬品数量极少，一般只1～2件，其中很大一部分死者头部覆盖有红陶钵。马家浜文化的葬式一般为俯身葬，头向多南北；北辛文化尚无完整的墓葬资料，其后的大汶口文化墓葬的头向比较杂乱（同墓地基本一致），有东北向、南北向等等。死者头部覆盖陶器的习俗在马家浜文化中亦有发现，如圩墩用红陶盆，草鞋山用釜、钵、豆、盆等陶器，但墓例不多，而且陶器种类不一，显与青莲岗文化的情况不同，青莲岗文化的这一习俗具有普遍性和规范化的特点，而马家浜文化的这一习俗则带有很大的随机性和随意化倾向；从上述情况看，马家浜文化的这一习俗应是在青莲岗文化影响之下偶而为之的现象。

通过以上对青莲岗文化遗存的初步分析表明，淮河中下游地区确实存在着有别于长江下游地区和黄河下游地区的新石器时代较早阶段的文化，随着今后田野工作的不断积累，对这一地区早期新石器文化的认识将更加全面和科学。

四　年代与源流

青莲岗文化目前经碳-14测定的遗存有侯家寨类型和青莲岗类型，其中侯家寨一期为距今7000年，万北一期距今6540年，万北二期下层距今6400年，以上数据都经树轮校正。侯家寨一期和万北一期的两个数据可作为侯家寨类型的上下年限，即侯家寨类型时间在距今7000～6500年之间；万北二期的数据因居于该类遗存的最下部，故其数据只能作为青莲岗类型的上限参考，考虑到青莲岗类型遗存中丙、丁组器的存在，故青莲岗文化总的年限以定在7000～6000年间为妥。

至于三个类型之间的关系，万北遗址中侯家寨类型被叠压在青莲岗类型之下，则说明，侯家寨类型早于青莲岗类型，而双墩类型与侯家寨类型及青莲岗类型的关系目前尚无法确认。从地域分布状况看，侯家寨类型数量太少，目前虽然中游和下游平分秋色，但似乎不能武断其平均地分布于中下游地区；双墩类型主要分布于中游地区，下游地区较少；青莲岗类型主要分布于下游地区，中游地区较少；据此则青莲岗文化早期为侯家寨类型，后期则蘗变为双墩类型和青莲岗类型的可能性最大。从时间上看，侯家寨类型最早，青莲岗类型最晚；加上各类型的分布在地域上都有交叉现象，现有的主要分布区极可能为资料积累过程中的偶合现象，如此就不能排除双墩类型是侯家寨类型与青莲岗类型的中间环节的可能性。这种可能性还将由下面三个理由得到佐证：其一，从经济生活类型看，侯家寨、双墩、青莲岗三类型的阶段性十分明显，其中农业由起步到发展到成熟；渔猎从突出到辅助到补充；家畜饲养从无到产生到十分发达。其二，从陶器制作水平看，侯家寨类型器壁厚重、器型缺乏规范化，往往一器一形；双墩类型的陶器虽然器壁厚薄不均，但已出现大量成批相同的器形；青莲岗陶器虽仍手制，然部分已开始慢轮修整，器物造型规整，泥质陶表面光滑，并产生内彩，可以说它是手制陶器中的杰出代表。其三，上述三类型的石制生产工具无论数量、种类都有依次明显增多的趋向，其质量亦明显地越来越好。

在淮河中下游地区现今还没有发现早于距今7000年以上的新石器时代文化遗存，所以对青莲岗文化的直接来源尚无法讨论。

淮河中下游地区旧石器时代遗存相当丰富，其中属旧石器时代晚期的著名地点有泗洪下草湾，曾采集到属更新世晚期人类股骨化石，这一发现证明在淮河流域的苏、皖接壤地区是古人类生息繁衍的重要区域之一；在淮河下游的属全新世早期的"沂、沭细石器文化"自身特点比较强烈,为探讨淮河下游地区早期新石器文化的渊源提供了线索。淮河中下游地区众多的旧石器时代文化的晚期遗存正是以后新石器时代早期文化产生和发展的起点与基础。从考古学文化谱系意义上看,两者虽然有一段时间上的缺环,但它们之间的"血亲"关系应该是无可置疑的。

青莲岗文化时期农业尚处在初步发展的时代,人类改造自然的能力有限,其时其四周的各种新石器时代文化对淮河流域地区尚不能施加强有力的影响,虽然青莲岗文化的乙、丙、丁组器物已显示出在青莲岗文化时期其与周边地区的文化关系十分密切,但这既没有影响淮河中下游地区自身作为一个系统的完整性,也没能改变其作为有别于四周各文化的独立性,青莲岗文化之后,亦即距今6000年上下期间,中国的新石器时代文化普遍进入锄耕农业的发达阶段,各区系类型文化之间出现了相互交融、渗透以及重新整合的趋向,青莲岗文化的去向正是在这一大的历史背景下发展的。其一,淮河流域随着农业的发展,经济类型形成了淮南淮北的明显差异,由于气候的关系,淮北以旱地农业为主、淮南则以水田农业为主,这一变化,遂使以往的淮河中下游地区的文化统一体迅速裂变为淮南、淮北两大块,形成了考古学上不同的文化区系;其二,由于淮河的特殊地理位置,其处于四周文化的包围之中,其时其北面为大汶口文化,西边有仰韶文化和屈家岭文化,南面则为崧泽文化,从现有认识看,上述四支文化正是中国同时期新石器时代文化中的最出类拔萃者,它们无一例外地对淮河中下游地区进行着渗透、挤压和冲撞,淮河中下游地区的原来的文化共同体在以寡敌众的情况下很快丧失了它的完整性和独立性,继青莲岗文化之后形成了众多的新的区域文化,但各区域的表现并不一致,大致有三类情况,第一类,虽与其他文化关系密切,但仍保留着自身文化的强烈特点,与青莲岗文化"血亲"渊源明显,淮河中游的淮南及皖南宁镇地区属此类;第二类,有自身特点的文化因素,但总体上已成为外来文化的新类型。可视为文化谱系中的"姻亲"现象,淮河中游的淮北地区属此类;第三类,完全被外来文化所代替,淮河下游的苏北地区属此类,现按类别将各地区的青莲岗文化的去向作一简单概括。

1.一类地区

(1)安徽江淮西部,以薛家岗二、三期遗存为代表[14],陶器中的扁足鼎、高柄豆、角形把鬶、甗鼎结合的甗,都很有特色,可作为一支新的独立的考古学文化类型,其中豆、壶、罐等器形是与崧泽文化交往的结果,而陶球的形状、结构和纹饰显示出其与西部的屈家岭文化关系密切。

(2)安徽江淮东部,早期以肥西古埂下层和侯家寨上层为代表,稍晚一点以含山凌家滩为代表[15],许多因素与北阴阳营文化和薛家岗类型相同,同时受到仰韶文化庙底沟期和大汶口文化刘林期的影响。

（3）皖南、宁镇山脉地区，以北阴阳营文化的北阴阳营遗址下层墓葬为代表[16]。陶器中的外撇足鼎、带把鬶、圈足碗、带把盉、柄部凸出的圈足豆、红衣彩绘器等为代表性器物。部分器物显示出它与崧泽文化早期及大汶口文化刘林期关系密切。

上述几类新石器时代文化，尽管有不少渊源可从青莲岗文化中寻找，但似乎还存在着一定的缺环。对于青莲岗文化来说，它们都不是简单的继承和延续，它们虽脱胎于青莲岗文化，但由于和四周文化在竞争中而生存，所以它们以一副崭新的面貌而分布在青莲岗文化的故土上，这几类文化曾经相当繁荣壮大，其中部分遗存曾深入到太湖地区。一类地区自青莲岗文化之后仍能旗帜鲜明地保持自身文化特点，这与它地理环境的相对独立性是分不开的，其北面的淮河，西部的大别山，南面的长江，东部的洪泽湖，高邮湖一线的沼泽片及茅山山脉有效地削弱了外部文化对这一地区的侵蚀。

在这里我们对一类地区的文化命名问题再提出几点补充意见。苏秉琦先生曾指出"以南京为中心，包括宁镇地区，连接皖南与皖北的江淮之间……，有它自己的来源和发展序列"，并强调"南京北阴阳营遗址出土物很有特色。""最近在安徽潜山薛家岗遗址发现了相当这一阶段的遗存，特征也多相近，表明该文化的分布，西北部已达安徽省境。"[17]安志敏先生在20世纪70年代中期根据北阴阳营的材料也敏锐地察觉到"如果将江淮之间作为一个文化区，或可定名为北阴阳营文化"[18]，从本文前面几节的论述中可看出，一类地区在青莲岗文化时期是淮河流域整体文化中的一部分。这之后的三个类型文化（安徽江淮东部、西部和皖南宁镇）皆脱胎于青莲岗文化，从文化面貌上看，三者虽分别与仰韶、屈家岭、崧泽、大汶口等文化有密切关系，但皆明显区别于这些文化，而这三个类型之间的关系则显得更加紧密，相互共性特征明显。尤其是陶器基本组合中的鼎、豆、壶、鬶等器形的一致性更加强烈（图五）。它们是传统淮河流域文化自青莲岗文化之后唯一保存下来的一片净土，我们只有将它们作为一个文化整体看待才能对我国这一时期西北、东南两大区文化之间的关系有一个正确的把握，江淮之间这三个文化类型正是客观上作为一支独立的文化整体处于西北和东南两大地区的中间，它对于这时期我国各大地区文化之间的交流，曾经起过独特的重要作用。

事实上中国此时的各新石器时代文化皆包含着众多的地方类型，其分布范围一般较广，这种从文化基本内核来加以文化命名的考虑是符合事物发展的内部规律的，如若撇开江淮地区各文化的基本共性，而就其一些地域因素加以分别命名，则会造成文化命名上的双重标准，这一方面会割裂我们对同一文化的整体认识的思考，另一方面会不利于文化区系类型的总体设计。

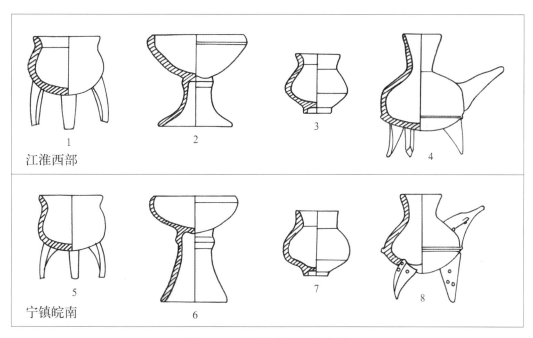

图五　一类地区的陶器比较
1、3、4.薛家岗　2.天宁寨　余为北阴阳营

　　诚如上述，江淮地区这一时期文化作为整体而应称为北阴阳营文化的三个地方类型、同时也必须注意到这三个类型不但有区域造成的文化因素的不同，在时间的上下年限上也存在着一定的差异。

　　2.二类地区

　　该类地区主要指安徽的淮北地区，以亳县富庄遗址下层墓葬为代表，陶器中的背水壶、簋形器与大汶口文化相似，折腹盆形鼎与屈家岭文化近似，另有相当多的自身特征。该遗存应作为大汶口文化的新的地方类型。同类遗存在以往发掘的肖县花甲寺亦有发现[19]。

　　3.三类地区

　　（1）江苏淮北地区，以沂、沭河下游地区的花厅南区墓葬[20]和万北三期的墓葬为代表，时代属大汶口文化的中期偏早阶段。无论就葬俗、葬式、随葬品风格几方面看都与山东汶泗河流域的大汶口文化墓葬一致。

　　（2）江苏江淮地区，以海安青墩遗址墓葬为代表[21]。从随葬品种类看绝大部分为崧泽文化器物，亦有一些与大汶口文化相似的器物，应作为崧泽文化的一个新的地方类型，这种地方类型的确立并不是说该地区有着自身特征性的文化因素，而是标明它与大汶口文化的关系比较密切。

　　苏北地区作为青莲岗文化最发达的地区之一，在其后的各文化遗址中不仅青莲岗文化因素荡然无存，而且目前尚缺乏与大汶口文化刘林期或崧泽文化早期阶段同期的遗存。据第四纪地貌的研究，苏北地区在刘林时期曾经历过一次大的海侵而形成了文化发展阶段上的间歇期，这应该是本地区稍后时期在文化上被相邻地区完全取代的主要原因[22]。

五 结语

（1）对淮河中、下游流域新石器时代文化较早阶段的遗存学术界有以下两点基本共识：①这些遗存明显有别于黄河和长江流域，不宜纳入其他文化区系之中；②各遗存出土的遗物，共性面貌比较突出。我们正是在这个共同认识的基础上，考虑到在淮河流域最先发现的是青莲岗遗址，从文化命名的一般原则出发而将这一地区较早阶段的新石器时代文化统归为青莲岗文化。

（2）青莲岗文化目前可分为侯家寨、双墩、青莲岗三个类型，这种划分只是一种探索性的看法，三个类型作为地方类型的可能性较大，但也有由于是时间早晚关系造成的可能性。

（3）淮河中下游地区在青莲岗文化时期是一个完整的文化区系，由于自然环境和人文环境的特殊性，自青莲岗文化之后，大约在距今6000年上下，这一地区的文化发生了大的裂变，其中江苏淮北被大汶口文化所包容；江苏江淮被崧泽文化所吞并；安徽的淮北则被大汶口文化所整合而产生了大汶口文化的新的地方类型。唯有安徽的江淮和皖南宁镇地区仍强烈地保持着自身文化特征，先秦时期淮夷势力的迅猛增大其根即深深地植于此。

注释：

[1] 吴山菁：《略论青莲岗文化》，《文物》1973年第6期。

[2] 马洪路：《试论青莲岗文化》，《考古学集刊·4》，中国社会科学出版社，1984年。纪仲庆、车广锦：《苏北淮海地区新石器时代诸文化的再认识》，《考古学文化论集（二）》，文物出版社，1989年。

[3] 石兴邦：《山东史前考古方面的有关问题》，《山东史前文化论文集》，齐鲁书社，1986年。郑笑梅；《试谈北辛文化与大汶口文化的关系》，《山东史前文化论文集》，齐鲁书社，1986年。

[4] 阚绪杭：《定远县侯家寨新石器时代遗址发掘简报》，《文物研究（第五辑）》，黄山书社，1989年。

[5] 南京博物院：《江苏沭阳万北遗址新石器时代遗存发掘简报》，《东南文化》1992年第1期。

[6] 吴荣清：《江苏句容丁沙地遗址试掘钻探简报》，《东南文化》1990年第1、2期合刊。

[7] 徐大立：《蚌埠双墩新石器遗址陶器刻划初论》，《文物研究（第五辑）》，黄山书社，1989年。

[8] 南京博物院考古部资料。

[9] 华东文物工作队：《淮安县青莲岗新石器时代遗址调查报告》，《考古学报》1955 年第 9 期。
      南京博物院：《江苏淮安青莲岗古遗址、古墓葬清理简报》，《考古通讯》1958 年第 10 期。

[10] 李民昌：《江苏沭阳万北新石器时代遗址动物骨鉴定报告》，《东南文化》1991 年第 3、
      4 期合刊。

[11] 吴荣清：《江苏灌云县大伊山遗址 1986 年的发掘》，《文物》1991 年第 7 期。连云港
      市博物馆：《江苏灌云大伊山新石器时代遗址第一次发掘报告》，《东南文化》1988 年
      第 2 期。

[12] 何长风：《关于安徽原始文化研究中的几个问题》，《文物研究（第五辑）》，黄山书社，
      1989 年。

[13] 何长风：《关于安徽原始文化研究中的几个问题》，《文物研究（第五辑）》，黄山书社，
      1989 年。

[14] 《潜山薛家岗新石器时代遗址》，《考古》1987 年第 11 期。

[15] 杨德标、杨立新：《安徽肥西县古埂新石器时代遗址》，《考古》1985 年第 7 期。张敬国：
      《安徽含山凌家滩新石器时代墓地发掘简报》，《文物》1989 年第 4 期。

[16] 南京博物院：《南京市北阴阳营第一、二次的发掘》，《考古学报》1958 年第 1 期。

[17] 南京博物院：《南京市北阴阳营第一、二次的发掘》，《考古学报》1958 年第 1 期。

[18] 苏秉琦：《略论我国东南沿海地区的新石器时代考古》，《文物》1978 年第 3 期。苏秉琦、
      殷玮璋：《关于考古学文化区系类型问题》，《文物》1981 年第 5 期。安志敏：《略论
      三十年来我国新石器时代的考古》，《考古》1975 年第 4 期。

[19] 韩康信：《亳县富庄新石器时代墓葬人骨的观察》，《安徽省考古学会刊》（内刊）第 6 辑。
      胡悦谦：《安徽花甲寺新石器时代遗址》，《考古》1966 年第 2 期。

[20] 宋伯胤：《新沂花厅村新石器时代遗址概况》，《文物参考材料》1956 年第 7 期。

[21] 《江苏海安青墩遗址》，《考古学报》1983 年第 2 期。

[22] 吴建民：《苏北史前遗址的分布和海岸线变迁》，《东南文化》1990 年第 5 期。

（原载《东南文化》1992 年第 1 期，与谷建祥合作）

江苏南部土墩墓

　　浩浩长江水，自安徽省东南蜿蜒进入江苏，几经弯曲，奔流入海，天然地将江苏全境划分成南北两个自然区域。

　　江苏南部以茅山山脉为分界岭，其东属于以太湖为中心（包括长荡湖、滆湖）的江南平原，地势低平，仅在太湖周围有一些海拔高度200～300米之间的低山；其西属于宁镇丘陵，秦淮河贯穿其间，地势略高于东部。

　　在江苏南部，经常能见到突出于地面的大小土墩。这些土墩多数属于古代墓葬的封土，内涵复杂，往往发现几何印纹硬陶和原始青瓷器；还有一些土墩属于时间较早的新石器时代遗址，由于古代人们长期居住和开发，堆积成面积较大的土墩（群众一般称"山"，实际上是土丘）。凡是交通便利接近繁华城区的土墩，人为破坏比较严重，内涵杂乱，面积稍大的土墩往往既是遗址又是墓葬。吴县唯亭草鞋山遗址即是一个典型的大土墩，东西长120、南北宽100米，面积12000平方米，高出地面8米，下层是新石器时代的遗址、墓葬，上层埋有各个历史时期的墓葬，其中六座墓葬出土几何印纹硬陶和原始青瓷器[1]。凡是偏远山区，土墩一般保存较好，外观呈馒头形状，径约20、高出地面2～3米，内涵单纯。这种土墩多数是出几何印纹硬陶和原始青瓷器的墓葬。句容茅山、浮山，高淳顾陇、永宁一带分布最密集。

　　1954年，首先在吴县木渎五峰山麓发现土墩墓，随后，无锡嶂山、荣巷、大墙门发现了同类墓葬，当时发掘者曾注意到它的"印陶与釉陶"共存的特点，并就几何印纹硬陶的产地、时代提出了看法[2]。到了1974年句容浮山果园一号墩的清理发掘，发现土墩墓的内涵非常丰富[3]。句容浮山是茅山的余脉，海拔221米。在浮山北麓方圆三千米半的范围内岗峦起伏，密布大小土墩，多则七八座，以至十余座相连，少则四、五座紧紧相依，当地称为"宝宝墩"，常有几何印纹硬陶出土。经过发掘证明，土墩内墓葬的葬俗和文化面貌比较特殊，引起了考古界的注意。近年来，江苏各博物馆在宁镇地区、无锡、苏州等地继续探索，又清理了一批土墩墓。通过整理使我们对土墩墓的分布、文化特征、分期等问题有了较多的认识。本文拟就江苏南部土墩墓的有关问题，提出一些粗浅看法。

一

迄今为止，江苏南部土墩墓除吴江、常熟、昆山、太仓四县外，几乎每个市、县都有发现。土墩墓大致有两种类型，第一种是山坡丘陵土墩，经过清理发掘的有句容浮山果园，江宁东善镇，溧水乌山、柘塘、高淳顾陇、永宁、无锡嶂山、荣巷，吴县五峰山麓，调查发现的有江宁横溪，溧阳社渚、果园、竹箦、句容后白、天王、茅山，溧水毛公埠、白马、金坛茅麓、薛埠，宜兴丁山、川埠、横山。山坡丘陵范围内的土墩，分界清楚，利用自然坡势，大小相连，分布密集，墓葬打破、叠压现象较多。另一种是平原地区土墩，经过清理发掘的有吴县草鞋山，金坛鳌墩，无锡大墙门；调查发现的有沙洲塘桥、杨舍，江阴云亭，丹阳皇塘、导士、武进奄城、千墩[4]。平原土墩墓有的分布在古代居住遗址上，无明显的土墩；有的是平地起封，土墩范围明显。根据以上资料，可以看出，在东西长200多、南北宽80多千米、约2万平方千米的江苏南部，土墩墓的分布极为广泛。

在与江苏南部毗连的安徽屯溪、上海金山、浙江杭州都有同样的土墩墓，其葬俗、出土器物与苏南土墩墓十分接近，这里拟参照研究[5]。

二

土墩墓的葬俗特殊，有以下几个特点：

（1）墓地地势较高，有的是平原上的土丘高地；有的在丘陵岗阜、山地斜坡，平地起封，封土未经夯打，没有明显墓穴；也有利用原有的封土堆或遗址土丘，稍加整理即行排入。墓葬均埋在黄褐色熟土之中，且多偏于土墩的南面。

（2）宁镇丘陵地区的土墩内均有多座墓葬，先由一座墓葬平地起封土，以后陆续又增加墓葬。后期的墓葬可能挖坑埋入，由于利用封土回填覆盖，现在已无法分辨其结构状况。太湖平原地区土墩墓大多也是如此，少数土墩仅一座墓葬。

（3）墓葬对散水和防潮所采取的措施主要有三种。一是墓底铺砌卵石或砌"石椁"，句容浮山几乎每个土墩都有用卵石块铺砌的略呈斜度的"石床"。1号墩M11"石床"下铺0.1米的垫土，垫土下面是一层厚0.1米的红烧土。"石床"呈长方形，长3～4、宽1.5米左右。铺砌方法有的杂乱平铺；有的分行分列，行间留有空隙。太湖区无锡嶂山M37，由石块堆砌成规则的"石椁"，"石椁"呈长方形，东西长3.85、南北宽0.45、高0.40米，太湖区其他地方亦有类似的"石椁"。"石床"和"石椁"应是一种简易的葬具。二是墓底铺木炭，金坛鳌墩一座墓葬底部平铺一层木炭屑，平面长方形，长2、宽约0.9米，前宽后狭。三是墓坑经过焙烧。句容浮山24号墩M4为长方形墓坑，长5、宽1.3、深0.3米，坑壁和坑底抹一层厚4厘米的草拌泥，墓坑经高温焙烤，墓壁和墓底呈砖红色。

土墩墓葬墓穴经烧烤的仅有一例。少数墓葬有"石床""石椁"，而绝大多数不见"石床""石椁""烧坑"。

（4）土墩墓内不见木质棺椁葬具。

（5）土墩墓内墓葬未发现完整人架，句容浮山、高淳顾陇一部分墓葬发现过人牙和骨屑。

（6）陪葬器物除有部分墓葬陪葬纺轮外，不见生产工具，而是以夹砂陶炊器、几何印纹硬陶盛器、原始青瓷食器为其共有的陪葬品。器物的组合以鬲、鼎、釜、坛、罐、瓿、豆、碗为主，而几何印纹硬陶器和原始青瓷器变形、起泡、器耳残缺情况比较多见。

（7）一部分墓葬有意识将破碎陶片散放周围，这些残片能粘合成一件完整器物。句容浮山2号墩M3出土的一件几何印纹硬陶罐，其残破陶片共十余片散布在墓葬四周。

（8）当时有瓮棺葬，高淳顾陇2号墩M6、M7、永宁2号墩M4都发现横置的大件几何印纹硬陶坛上覆盖陶盆的瓮棺葬，坛内尚留有残骨屑。

（9）陪葬青铜器的墓葬数量很少，经发掘出土铜器有三例，溧水乌山M1陪葬青铜鼎；乌山M2陪葬有青铜器鼎、方鼎、提梁卣、盘、戈；句容浮山2号墩M8陪葬铜戈，出土青铜器的墓葬陪葬品较丰富。

（10）陪葬品一般10件左右，少数多达40余件。大多放置在两端或两侧。

三

我们根据句容浮山果园、高淳顾陇、永宁墓葬之间的叠压、打破现象为基本线索，将以往发掘的零星材料加以综合整理，将江苏南部土墩墓归纳为五期。

句容浮山土墩墓曾经被分为三期。1974年发掘的1号墩根据M10、M13→M11的打破关系，16座墓葬分早、晚两期；1977年发掘的3号墩M2→M7、24号墩M4→M3，依据这两组打破、叠压关系，排比同一土墩内墓葬的出土器物，可将29座墓葬分成早、中、晚三期，较之1974年增加了中期材料。高淳顾陇、永宁土墩墓1977年发掘的31座墓葬同样可以分成三期，永宁1号墩M4→M7与2号墩M3→M5两组叠压关系，找到了进一步证实句容浮山早、中期序列的地层依据，而顾陇2号墩M8→M12的叠压关系，为句容浮山中、晚期之间增添了新的一期，即高淳中期与句容浮山中期相同，高淳晚期则介于句容浮山中、晚期之间。

同时，观察溧水乌山M1、M2的出土器物，与句容浮山早期相比较，时代更早，所以青铜器更具特征。对照邻省安徽屯溪土墩墓材料，可以列在句容浮山早期的前面。

上述分期都属江苏南部宁镇丘陵地区土墩墓资料，排比太湖区的土墩墓大致亦有相应的情况。

从陶质上看，各期都有夹砂陶、泥质陶、硬陶（绝大多数是几何印纹硬陶）和原始青瓷。一期这方面统计资料缺乏，句容浮山和高淳两处的统计数字表明，其他几期各种质料都在20%～30%左右，基本接近。唯第二、第三期泥质陶中黑皮陶占绝大多数，灰陶很少，而第四、第五期黑皮陶急剧减少，灰陶却不断增加；第四、第五期原始青瓷的百分比较之第二、第三期略有增加；第二、第三期有一种素面的硬陶器；第四、第五期的硬陶几乎全部拍印几何印纹。

从纹饰上看，拍印纹饰各期的变化最为显著。第一、第二期的种类多，富于变化，印痕较深，常见仿铜器的云雷纹，有些云纹、回纹近于凸雕；第四、第五期种类单调，都属编织纹，印痕较深；第三期则介于两者之间。席纹是贯穿始终的纹饰，但第一、第二期多拍印于软陶器皿上，纹样规格较大，线条略粗，比较紊乱；第三期以后则在硬陶器皿上拍印比较常见，纹样规格较小，线条渐细，趋于齐整。方格纹的演变状况与席纹有近似之处，第一期未见，第二期印痕深，方格较大，第三期印痕渐浅，方格与第二期相同，第四期以后印痕较浅，方格近于细网纹。

第一期盛行变体云纹（亦称"夔纹"）与方块纹组合的印纹，其间夹羽状纹或横梯格纹，还有菱形格填线纹、折线纹以及T字形展开的变体云纹。

第二期盛行折线纹与回纹组合的印纹、折线纹，其他还有席纹与方格纹、席纹与回纹、变体云纹与方格纹、复线菱形纹与回纹组合的印纹，少量的云雷纹、人字纹。

第三期盛行席纹与方格纹组合的印纹，席纹、填线方格纹开始增多。新出现波浪纹与叶脉纹组合的印纹。

第四期盛行小方格纹与填线方格纹组合的印纹、席纹。第三期的波浪纹与叶脉纹的组合印纹继续存在，新出现了对称弧线纹、窗格纹。

第五期盛行席纹与填线方格纹组合的印纹、席纹。同时存在窗格纹、叶脉纹、细方格纹。

刻划纹饰各期都有弦纹和波浪纹，仅在第二期有锥刺纹，第四期有锯齿纹。

堆贴纹饰S纹比较常见，第三期盛行一种瓣形堆纹。

组合印纹的拍印工艺第一、第二期两种纹饰间隔交替拍饰盛行，第三期则少见，第四期已绝迹。

从器物类别上看：贯穿始终的是作为炊器的鼎、釜（甑），作为盛器的坛、罐、瓿，作为食器的豆、碗。各期变化极小，新增或消失只是个别现象。第一、第二期有尊（几何印纹硬陶、黑陶以及原始青瓷等）、带把鬲、带角鼎、双兽耳罐、带盖钵，盛行原始青瓷豆。第三期有硬陶钵、盂、长腹罐、折肩罐，不见陶鬲、带角鼎，原始青瓷豆逐渐被原始青瓷碗替代。第四期新增敛口垂腹罐与钵式鼎。第五期有大口器、三足盘、钵形罐、原始青瓷罐，盛行直口带盖原始青瓷碗（亦称"盅"）。另外，第一、第二期发现有青铜器。

从主要器形的演变上看：形制的演变经常与纹饰的变化相一致，有些器物纹饰的变化更为敏感。

（1）带角鼎

卷沿、圆锥足、腹部附翘角状把手（第一期）→卷沿、圆锥足、腹部带钩状小纽（第二期）→侈沿近折、扁锥足、腹部带钩状小纽（第三期）。

（2）盆形鼎

卷沿（第一、第二期）→侈沿近折（第三、第四期）→平沿（第五期）。圆锥或扁圆锥足（第一、第二期）→扁锥足（第三期）→扁足或鸭嘴形扁足（第四、第五期）。圜底盆（第一、第二期）→折腹圜底盆（第三期）→平底盆（第四、第五期）。

（3）坛

短卷沿（第二期）→卷沿近平（第三期）→卷沿、沿面略鼓（第四、第五期）。

耸肩（第一、第二期）或圆肩（第二期）→溜肩（第三期）→折肩（第四、第五期）。

最大径在腹上部（第一、第二期）→腹中央（第三期）→腹上部（第四、第五期）。

（4）瓿

扁腹或圆腹（第一、第二期）→对称弧腹（第三期）→折肩弧腹（第四、第五期）。

（5）原始青瓷豆

有两种：

敞口、高圈足（第一期）→曲壁、矮圈足（第二期）→侈口、矮圈足（第三期）。

敛口、圈足较高（第一期）→敛口、矮圈足（第二期）。

（6）原始青瓷碗

敞口弧腹碗（第三期）→折沿弧腹、近底折收平底碗（第四期）→直口曲腹、近底折收平底碗（第五期）。

从葬俗上看，第一、第二期有"石床""石樽"以及墓底填木炭。第三期出现瓮棺葬。第五期有长方形"烧坑"。

综上所述，土墩墓的文化面貌其基本要素是一致的，在第五期中，有些变化显著，有些变化则不显著。这是由量变到质变的发展过程。因此，从发展演变的整体来分析，又可归并为三个大的发展阶段。即：早期阶段（第一、第二期）、中期阶段（第三期）、晚期阶段（第四、第五期）。

四

土墩墓的发现，由于其特殊的埋葬习俗，器形繁多的几何印纹硬陶器、丰富多样的拍印纹饰以及釉色青绿的原始青瓷器，对于江苏地区的考古研究，以至我国东南地区几何印纹硬陶和原始青瓷器的研究，提供了一批相当重要的实物资料。下面就迄今发现的资料提出几点意见：

（1）过去对于这类土墩墓的年代推断，是有不同意见的。最初发现时，把它们的相对年限定为晚于新石器时代、早于汉代。其后，比较普遍地把它们笼统推断为春秋战国时代。但是，就在当时已经注意到了出土的原始青瓷的器形和釉色，跟丹徒烟墩山西周墓出土的同类器物相近[6]。这些意见都有合理的因素，但限于当时的资料，讲得还不够明确。1974年根据句容浮山1、2号墩的发掘结果，详细探讨了这两个土墩墓葬的年代，倾向于认为他们相当于中原西周中期。这就使研究工作推进了一步。句容浮山第二次发掘的结果，土墩墓的发展序列更加明确：推定土墩墓的相对年限不能早于西周中期，也不会晚于春秋末期。也就是说，土墩墓延续了一个相当长的历史时期。根据我们所分的五期，句容浮山土墩墓相当于第二、第三、第五期，那么，第一期和第四期应该相当于中原地区什么时期？第一期墓可以溧水乌山M1、M2为代表，出土的青铜器具有典型的断代价值。提梁卣、青铜方鼎、竖耳垂腹柱足鼎，均是中原常见的西周早期形制，而另有一些器物如附耳夔纹铜盘和丹徒烟墩山出土宜侯夨簋的墓葬，与安徽屯溪M1的有关材料一致，其年代应相近。考虑到与中原相同器形的铜器在江苏南部出现的时间有可能略晚于中原，因此，我们将第一期墓的年代定为约当西周前期。第四期墓中出土一件仿铜鼎形制的陶鼎，竖耳，兽蹄足，与中原春秋早期竖耳铜鼎相仿，但其蹄足矮小，接近中原春秋晚期的铜鼎足，因此断为春秋晚期。

概括以上几点，我们推断五期的年限即：

第一期：约当中原西周前期；

第二期：约当中原西周后期；

第三期：约当中原春秋早、中期；

第四期：约当中原春秋晚期；

第五期：约当中原春秋战国之际。

至于上海市金山戚家墩的土墩墓时间可能更晚，估计约当中原战国早期。

（2）埋葬习俗有其产生、发展、消亡的过程。土墩墓开始于西周前期，盛行于西周后期、春秋时期，至战国早期逐渐消失。在江苏南部和浙江北部发现过战国中期以后的木椁墓，而未发现土墩墓。我们认为土墩墓的埋葬习俗可能来源于原始社会的平地掩埋，江苏南部几处重要的新石器时代遗址，如草鞋山、北阴阳营、圩墩遗址发现过数量较多的新石器时代墓葬，都不见墓圹的痕迹，"可能当时流行不挖墓穴，只将死者置于地面，用土掩埋"[7]。到了土墩墓阶段，继续用此方法掩埋，唯覆盖更加严密，并加大加高封土以为标志。埋葬习俗是人们思想意识的一种反映，埋葬死者的目的一是使其尸骨保存；二是使死者灵魂不灭，进入另外的世界。江苏南部地处长江下游，地势低洼，地下水位较高。古代人们很早开始就注意同水患侵蚀作斗争，这不能不反映到埋藏方法上：人们当然不能挖深坑将死者埋在水中，而是继续沿用新石器时代在地面掩埋的方法；并且创造了用卵石防潮湿、利散水，以及铺垫木炭和焙烧坑壁等办法。墓地选择在较高的地方，人们又不断地在已有的高地或土墩的熟土中埋葬死者。西周至春秋吴国的统治中心在江苏南部，公元前473年吴被越灭，但为时不长，公元前334年越又被楚所灭，江苏全境属楚统辖，直至战国末年。楚国历史悠久、文化发达。尽管原来楚地地势同样低洼，但春秋时期楚地的掩埋方法已经盛行挖深坑、填白膏泥并有棺椁葬具，解决了密封使尸体完好保存的问题[8]。因此，楚国先进的工艺技术以至风俗习惯必然带到新的统治区域，人们逐渐接受了较土墩墓更为完善的埋葬办法：挖深坑、填白膏泥、使用棺椁葬具，这样既可防水、防潮，又能更加密封。土墩墓也就逐渐被竖穴棺椁葬俗代替了。

（3）土墩墓内涵复杂，延续的时间长，其基本特征、文化面貌与中原地区同时期的墓葬不同。中原地区西周、春秋的墓葬是长方形竖穴、木质棺椁，规模较大的西周墓多见腰坑；江苏南部土墩墓平地起封或不见明显竖穴，不见棺椁，仅有"石床""石椁""烧坑"。中原陪葬陶器的组合为鬲、盆、豆、壶、罐，以灰陶为主，不见几何印纹硬陶器，规模较大的墓葬内有按照一定礼制的青铜器和少量原始青瓷器；江苏南部陪葬器物组合以鬲、鼎、釜、坛、罐、瓿、豆为主，几何印纹硬陶器和原始青瓷器普遍发现，泥质陶以黑皮陶为大宗，陪葬青铜器的墓葬很少；即使有亦不是按照一定的礼制。青铜器的形制与中原同期器形雷同，纹饰则江苏南部多夔纹、圆圈纹，器壁较薄，显得简陋一些。总的来说，江苏南部土墩墓的文化特征与中原同期墓葬"小同大异"。"同"是影响与交流，"异"是地方特色。

相反，在土墩墓的诸文化因素中，有些却与江苏南部时代较早的文化遗存衔接，前节已经提到葬俗的承继情况。泥质黑皮陶在良渚文化遗存比较常见，质地松软，容易脱皮，有灰胎黑皮和红胎白皮，这些黑皮陶在土墩墓里也有。几何印纹硬陶器上拍印横梯格形纹饰，在"湖熟文化"中是常见的。无锡华利湾土墩墓出土的器物就有这种纹饰的痕迹。另外鼎、釜之类炊器是江苏南部早期文化遗存中的主要器物，土墩墓中亦是以此为主要炊器。当人们对土墩墓的认识尚不清楚的时候，无怪乎发现这个时期的夹砂红陶鼎会使人误认为是新石器时代的遗物。因此，土墩墓应该是带有地方特色的一种文化遗存。

通过上面的比较可以看出，江苏南部的土墩墓文化面貌具有自身鲜明的特征，而其分布范围广阔，因此，不能简单地用中原西周、春秋文化的概念来框定，有必要给以单独的命名。以往人们根据出土相同的几何印纹硬陶并对照历史文献，认为这一带属于历史时期吴国与越国的政治势力范围，时间与地域大体相当，便命名为"吴越文化"，这一名称常为考古界采用。在目前还难找到代表这种文化遗存的族属，又没有更为恰当的命名，因此沿用"吴越文化"这个名称还是可以的。当然这种文化与新石器时代文化的概念、内涵有所不同，它在历史上已经属于周王朝统辖下的一种地域性文化，与中央王朝的关系应该是很密切的。

（4）根据土墩墓内出土的器物上几何形纹饰的变化可以看出，第一、第二期纹饰种类多达十余种，第四、第五期纹饰日渐单调。因此，从拍印纹饰发展的全过程来讲，第一、第二期应是繁荣期，第四、第五期则已开始进入衰落期了。

中原地区中型的西周、春秋墓葬中，多有青铜器陪葬，西周时期还伴出少量原始青瓷器。江苏南部土墩墓却很少陪葬青铜器，而无论墓葬规模大小如何，几乎每座墓葬都有几何印纹硬陶器和原始青瓷器，甚至残破起泡变形的也用来随葬。这些现象，一方面说明当时原始青瓷器在中原贵族生活中和青铜器一样被重视；另一方面说明在江苏南部，这些器物也被重视，即使是废品、次品还用来陪葬。

五

最后将本文归纳几点：

（1）土墩墓遍布江苏南部，包括邻近地区上海市、浙江北部、安徽南部。

（2）土墩墓是一种特殊葬俗，平地起封，埋于熟土之中。

（3）土墩墓分三个阶段、五期，大致年限约当中原西周前期至春秋战国之际。

（4）土墩墓起源于新石器时代的平地掩埋，到战国时期逐渐被竖穴木椁墓所替代。

（5）土墩墓所代表的文化内涵是江苏南部的"土著文化"，可继续使用"吴越文化"这个名称。

附论：关于江南土墩墓三个问题的讨论

《江苏南部土墩墓》一文发表于20世纪80年代，今天，事隔30余年，随着江、浙、赣、闽等省土墩墓的考古发现，尤其是2005年江苏宁、常、镇、溧高速公路地段40座土墩、233座墓葬的发掘，极大地丰富了土墩墓考古资料的积累。与此同时，随着此课题研究的不断深入，关于土墩墓葬俗、葬制的基本特征、墓祭形式、文化内涵、分区、分期、源流以及族属等诸问题均取得重要突破和新的进展。《江苏南部土墩墓》一文中的概括和归纳，都需要根据新的成果，重新加以更正或修正。

现就土墩墓研究中的三个问题提出一些不成熟的看法，供讨论。

第一，石室土墩与土墩墓应分属于两个不同结构的文化遗存，前者是以石室为主体部分的土墩，后者是平面堆土为主体的土墩，早期研究中曾将两者合而研究统称土墩墓，至今仍有部分发掘报告和研究文章并未加以区分，也有学者已意识到两者的区分，并称为"土墩遗存"。两者不同处在：

（1）形制结构不同，土墩墓构筑方式无论是土坑、浅坑、"石床""烧土坑"或平地掩埋，是以纯粹堆土为主的构筑形式，石室土墩是石构建筑为主体部分，堆土为辅的构筑形式。具体来说土墩墓一般建在低山山脊和丘垅之上，平原地区建在海拔高程相对较高的地方，就地取土，在土墩墓附近形成一个水塘或有水环绕土墩，俗称"水转墩"。形成墓地前先铺垫整平基础再挖坑或平地掩埋，无论出现"石床""石椁（框）""烧坑"现象，均不见主体的石室。石室土墩均选择在相对平整的山脊上起筑，先筑砌两周或数周块石围成的界框（一般长方形），每周块石框略有高差，底圈为大石块，体量大，上圈则为相对体量稍小石块，石室砌筑在中心位置，块石圈之间充填泥土和乱石，其作用是加固中心部位石室，再上覆堆土，不致土墩水土流失，造成石室倒塌。

（2）分布区域有所不同，石室土墩发现于苏、浙两省临江沿海，濒湖为主，陆地仅见于浙江安吉。土墩墓侧分布范围很广，包括苏南、沪、浙、皖南至抵达赣闽两省。

（3）所在位置高差不同，石室土墩在山巅、山脊或平原高台之上，高台之上的石室土墩仅见于江苏苏州古三江口。昆山千墩、黄泥山、绰墩山，苏州唯夷山，当地俗称"石弄堂"。

石室土墩呈线状分布。土墩墓则在低山丘陵或平原之上，呈片状分布。

（4）同一区域、同一时期土墩墓与石室土墩并存。典型地域是江苏宜兴，宜兴潢潼土墩墓群，新街紫云山庄土墩墓群，与其东黄梅山，丁山南山石室土墩群，相距甚近，说明两者在该区域是分属不同类型的文化遗存[9]。

（5）两者出土器物群的组合，和放置区位有所不同，土墩墓出土器物群为盛器、食器、水器和炊器，均放置于侧面或前、后端，石室土墩器物群绝少见到炊器，放置区位以后端为主。

第二，江南土墩墓的分布特征，总体上说，墓地与聚落址不处在同区域，存在一定的距离。

（1）聚落址的周边，江苏丹徒大港太平河流域（该河流是长江沿岸的支流，今京杭大运河与长江交汇处即在该河流附近），20世纪50年代调查发现商周遗址50余处，重要遗址有葛村、断山墩、神墩等，平均每3.5平方千米范围内发现有一处，几乎所有遗址均位于现在村庄附近，以往发现的重要土墩墓、烟墩山、馒儿墩、乔木山、大小笆斗山均在聚落区以北频江地带低山丘陵之上，同时在聚落区南的丹阳埤城亦有密集分布，相距约5～10千米。

（2）古城址的周边，武进淹城20世纪70年代调查发现土墩墓200余座，目前尚存78座，高淳固城、南城附近青山、凤山、顾陇、永宁均分布有土墩墓葬群。丹阳珥陵镇附近既发现了古城址，又有祭祀遗址和土墩墓群，葛城古城址时代自西周沿用至春秋，可分为早、中、晚三期，面积33000平方米[10]。在其西北角相距不远处有一处人工堆筑高土台，南北长80、东西宽70、高出地面5米，两面环水，经发掘证明，并非聚落址，并非土墩墓，从所发现器物坑（铜剑、陶瓷器）等分析，推断其为一处存续时间与葛城古城址相对应的祭祀场所。珥陵范围内经调查发现现有土墩墓数近百座。种种迹象表明，祭祀土台、土墩墓，它应是广义上中心聚落葛城的组成部分。说明中心聚落周边可能发现与土墩墓同时期其他遗迹现象。有些以往认定为土墩墓既未发现确定墓葬的确切依据，又与一般土墩墓葬制不同的特殊遗迹，两者紧邻能否重新分析研究该类遗存的性质。如：丹阳大夫墩，丹徒大笆斗土墩墓[11]。

（3）矿冶遗址的周边，土墩墓的规格大小葬制几乎无什么区别，土墩墓密集分布附近也未发现重要聚落址和古城，该类土墩墓墓主的身份从土墩墓分布的密集程度看似乎暗示死者生前可能是密集型劳作场所的先民，据地质调查资料表明，青铜原料在南方地区主要是在长江中下游（北纬30°左右附近区域）有一系列古铜矿矿脉，和古铜矿矿冶遗址，西起湖北大冶铜绿山，下至江西瑞昌，皖南的贵池、铜陵、南陵、青阳、繁昌、当涂、泾县、宣城和苏南的江宁、句容、溧阳等地均有铜矿分布，皖南仅南陵、铜陵两处发现铜矿遗址几十处之多，正是这个地区是皖南土墩墓最集中分布区之一，应用遥感技术对南陵境内的土墩墓调查，发规千峰山、吴家大山等土墩墓群23处，分布范围近13平方千米，确认的现有土墩墓3019处，土墩墓墓主可能是采冶铜矿的先民。同样南京江宁铜井铜矿附近亦发现有一批土墩墓，墓主身份应与此相关联。

（4）交通干道沿线，例如高淳胥溪河流区分布广泛的土墩墓，应与长江进入太湖的古代通道有直接关系。

第三，土墩墓分布范围，北界不超越长江，南界目前发现已达闽北。土墩墓是由南而北，或是由北而南的传播线路，始终是学术界关注的研究课题，现有考古发现南面的资料较少，难以与北面的考古资料作深入比较研究，值得重视的是南方两处重要考古发现，浙江温州瓯海土墩墓[12]、福建浦城土墩墓群[13]。

温州瓯海土墩墓，平地掩埋，陪葬品以青铜器为主，包括鼎、簋、戈、剑、矛、镞、铙等少量玉器、绿松石饰，不见陶器、原始瓷器。仅能以青铜器特征判别年代。

浦城土墩墓群47座墓葬，分早、中、晚三期。早期9座，平地掩埋，陪葬品以黑衣陶为主，下腹折收的鱼篓形罐，极具地域特色；中期20座，浅坑、满铺卵石，陪葬品以原始瓷豆为主，还有青铜器。晚期11座，带墓道的竖穴土坑，其形制显然与土墩墓葬俗不同。早、中期考古学年代上存在一定间距。

这两群土墩墓（群）青铜器与原始瓷无论其形制和纹样均与苏南、皖南土墩墓出土的同类器一致，可以确定浦城早期墓的陶器与苏南、皖南土墩墓出土的特征完全不同。

土墩墓不能以有无封土作为判断标准，实际上土墩也有高低之别，苏南、浙北、皖南封土较高，这两批封土极低。关键在于其葬制、葬俗和文化内涵的比照。

作为一种葬制、葬俗，从其历史发展过程来说，有其产生、发展、消失的轨迹。目前，南方的两处资料似乎突然出现在同一时期、同一阶段，没有连续发展的过程。土墩墓源流的轨迹，尚需更多的新资料和研究加以证明。

注释：

[1] 南京博物院：《江苏吴县草鞋山遗址》，《文物资料丛刊·3》，文物出版社，1980年。

[2] 朱江：《江苏南部"印陶与釉陶"遗存清理》，《考古通讯》1957年第3期。

[3] 镇江市博物馆：《句容浮山果园土墩墓》，《考古》1979年第2期。

[4] 南京博物院：《江苏句容浮山果园西周墓》，《考古》1977年第5期。陈福坤：《江苏江宁县发现"印纹硬陶"古墓》，《考古通讯》1958年第4期。镇江市博物馆等：《江苏金坛鳖墩西周墓》，《考古》1978年第3期。镇江市博物馆等：《江苏溧水发现西周墓》，

《考古》1976 年第 4 期。魏百龄、谢春祝：《无锡华利湾古墓清理简报》，《文物参考资料》1956 年第 12 期。镇江市博物馆等：《江苏溧水乌山西周二号墓清理简报》，《文物资料丛刊·2》，文物出版社，1978 年。南京博物院：《江苏句容浮山果园土墩墓第二次发掘报告》，《文物资料丛刊·6》，文物出版社，1982 年。南京博物院：《江苏高淳县顾陇、永宁土墩墓发掘简报》，《文物资料丛刊·6》，文物出版社，1982 年。无锡市博物馆：《无锡璨山土墩墓》，《考古》1981 年第 2 期。

[5] 安徽省文化局文物工作队：《安徽屯溪西周墓葬发掘报告》，《考古学报》1959 年第 4 期。

上海市文物保管委员会：《上海市金山县戚家墩遗址发掘简报》，《考古》1973 年第 1 期。

蒋缵初：《杭州老和山遗址 1953 年第一次的发掘》，《考古学报》1958 年第 2 期。

[6] 尹焕章：《关于东南地区几何印纹硬陶时代的初步探测》，《考古学报》1958 年第 1 期。

[7] 吴苏：《圩墩新石器时代遗址发掘简报》，《考古》1978 年第 4 期。

[8] 湖南省博物馆：《长沙楚墓》，《考古学报》1959 年第 1 期。

[9] 南京博物院等：《宜兴潢潼土墩墓群发掘报告》，《东南文化》2006 年第 6 期。

[10] 南京博物院：《江苏丹阳葛城遗址勘探试掘简报》，《江汉考古》2009 年第 3 期。

[11] 大夫墩考古队：《丹阳市河阳大夫墩发掘报告》，《东南文化》1994 年第 2 期。南京博物院等：《江苏丹徒横山、华山土墩墓发掘报告》，《文物》2000 年第 9 期。

[12] 浙江文物考古研究所：《浙江瓯海扬府山西周土墩墓发掘简报》，《文物》2007 年第 11 期。

[13] 福建博物院等：《福建浦城县管九村土墩墓群》，《考古》2007 年第 7 期。

（原载《文物资料丛刊·6》，文物出版社，1982 年。后收录《南京博物院八十周年纪念文集》，生活·读书·新知三联书店，2013 年）

略论宁镇地区青铜文化序列

宁镇地区是长江下游一个相对独立的地理单位，西起江宁县淳化镇，经南京、句容、丹徒、镇江、丹阳，止于武进县孟河镇，绵延100千米，总面积近5000平方千米。境内低山、丘陵、岗地众多，约占总面积的2/3，低山耸峙于长江南岸，一般海拔高度为200米左右，整个地势高低错落，起伏平缓。境内河流多源于茅山及其支脉，西部属秦淮河及其支流句容河，直接注入长江，东部属太湖流域，众多支流转辗汇入太湖，长江在此呈一弯道，江流平稳，古运河在镇江谏壁贯通南北，自古为沟通南北的重要水道。从旧石器时代起，这里就有人类活动，新石器时代先民的居住遗址亦发现数十处，进入青铜时代，得到更大发展，遗址多位于山间盆地或滨江丘陵之上，尤其是小河近旁的阶地。据丹徒大港附近考古普查资料表明：单是太平河流经的范围内，已经发现青铜文化遗址数十处，平均每3.5平方千米就有一处，当时村落密集的程度，几乎与现代村落分布相一致。

一

1951年南京博物院在南京附近湖熟镇发掘了老鼠墩遗址，并在周围调查发现十余处同样的遗址[1]。20世纪50年代在宁镇山脉和秦淮河流域考古普查中，发现青铜文化遗址百余处[2]。在此期间，发掘过的重要遗址有：南京北阴阳营[3]、锁金村[4]、小市安怀村[5]和丹徒癞鼋墩[6]。1959年，曾昭燏、尹焕章两位先生对这一时期的工作做了综合研究，首次提出宁镇地区青铜文化遗存具有较强烈的地方特色，定名为"湖熟文化"，认为这种文化遗存基本可以分为上、下两层，上限可至殷商末期甚至更早些，下到距今二千四百年的春秋战国之交，分布范围以宁镇地区为中心，太湖区居从属地位[7]。对此，张永年先生发表了不同的看法，认为"湖熟文化"下层包含着文化内涵明显不同的两个类型，一是以北阴阳营三层为代表的类型，另一是以锁金村遗址为代表的类型，两种不同类型年代不同，前者可到殷商时代，甚至更早，后者相当西周时期，而"湖熟文化"下层文化面貌基本上是和殷周文化相一致，并不具备足以与殷周文化相区别的一群特征[8]。区别两种类型无疑地推进了对"湖熟文化"内涵的深入一步认识。60年代以后，先后发掘了南京太岗寺[9]、江宁昝庙[10]、点将台[11]、句容城头山[12]、白蟒台[13]、丹徒断山墩[14]、团山[15]和镇江马迹山[16]等遗址，同时清理了一批同时期的土墩墓[17]，使研究工作有了新的进展，先后有几位先生发表了具代表性的看法[18]，大体可归纳为三种意见：一种意见宁镇地区从商代到春秋可分为三个阶段，第一阶段以南京北阴阳营第二、三层为代表，这阶段又可分为两期，即北阴阳营三层时代约当商代，北阴阳营二层时代约当西周前期，这阶段文化面貌与太湖区不同，具自己独特的风格。第二阶段以句容、高淳Ⅰ期土墩墓、南京锁金村上层为代表，约当西周中、晚期，宁镇区和太湖区文化面貌的差异逐渐消失。第三阶段以句容、高淳Ⅱ、Ⅲ期土墩墓为代表，约当春秋时期，宁镇、太湖两区文化面貌趋于一致。一种意见认为"湖熟文化"至少可分前、后两期，分别相当于商代中期和西周早、中期，这一文化与新石器时代之间尚有缺环存在。一种意见认为"湖熟文化"可分为早、中、晚三期，分别与中原早商、商代中、晚期和西周相当。最近，还有一种将"湖熟文化"划为五阶段八期的看法，其中第五阶段即八期时代已相当于战国早、中期[19]。上述几种意见除最近一种外，对宁镇地区青铜时代遗存实际概括了两个大阶段，相当中原西周以前称"湖熟文化"，春秋时期则另行定名，有称"吴文化"，也有称"吴越文化"。但是，几种意见所引用的资料并不完全一致，有以北阴阳营遗址二、三层为代表，有以句容城头山、白蟒台以及丹徒团山为代表，这就给对应比较带来一定的难度，在目前分阶段定名尚不一致的情况下，本文拟先从宁镇地区青铜文化序列着手，并对相关问题提出一些看法，以供讨论。

二

宁镇地区已经发现的青铜文化遗址，其文化层堆积状况基本上是一致的，从以往发掘规模较大，层位关系较清晰的北阴阳营、点将台、团山、断山墩、昝庙、城头山等遗址来看，这个区域的青铜文化序列大体可以划分为三大段，第一阶段以北阴阳营第三层为代表，包括点将台中层、昝庙中层、城头山第二文化层、团山第十层。锁金村、太岗寺、安怀村、癞鼋墩和马迹山也包含有同类文化遗存。第二阶段分为早、中、晚三期，早期分一、二两组。早期一组以北阴阳营第二层为代表，包括点将台上层。湖熟老鼠墩、丹徒葛村、锁金村也有类似的发现；早期二组以断土墩Ⅰ期为代表，中期以断山墩Ⅱ期为代表；晚期以断山墩Ⅲ期为代表，这些遗存宁镇地区发现比较普遍，包括昝庙上层、城头山第一文化层，白蟒台上、中、下文化层，团山、太岗寺、锁金村、安怀村、马迹山都存在同时期的堆积，除遗址外，还发现一批同时期的土墩墓葬，从另一侧面反映了当时的文化面貌。第三阶段以断山墩四期为代表。

三个阶段的主要文化面貌和典型器物概述如下（图一）：

1.第一阶段

据测定的碳-14数据年代为公元前1540±90年，相当于中原商代前期。这阶段发现较多小件铜器，有镞、刀、钻等，石制生产工具以石锛为主，最富特色的是半月形双孔石刀、柳叶形石镞，其他有石镰、石斧。占卜的甲骨有火灼的浅窝或先钻成扁圆窝再加火灼的。陶器以夹砂红陶为主，泥质红陶次之，泥质黑陶和泥质灰陶比例较少，硬陶和原始瓷少见，硬陶多呈紫色，原始瓷多呈浅茶色。纹饰以绳纹和梯格纹为大宗，其他有云雷纹、贝纹、圆圈纹、叶脉纹、饕餮纹等。陶器有手制和轮制两种，一般胎壁较薄。主要器物鬲、甗、盆均有绳纹和素面，或者绳纹和梯格纹不同的装饰作风，绳纹鬲分裆高实足尖与中原同类器相近，显然体现了两种不同的风格在此已融为一体。甗有细绳纹甗和筒状袋足素面甗两种，其他有深腹盆形圆锥足鼎，喇叭形圈足浅盆式豆，卷沿广肩梯格纹瓮，宽扁耳浅腹钵、璧形捉手盖，大口缸和研磨钵。中原常见的簋这里少见。

2.第二阶段

（1）早期

早期一组据测定的碳-14数据年代为公元前1195±105年，相当于商代晚或西周初期。这阶段生产工具与前阶段基本一样，唯石镰较前增多，陶器仍以夹砂红陶为主，夹砂灰陶次之、泥质红陶再次，其他为少量硬陶和原始瓷。纹饰以绳纹为大宗、梯格纹次之，其他有云雷纹、划纹、回纹等。主要器形有束颈绳纹鬲，宽沿肥袋足素面鬲，出现带角状把鬲，束腰肥袋绳纹尖足甗或两用指捺凹窝素面甗，粗把长方镂孔豆、长方形耳绳纹瓿、堆贴绳纹盆，绳纹簋整体器形与中原商末周初器同，但腹部刻划的方框内填绳纹，属于经过改造过的中原器，很具特色。

早期二组青铜器已不单是小件工具，已出现铸造青铜容器的陶范，陶范刻有精细的云雷纹饰。陶器以夹砂红陶为主、泥质红陶次之，泥质灰陶、黑陶较少，硬陶、原始瓷少见。夹砂红陶褐红色、泥质红陶色泽不纯，多呈桔红色，黑陶中有少数经磨光，原始瓷釉色已呈淡青或绿色。纹饰有叶脉回纹、云雷、梯格和方格网纹。制法中常见接口、接底，表面削刮的现象。炊具鬲、甗、鼎胎疏松，器表常见气孔。主要器形有宽沿实平圆柱足鬲和宽沿袋足鬲，指捺窝束腰实平圆柱足甗，直口短肩浅盘圈足灰陶豆、高把浅盘贴乳丁豆、高粗把浅盆式豆，短颈长方形假耳瓿、圆肩网纹（或人字纹）罐、方格网格盆和刻划人字纹圆腹簋，原始瓷仅见豆。陶纺轮断面多作矩形。本期大型器和夹砂陶、泥质灰陶器种类较多见。

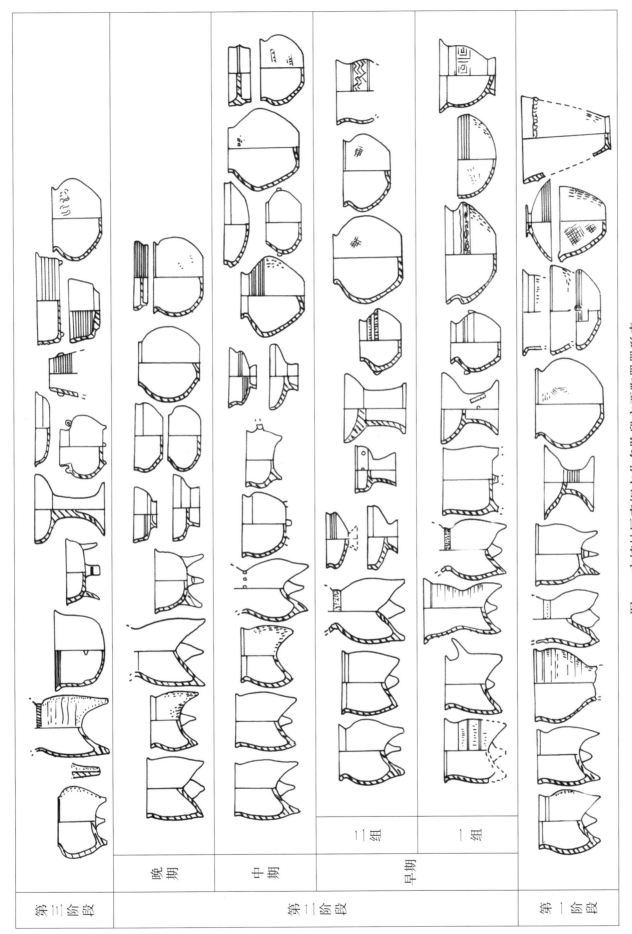

图一　宁镇地区青铜文化各阶段主要陶器器形表

第三阶段		第二阶段			第一阶段
	晚期	中期	早期		
			二组	一组	

（2）中期

据碳-14测定数据年代为2735±80年，相当于中原西周中晚期，陶器仍以夹砂红陶和泥质红陶为主，灰陶比例较前增加，基本器类与第一期相近，唯硬陶器和原始瓷器增多。纹饰除一期已见的方格网纹、云纹外，回纹、折线纹、变体雷纹逐渐占主要地位，其他有重菱纹、三角雷纹、席纹。主要器形鬲有三种，窄沿弧裆实足尖鬲，窄沿袋形尖足鬲、侈口方唇鼓腹绳纹鬲，束腰稀疏指窝素面甗，角状把手圆锥足鼎和鬲，直口浅盘灰陶豆，侈口断续绳纹瓮，直口灰陶盆，圈足盘，折壁原始瓷豆，泥质红陶罐、盆腹饰变体雷纹和方格纹的组合印纹富于时代气息。陶纺轮断面多为椭圆形。

（3）晚期

陶器泥质红陶比例较之夹砂红陶上升，灰陶、硬陶较二期显著增多。原始瓷色泽较以往光亮。纹饰的多样化在硬陶上表现特别突出，不下数十种，但大都在主体纹饰内填各种附加的点与线。主要器形有深袋足乳突尖素面鬲，瘪裆有肩绳纹鬲，盆形椭圆足鼎、折壁圈足灰陶豆、侈口圆腹灰陶盆，浅足灰陶盘，直壁折腹原始瓷豆，泥质红陶罐，盆饰席纹与方格纹组合印纹亦具时代特色。整个器类中盆、钵器较前稍增，陶纺轮断面作算珠形。

3.第三阶段

据碳-14数据测定年代为2290±210年，相当于中原春战之际。陶器灰陶系统比例大大增加，同样硬陶，原始瓷比例亦呈上升趋势，红陶系统相对比例锐减，纹饰以席纹、方格纹（麻布细孔）为主，泥质红陶出现强烈生活气息的云气纹和"蝶形"纹。器形种类减少，主要器形有罐形平裆柱足（或蹄足）绳纹鬲，鬲足多呈包蕊式制法，断续绳纹柱足甗、鉴形甑、浅盆鸭嘴足鼎、高把灰陶豆、三乳丁足灰陶罐、盆，密弦纹贯耳罐、原始瓷直腹碗（盅）。

三

（1）第一阶段出土的绳纹陶鬲，其形制有长方体和正方体两种，前者一般方唇、有颈、分裆、高实足尖，北阴阳营、城头山、点将台和仪征甘草山H2都有发现；后者以团山出土的最典型，尖圆唇、高领、分裆，矮实足尖。研磨钵亦有深腹、平底和浅腹、圜底之分。这种形制上的不同，给我们对这阶段再分期提供了线索。

第二阶段早期一、二组没有直接的层位关系，通常二组叠压一阶段地层较为多见，而一组叠压一阶段地层较少见。一组出土器物中灰陶绳纹器皿相对二组来说所占比重较大，粗把豆，肩饰长方无孔立耳瓿、陶罍肩部饰泡钉与中原西周早期同类器相近。二组器物中虽有部分近似一组，但毕竟多数形制不同，并且有的器物如三角划纹簋、带泡钉豆，高柄盖等都与中原定为西周穆王时期同类器相同。因此，一、二组尽管无直接地层关系，尚能初步判断两者可能存在时间上的先后。

第三阶段灰陶陶系比例明显呈上升趋势，绳纹柱足鬲、高把灰陶豆的出现，三乳丁足器罐、盘的发达，显然与第二阶段的陶系器形不同。其中绳纹包蕊足鬲属楚式鬲的特征，三乳丁足器在太湖周围比较常见，吴县澄湖，上海戚家墩都有成组器物发现，一般认为属越式特征的器物，说明这阶段宁镇地区楚、越文化因素不断渗入，注入了新的血液，但是这里依然部分承袭前阶段的文化特征。弧腹原始瓷碗基本与前阶段一致，泥质红陶盆、罐虽形制照旧，但纹饰已发生了变化。

（2）宁镇地区青铜文化序列中，陶鬲贯穿始终，各阶段都有一至二种型式居于主导地位，第一阶段最常见的型式，尖圆唇（或方唇）、折沿有棱、短领（或领）、分裆、细绳纹，高实足尖。这种型式与早期"商式鬲"比较接近，唯其一般胎薄，绳纹更细密。第二阶段早期常见的素面鬲，一种斜侈宽沿，弧裆，肥袋足无实足尖；另一种宽沿，裆平缓，实平圆柱足，并出现素面角状把鬲中期素面鬲，一种短沿、弧裆、高实足尖；另一种侈沿、凹弧裆，袋足有矮实足尖，素面角状把鬲继续存在。晚期以圆唇、宽沿、裆间隔锐利，深袋足，乳突状足尖一般呈长方体。第二阶段绳纹鬲数量很少，始终居于从属地位，基本形制方唇，折沿、鼓腹、瘪裆，锥形袋足，颈以下满饰绳纹（或断续绳纹）。这种型式的绳纹鬲与第一阶段绳纹鬲型式明显有别。而与中原西周到春秋时期的"周式鬲"完全一致。为什么绳纹鬲在第一阶段以后没有得到充分发展，即使以后的"周式鬲"也如是，素面鬲却从第二阶段早期起不断发展，到第三阶段才几近绝迹呢？

素面鬲北阴阳营第三层曾经出土过一件，如果将此看作是以后素面鬲发展的肇始的话，有两点值得注意的现象：一是这件素面鬲基本上是与点将台中层绳纹鬲的形制相同，仅仅器形较少且无纹饰而已；二是第二阶段起素面鬲一直沿着深肥袋足轨迹发展，这件鬲并没有上述的特点，因此，我们不能认为它是以后盛行的深肥袋足素面鬲的前身。

第二阶段素面鬲源头在何处呢？我国素面鬲最早出现在山东龙山文化时期，岳石文化时期继续存在，山东地区应该是素面鬲的发祥地之一。我们推测宁镇地区素面鬲源于山东，千里迢迢，何来之有？最近，沭阳万北商代墓葬中出现的方唇、侈沿、袋足素面鬲，使我们在两地中间找到了一个新点。一般认为素面鬲是夷人文化系统中要素之一，考古发现证实从新石器时代晚期起山东夷人文化因素已影响到宁镇地区。当商周时期夷人势力高度发展到足以与商人多次征战，与周人相抗衡，其势力完全可能远抵江南，《翏生盨》记载周王征伐南淮夷角、津、桐、遹，据考证角在江苏省宿迁县东南一百一十里，淮泗之会，津在今宝应县南六十里[20]。这些地点尤其后者与宁镇区相距已不太远，有人认为，宁镇区历史上曾一度属于南淮夷的势力范围，从文化特征源流上分析这是一种有见地的意见。

（3）宁镇地区青铜文化的渊源是大家普遍关心的问题，当然首先要找出被其直接叠压的新石器晚期文化堆积，迄今发现有如下几组被叠压的关系（或明显早期遗存）：

A.北阴阳营H2

B.昝庙墓葬出土的成组器物

C.锁金村T24灰土层[21]

D.镇江马迹山岳石文化遗存

E.滁县朱勤大山龙山文化遗存

F.江宁点将台下文化层为代表的遗存，同样的遗存城头山、团山和太岗寺都有所发现。

另外丹徒断山墩T302，第七层发现过龙山文化陶鼎和篮纹陶罐（残片）。

北阴阳营H2出土的细长颈肥袋足陶鬶和刻有飘带圆圈的陶缸，大致属于良渚文化早期和大汶口晚期的遗存。昝庙成组器物有扁薄平刃风字形穿孔石斧（钺）、三孔石刀、有柄石刀、兽面纹玉冠状饰、长颈贯耳壶具鲜明的良渚文化较早阶段的特征。锁金村T24灰土层出土扁平T形足，侧面密布刻划的人字纹长颈鬶，同类遗存镇江谏壁烟袋山有发现，属于良渚文化较晚阶段遗存。镇江马迹山岳石文化遗存，包括有凸棱盆、蘑菇状捉手器，尊形器等，安怀村也有零星发现。滁县朱勤大山有标准龙山文化薄胎黑陶片，竹节柄豆和夹砂鬼脸式鼎足。丹徒断山墩出土的龙山文化陶鼎与豫东王油坊类型陶鼎形制如出一手。以上几种情况，A、B两组绝对年代距今四千五百年以上，与青铜文化在年代衔接上相距甚远，似非直接渊源。而C、D、E包括三种文化，一是源于太湖周围的晚期良渚文化，一是源于北方的龙山文化，一是源于海岱区的岳石文化，绝对年代都与青铜文化比较接近，可列入讨论的范围。值得重视的是点将台下文化层为代表的遗存，发现地点较多，具一定的普遍意义。点将台下文化层为代表的遗存文化面貌，石制生产工具多经磨光，以锛为主，还有斧、刀、戈、凿、镞等，从点将台下层陶系的统计看，夹砂红陶为大宗，占总数的38%，依次为夹砂灰陶24%、泥质黑陶23%、泥质灰陶11%、泥质红陶4%，实际上灰黑陶所占比例最大。纹饰以篮纹为主，绳纹次之，其他有方格纹、划纹和弦纹，制法有轮制和手制两种，并见胎壁很薄的磨光黑陶，主要器形有甗、鼎、豆、罐、杯、瓮、簋、盘、钵，尊形器和三足盘等。关于这一文化层的性质，原报告认为"从文化内涵来看，只

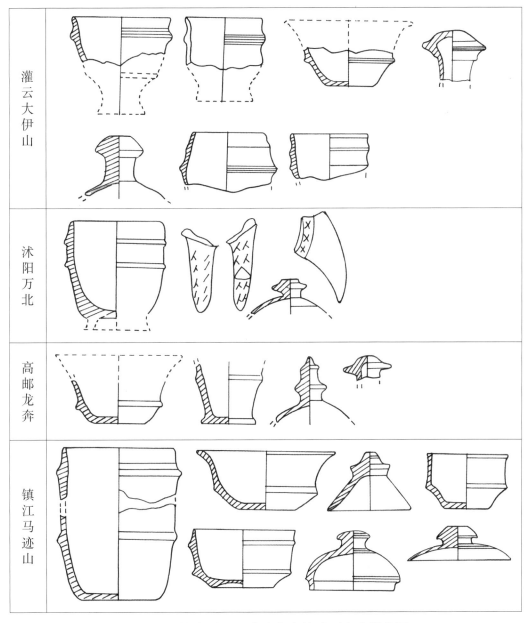

图二　江苏地区四处遗址出土的岳石文化器物图

能说明它的时代早于湖熟文化，并且受到龙山、良渚文化因素的影响"。邹衡先生在《江南地区诸印纹陶遗址与夏商周文化的关系》一文中指出，"它属于龙山文化大体与安徽巢湖区域龙山文化相似"，最近张敏同志对此遗存正式提出可命名为"点将台文化"，这是一种新的尝试。根据迄今发现资料来看，点将台下层确有戳点纹罐式锥足鼎、划纹扁三足鼎，鼎甗合体划纹足甗、素面束腰羊乳袋足甗、陶三足匜及石锛为主的生产工具等一群带地域特点的器物，但不可否认同时存在着一定数量与豫东王油坊类型和江淮龙山文化相同或相近的盆、瓮、豆、三足盘等器物。尤其是它的陶系主体纹饰几乎与龙山文化一致，两者比重大体接近。因此，单独命名文化？还是大文化圈中一个地方类型？在没有更充分的材料说明它的性质之前，我们还是倾向于原报告的提法。

镇江马迹山遗址岳石文化遗存由于没有确切的地层关系，曾将其纳入湖熟文化第二阶段约当中原商代的遗存，在宁镇地区已发现的众多遗址中，这类遗存十分少见，马迹山却包含较多的这类遗存，看似突然，实际上江苏岳石文化的分布自北而南已发现多处，从赣榆下庙墩，青墩庙、灌云大伊山、到沭淮交汇地区的沭阳万北，里下河区的高邮龙奔周墩，长江南岸马迹山（图二）可以连成一线，马迹山是迄今发现属于该文化分布区的南缘。

综上所述，我们认为宁镇地区在新石器时代晚期受到来自三方面的影响，即西北方豫东王油坊类型、江淮间龙山文化；东北方岳石文化以及东面良渚文化的影响，而前两地的影响比较强烈，后一地则已微乎其微了。

注释：

[1]南京博物院：《南京附近考古报告——江宁湖熟史前遗址调查记》，上海出版公司，1953年。

[2]尹焕章、张正祥：《宁镇山脉及秦淮河地区新石器时代遗址普查报告》，《考古学报》1959年第1期。

[3]南京博物院：《南京北阴阳营第一、二次的发掘》，《考古学报》1958年第1期。

[4]南京博物院：《南京锁金村遗址第一、二次发掘报告》，《考古学报》1957年第3期。

[5]南京博物院：《南京安怀村古遗址发掘简报》，《考古通讯》1957年第5期。

[6]南京博物院：《江苏丹徒葛村新石器时代遗址探掘记》，《考古通讯》1957年第5期。

[7]曾昭燏、尹焕章：《试论湖熟文化》，《考古学报》1959年第4期。

[8]张永年：《关于"湖熟文化"的若干问题》，《考古》1962年第1期。

[9]江苏省文物工作队：《南京西善桥太岗寺遗址的发掘》，《考古》1962年第3期。

[10]魏正瑾：《昝庙遗址内涵的初步分析》，《江苏省考古学会1981年年会论文选》，江苏省社会科学院，1982年。

[11]南京博物院：《江宁汤山点将台遗址》，《东南文化》1987年第3期。

[12]南京博物院资料。镇江市博物馆：《江苏句容城头山遗址试掘简报》，《考古》1985年第4期。

[13]镇江博物馆：《江苏句容白蟒台遗址试掘》，《考古与文物》1985年第3期。

[14]南京博物院资料，见《东南文化》1990年第5期断山墩纪要一文。

[15]团山遗址考古队：《丹徒县赵家窑团山遗址》，《东南文化》1989年第1期。

[16]镇江市博物馆：《江苏市马迹山遗址的发掘》，《文物》1983年第11期。

[17]邹厚本：《江苏南部土墩墓》，《文物资料丛刊·6》，文物出版社，1982年。

[18]李伯谦：《我国南方几何印纹陶遗存的分区、分期及其有关问题》，《北京大学学报》1981年第1期。蒋赞初：《关于长江下游地区的几何印纹陶问题》，《文物集刊·3》，

文物出版社，1981 年。纪仲庆：《浅谈吴文化和先吴文化》，《南京博物院集刊》第 4
集 1982 年。魏正瑾：《宁镇地区新石器时代文化的特点和分期》，《考古》1983 年第 9 期。

刘建国：《浅论宁镇地区古文化的几个问题》，《考古》1986 年第 8 期。

[19] 刘建国、张敏：《论湖熟文化分期》，《东南文化》1989 年第 1 期。

[20] 马承源：《关于翠生盨和者减钟的几点意见》，《考古》1979 年第 1 期。

[21] 南京博物院资料。

（原载《东南文化》1990年第5期）

试析巫峡峡区先秦时期考古学文化

巫峡西起重庆巫山大宁河口，东至湖北巴东官渡口，全长约42千米，为长江三峡中最长的一峡，其地质地貌属于巫山背斜地质构造带，江岸重岩叠嶂，以幽深、秀丽闻名于世。

巫峡峡区的考古工作，肇始于20世纪初期，当时都是江边采集性质的考古调查，实质性的考古调查与发掘，则是由于配合长江三峡水库工程建设才正式展开，尤其是1994年的考古普查及嗣后的择点发掘，使我们对峡区的古文化面貌有了一定的认识。

巫峡区内目前已调查发现的先秦时期文化遗址近20处，其中除江东嘴和官渡口遗址在峡口外，其余均在峡区内。峡区内遗址分布有以下特点：（1）大部分遗址分布于长江南岸，少数在长江北岸，南岸的遗址面积一般大于北岸遗址；（2）遗址主要分布于海拔120～130米之上，个别低于该高程的遗址，可能为以上高程上的文化堆积由自然原因搬动所致，因此，此类遗址文化遗存极其贫乏、零星；（3）遗址都在峡区内支溪和溪水流入大江时所形成的冲积台地之上，而该地又是山泉终年不断，泉水容量又足以满足人们生活的需求；（4）遗址所在位置接近山根处，依山傍水，有相对宽阔的坡地，提供了人们生存的一定活动空间；（5）遗址所在是峡区V形谷江面略宽的地段，江水多呈回流状态，为人们生活提供了丰富的鱼类资源，宜于捕捞活动。

峡区内遗址的类型有两种：第一种陡坡山地类型，其特点是地形、地貌复杂，坡度大，缺乏大面积的平整地块，人们始终生活在较狭窄的活动范围之中，分散居住的生存环境，聚落布局的特殊现象，反映在考古学上常见文化堆积"窝点状"分布，没有形成特别集中的遗址中心区，文化层堆积多保存于基岩附近的凹洼内，即使有较丰富的地层堆积，遗迹现象亦极为贫乏，说明人们定居的时间并不长，此类遗址在峡区内占大多数。第二种山间坪地类型，其特点是坪地被高山环抱，有一定深度的文化堆积。但由于坪地面积不大，基本属于小型遗址，不具备典型性，此类遗址数量较少。

巫峡峡区内经过发掘（或试掘）的遗址有巫山江东嘴、跳石、培石和上阳，巴东白羊坪、楠木园和官渡口，这些遗址试掘的资料已有简要介绍公布，大部分发掘材料未正式公布，因此，要对峡区考古学文化分析，存在一定难度，现仅就我们发掘的跳石、培石遗址资料，结合已公布的简介试作分析。

1. 跳石遗址

位于巫峡峡区西段二级台地之上，原面积为2万平方米，现仅剩3000平方米，海拔120米。经一次试掘，两次发掘，发现有新石器时代晚期、商、西周和东周文化层。新石器时代晚期文化遗存发现灰坑一座，墓葬二座，墓葬均为长方形竖穴浅坑，仰身直肢，其中一座双手叠放于腹部，双脚交叉，陪葬长腹罐。石器中有长方形双孔石斧，青铜器中铜斧铸有"大角羊首"状图案。陶器陶质以夹砂红褐陶为主，其中夹细砂的比重较大，并有部分夹炭陶，夹炭陶中有少数施红衣。纹饰中素面占大多数，其他有方格纹、弦纹、菱格纹和绳纹。器型中流行平底器，有少量圈足器，可辨器物有罐、圈足盘、钵、盆、碗、壶等，罐以大口罐居多。约当商、西周时期文化遗存，据简介报道陶器纹饰有绳纹、方格纹、戳印纹，器物有罐、高领罐、缸、尖底杯和高领杯。东周文化遗存发现长方形房址一座，居住面有红烧土块、粒、屑掺和黄土构成，灰坑六座、灰沟一条和墓葬二座。墓葬竖穴土坑，仰身直肢，无随葬品。陶器陶质中以夹砂红褐陶为主，所占比重占一半以上，泥质灰陶次之。纹饰多饰以绳纹，流行在颈腹部加以刮抹的作风，另有少量方格纹、刻划纹、叶脉纹等。器物有鬲、豆、罐和缸等。

2. 培石遗址

位于峡区西段二级台地之上，面积2万余平方米，海拔125～135米，经两次发掘，发现有新石器时代、夏商时期和东周文化层。新石器时代文化遗存，长方形灰坑一座。出土遗物中有大型磨光石斧、石璜、骨钏、骨镯和陶器等。陶器陶质以夹砂红陶和泥质红陶为大宗，尚有少数泥质橘红陶和泥质黑陶。绝大部分为素面，少数施红衣，个别有褐彩，泥质磨光黑陶，陶胎很薄。可辨器形有罐、豆、鼎、钵、圈足罐、戳点纹陶球等，属大溪文化晚期范畴。夏商时期有两类文化遗存，均被东周文化层所叠压，但未见两类共存或叠压的层位，分析两者之间的关系有两种可能，一是时间早、晚关系；二是文化年代上大体平行关系，进入本遗址略有先后而已。一种遗存（A类）分布于三个探方之内，陶器陶质以夹砂红褐陶为主，泥质红陶次之，有少数泥质灰陶，纹饰以绳纹和划纹为主，其他有菱格纹、弦纹，盛行花边唇器。主要器物为卷沿划纹小口罐、侈口花边长腹罐、高领罐、钵、盆，并有一定数量算珠形纺轮，石器制作精致。另一类遗存（B类）仅见于一个探方，陶器陶质以夹细砂红褐陶占大多数，泥质灰陶次之，纹饰绳纹最常见。主要器物有绳纹罐、灯形器、鬶、盆和豆。东周文化遗存，陶质以夹砂褐陶和灰陶为大宗，泥质灰陶次之，绳纹多见，典型器物绳纹陶鬲、高领罐、细把豆和盆。

　　根据现有材料分析，峡区内先秦时期的考古学文化，归新石器时代晚期，大致在峡口江东嘴和官渡口，似未进入峡区内。城背溪文化分布于本峡区的东段，属该文化分布的边缘区，其西界尚未越过楠木园遗址，白羊坪资料表明，峡内的城背溪文化属晚期阶段。大溪文化在巫峡内分布较为广泛，但多属该文化的晚期阶段，为该文化发展繁荣后的文化传动区。对本峡区新石器时代晚期文化学术界有哨棚嘴文化、老关庙文化和魏家梁子文化三种不同的提法、跳石遗址新石器时代晚期文化遗存，无论从墓葬形制陶器陶质、纹饰和器类看，其文化内涵均与邻近的大宁河流域魏家梁子遗址文化遗存十分接近，魏家梁子所测碳-14年代5个数据，原作者认为不能代表其真实年代，但跳石出土的大口罐、圈足盘、敛口钵、碗等均与宜昌白庙遗址早期的遗存一致，因此可以大体判断出该层文化遗存的年代，约当石家河文化晚期。这时期正是本区的文化转型期。至于夏商时期，对峡区文化的认识，目前以培石遗址的堆积分析，A、B两类文化遗存中陶质、纹饰和器类发展变化看，与魏家梁子文化遗存有一定承袭关系，B类遗存在江东嘴、官渡口遗址中均有相同遗存，其文化内涵与成都平原三星堆文化共同因素较多，在渝东地区称之哨棚嘴文化。A、B两类文化因素可能存在着不同的文化来源，属于当地的土著文化，这一时期正是本地区土著文化的发展期。东周时期，其文化面貌与周围同期文化存在密切关联，尤其是与鄂西联系更密切，虽有本区特色的遗物，但总体特征，仍属楚文化范畴。

　　综上所述，峡区在新石器时代距今五六千年前为长江中游城背溪文化和大溪文化分布的面界。距今4000余年渝东哨棚嘴文化（或称老关庙文化，魏家梁子文化）开始进入本区，同时长江中游的石家河文化在此有较强烈的影响，约当中原夏商西周时期，固有的土著文化占主体地位，至东周楚文化西渐，本区首当其冲，因此，峡区不乏楚文化内涵的遗址。总之，先秦时期峡区在考古学文化的定位，它既是长江流域中西部区域文化交流的咽喉和通道，又是古文化圈的交汇地带；既是考古学文化上交汇区域，又是平行存在多种文化的区域，不具有单纯文化持续发展的典型性，遗址的某一文化因素内涵中融入另一种文化因素。由于文化上的流动、传播，需要一定的时间，因此，一般情况下，都是这些文化相对于中心地区年代较晚的阶段，这给分析这样的交汇带的文化现象带来一定的复杂性。

　　（原载《重庆·三峡文物保护学术研讨会论文集》，科学出版社，2003年）

江南古代人骨历史文化背景述略

中日两国一衣带水，隔海相望，在航海和造船技术尚不发达的古代，中国人民就利用日本海的环流这条古老的航道前往日本，无论是中国史籍还是后来的日本史籍都留下大量珍贵的记录。

古代中国人民为了逃避灾祸和战乱，远走他乡求生存时常发生，而群体性漂洋过海移居日本列岛源于何时？发自何地？以往说法不一争论颇多，时间上可自新石器时代、商周、秦汉直至魏晋南北朝；空间上可归纳成北方说（辽东、山东等）和江南说（江浙、闽粤等）两种观点。这是研究中日关系史首先遇到的问题，追根寻源。目前，研究的方法已经不再局限于传统史学分析探索，可以从考古学、人类学、民族学、民俗学多角度进行探讨，并结合现代科学技术和应用学科加以综合性研究。本次江南古代人骨与弥生时期人骨的比较研究就是从体质人类学角度，希望从对比中寻找两者之间的内在联系。

古代大规模的移居活动的发生，必然具有特定的历史文化背景，本文拟对本次提供的江南古代人骨的历史文化背景作一概述。

本次提供的48具江南古代人骨，采自11个地点，包括三个历史时期：

第一时期　新石器时代

常州圩墩	18具
苏州草鞋山	1具
吴江梅堰	1具
邳州刘林	2具

第二时期　东周时代

邳州梁王城与九女墩	7具
镇江青龙山	2具
盱眙老虎山	1具
仪征神墩	1具

第三时期　西汉

扬州胡场与下庄	8具
连云港网疃与陶湾	6具

南京大厂陆营　　　　　　　　1具

一

新石器时代20具人骨采集地点，都是江苏境内重要的遗址，圩墩、草鞋山和梅堰在长江以南，刘林在长江以北，与山东相毗邻。

目前研究表明，江苏新石器时代文化的区系、类型，大致分为四大区，每区依据其文化内涵的演变过程，分几个文化阶段，所跨年代从距今7000～4000余年。

太湖平原区：马家浜文化→崧泽文化→良渚文化

宁镇丘陵区：句容丁沙地早期文化遗存→北阴阳营类型→江宁昝庙下层文化遗存

江淮平原区：高邮龙虬庄一期→高邮龙虬庄二期→海安青墩上层文化遗存

徐海丘陵区：邳州刘林文化遗存→大汶口文化花厅期→龙山文化

圩墩、草鞋山和梅堰采取人骨所属时代都属马家浜文化。

马家浜文化是太湖平原目前所知最早的新石器时代文化，根据中国考古学碳-14年代数据库的统计，已经测定的26个马家浜文化年代数据，测年最早的为距今6400±100，树轮校正距今7040±125，测年最晚的为距今4690±240，树轮校正距今5245±255，显示出该文化有较长的历史[1]。该文化的文化内涵，陶器以红陶为主，器形有釜、豆、罐、钵、盉、多角沿盘；生产工具有石斧、石锛、石刀、骨耜、骨镞，木器亦较为多见。马家浜文化的遗址内经常发现炭化米粒，反映出农业为主的经济生活，普遍栽培水稻。中日两国学者合作研究的苏州草鞋山遗址马家浜文化时期水田遗迹具有典型意义。根据发现层位上、下水田结构形态的区别，可以分成时间先后的三种类型。早期：利用不规则形态的自然洼地，稍加平整，分列于自然水沟的两侧，无需人工开凿的储水坑，自然的水沟解决洼田水的泄灌问题。中期：基本组合为人工开挖的小面积带状分布的畦田，椭圆形长方浅坑面积1.5～3平方米，畦田间有水口相通，专设水沟和蓄水坑，业已形成蓄灌设施，且有一定的模式。后期：由畦田、水口、浅水槽为基本组合，所有组合均围绕大塘分布，已清理出大塘面积250平方米，长14.5、深0.05米，其四壁呈斜坡状，底部平坦，大塘可起蓄、排兼容的作用。这是首次发现的水田遗迹和水稻种植灌溉系统，另据蛋白石形态分析、植物遗体DNA分析和炭化米形态分析，当时种植的水稻属粳型稻[2]。这些发现和研究充分证明，长江下游是稻作农业起源的重要地区之一。

马家浜文化时期人们因聚落地理环境的不同采用不同的方法建造房屋，风格上显得丰富多彩，高亢的地势建造地面式或半地穴式的房，房基周围柱洞，以芦苇为筋涂泥抹墙，居住面经烘烤土质坚实，中央有火塘。水网地区，由于水位较高，尽管建造的房屋仍以芦苇为筋涂泥抹墙，而木柱的处理方法却不同。前者木柱直接插入柱洞，而后者木柱下均垫有木板，木柱作为木架结构的承重载体下面垫板[3]。不仅是建筑上防潮技术的应用，而且表明当时人们在实践中已意识到压力大小和面积大小成反比的力学知识，用木板作基础，可以克服水网地区土质疏松，易于下陷的缺陷。这种适应地域特点的房屋结构，江南干栏式建筑可能即滥觞于此。

草鞋山出土的葛麻类植物编织物是早期的编织品，圩墩出土的木质漆器，表面涂黑色和红色漆，漆皮部分贴附在木器表面很牢固，且微有光泽。还发现过当时的河运工具木橹和木桨[4]。

马家浜文化墓葬一般密集埋葬，人们死后都埋在共同的氏族墓地内，一般仅挖浅坑，无木质葬具，盛行单人俯身直肢葬。还发现过同性合葬墓，头北足南，随葬品较贫乏，一般为少量的日用陶器釜、鼎和豆等，工具极少随葬，极个别墓葬用陶钵覆盖头部。

邳州刘林人骨的文化属性，有学者划为青莲岗文化刘林期（只有单独命名作刘林文化）[5]，其绝对年代参考晚于该文化的大汶口文化数据，其年代大约距今6300～5500年，与河南仰韶文化的庙底沟类型和南京北阴阳营类型文化时代相当。其文化内涵，陶器以红陶为主，灰陶和黑陶数量亦有不少，器形有多种形式的鼎、瓠形杯、三足带把罐、钵、豆、罐和盆等。盛行彩陶，一般施红衣或白衣，上绘黑、红彩图案，有条纹、圆点纹、弧线三角纹、叶纹、花瓣纹等。生产工具有石铲、石斧、石锛和骨镞，不见木制工具。刘林期人们已经过着定居生活，从事农业生产，并饲养家畜和进行狩猎活动。多个遗址出土的石制工具（大石铲等）、猪下颌、鱼、鹿、麋以及其他动物骨骼，足以证明农业、饲养和狩猎是当时人们获取生活资料的途径。遗址内发现的烧土面和排列有序的柱洞，反映当时人们居住情况。

刘林期人们有氏族公共墓地，并按氏族血缘亲疏关系分区埋葬，多为浅坑埋葬，未见葬具。绝大多数为单人仰身直肢葬，也有少数特殊葬式，侧身葬、屈肢葬、二次葬和合葬。头向有北或东，随葬品一般1～8件，极少数墓葬随葬品丰富或无，早期墓多寡现象不明显，晚期墓则趋于明显，男女合葬现象早期已出现，晚期则略多于早期。

考古学上的"文化"即是指物质文化形态，也就是反映当时人们的生产方式和生活方式。任何一种文化总会打上生态环境的烙印，愈在人类社会早期，环境对文化的作用愈大，受制约的影响愈大。上述新石器时代圩墩人和刘林人，其文化内涵，无论是生产工具，生活用陶器以至埋葬习俗都有非常强烈的地域特征，显然，他们分别代表两个不同的人群集团。以圩墩人为代表的太湖平原区，河网密布，气候湿润温暖，盛产竹木，先民们就巧妙利用这种环境带来的资源优势，种植水稻，发展捕捞业，使用木制工具，建造防潮设施的房屋。而以刘林人为代表的徐海江陵区，先民们从事旱地农业生产，发展狩猎、饲养业，建造烧土面的住房。在这相对封闭的生态环境里，在没有自然界重大的变异现象或外来集团势力的吞并，各个区域按自身条件求得发展。在距今7000～5000余年这一历史进程中，利用很原始的河运工具木橹、木桨不可能面向深海发展，而是采取南北纵向的交流和传播，江淮之间同时期的文化遗址中就发现过兼容南、北文化的内涵，海安青墩遗址下层就发现过类似刘林期风格的彩陶。淮安青莲岗，邳州大墩子，均发现类似马家浜文化带腰沿的釜形器。值得注意的徐海丘陵区的东侧，濒临黄海的连云港市附近同时期新石器时代遗址文化内涵与马家浜文化相似处更多一些。灌云大伊山遗址发现的62座石棺葬[6]，墓葬排列有序，墓坑四壁竖贴石板上盖石板，葬俗很具特色，但其头向东，头部覆盖红陶钵，随葬鹿角制作的靴形器以及陶器双耳小口罐，带腰沿的鼎豆的特征更接近于马家浜文化的特征，如此多的相似点，这绝不是一种偶然巧合，反映出他们之间的内在联系。可能在远古时期人们已经开始沿着当时的海岸线南北纵向交流活动。

大约距今四千年前后，本地区自然环境发生了重大的变迁，在几百年中，持续的严寒，特大洪水使大自然遭受严重破坏，不能不影响赖以生存的人类的发展。学者们普遍认为，它是导致江苏龙山文化和良渚文化晚期和它们的后继者岳石文化、马桥文化和湖熟文化之间的文化大衰变真正缘由。例如在太湖平原良渚文化与马桥文化之间普遍出现文化断层现象，两者之间出现一层厚度30～50厘米的无任何遗物的黄色黏土层位，也就是说当时人们的活动范围已渐趋缩小，甚至远离难以生存的环境，迁徙至别处。

二

东周时期11具人骨，除盱眙老虎山为战国晚期墓葬外，余皆为春秋中晚期至战国早期墓葬。邳州梁王城与九女墩先后分属徐、吴两国统辖范围。邳之西曰武原，即历史上徐偃王败走武原山下，百姓随之万数，其后为武原县。邳之北良城，鲁昭公十有三年（公元前529年）晋侯会吴于良，《太平寰宇记》"良城在下邳县北六十里……俗呼梁王城也。"良、梁皆阳部来毋字，可通，《左传·桓公六年》"季梁"，《汉书·古今人表》作"季良"。《战国策·东周策》"大梁造"，《史记·商君列传》作"大良造"。由此可证，梁王城即春秋时吴国北方的重要城池"良"。镇江青龙山和仪征破山口为吴地。镇江，春秋时期为吴国的朱方，即齐国庆封逃至吴国，吴王余祭所给聚其族而居之地。盱眙老虎山属楚地。

东周时期的江苏，存在着两个文化圈，即淮河以北以徐为中心的徐淮夷文化圈，江南以吴为中心的吴越文化圈。这两个文化圈形成的原因，有人文方面（如居民族属流派不同，徐属淮夷，吴属古越），也有自然环境的（诸如气候、土壤、植被等，徐、吴两地存在明显差异）。尽管当时吴、越、楚等国长期战事频繁，政治上的主宰更迭，但两个文化圈总体上始终维持着固有的文化面貌。

徐淮夷文化圈稻作农业历史久远，考古发现证实西周时期已种植水稻，东海焦庄遗址出土的炭化米粒，属于栽培的粳亚种稻。《周礼·职方氏》"其川淮泗……其畜宜鸡狗，其谷宜稻麦"，说明该地气候、土壤条件、水利资源很适宜种植稻麦和饲养家畜。其他还有手工业、纺织业、建筑业和青铜铸造业。徐国铸造的青铜乐器有极高的艺术水准，纹饰优美，铭文字体硕长纤细，秀丽飘逸，一向被研究青铜器学者所推崇。"其文辞至简，用韵特精，可知徐之文治殆欲跨越中原诸国之上"[7]。

吴越文化圈"东有海盐之饶，章山之铜，三江五湖之利"。农业生产主要种植水稻，所谓"吴稻""赤米"至为名贵。苏州草鞋山遗址发现的东周水田较之史前水田进步很大，选址已移向平地，发展空间增加，单块水田平面规整，面积扩大，田块之间仍有水口串联，尤其在田块附近出现人工开挖的河沟，这就不排除当时已存在开河引水灌溉的可能。从纯粹利用自然洼地，开挖水塘、井坑等小量水源人工排灌前进了一大步，即使在水源短缺的情况下作物产量仍能有一定保障[8]。吴地的手工业蚕桑、纺织、琢玉等文献不乏记载，然多与贵族生活息息相连，而另一部分手工业则与吴国的国策紧密相关。吴国僻处东南，其逐鹿中原称霸的雄心，自寿梦称王至于夫差始终未变，他一方面北上观察推行周人礼乐制度，寻根追祖，称周太伯后裔，作舆论与礼制准备。另一方面积极发展环绕战争的冶铸业和造船业，以及建造攻防城堡。文献所载吴国北进、西征和南伐的征战史实几乎涵盖了全部吴国史。

《周礼·考工记》"吴越之金锡，此材之美者也"。吴地的矿冶遗址，在今皖南繁昌、南陵、铜陵等地都有发现，其分布范围达2000平方千米，南陵江木冲最典型。该地地表遗留大量炼铜渣、炉壁残片和几何印纹硬陶片，其纹饰主要为方格纹、米筛纹、麻布纹和填线方格纹。经测定，其炉渣的含铜量为0.34%～1.3%，有的已超过湖北大冶铜绿山0.7%的平均含铜量，已经使用硫化铜矿石来炼铜，反映了当时较高的冶炼水平[9]。江南一带土墩墓出土的青铜礼器，一般从其纹饰和器形分析，均仿自中原青铜礼器，在当地铸造。丹徒丁岗断山墩遗址，出土过铸造青铜器的陶范，陶范刻有精细的云雷纹[10]。其他还出有铸造小件铜器的石范、陶范和凿刻整修范具的青铜工具，工具一端尖首，另一端作铲形，这与河南洛阳出土的铸造青铜器陶范的工具完全一致。吴国青铜兵器闻名于世，《周礼·考工记》载"吴越之剑，迁乎其地而弗能为良，地气然也"。说明该地有美好的材料和精巧的工艺，吴王阖闾时铸造的名剑干将、莫邪，名钩吴鸿、扈稽等常被后人所传颂。近年来山西峙峪，安徽淮南、南陵，山东沂水，河南辉县和湖北襄阳等地出土的吴国专铸的剑、矛，至今仍锋芒犀利，可见名不虚传。

春秋时期，吴、越、楚三国之间的战事，史载不乏舟师水战的记录。《越绝书》曾记述过一段伍子胥回答吴王阖闾水战战船装备状况，称有船名大翼、小翼、突首、楼船和桥船五种类型，并与陆战战车装备相比较而绝不逊色的故事[11]。吴、楚两国曾为著名的战船"艅艎"发生过一次大规模的战争——长岸之战。当时战争重点在江淮大地和太湖周边地区，有时也扩展到东面海上，公元前484年，吴国大夫徐承曾率舟师通过海路伐齐。舟师不仅在江湖作战，也进行海战。正如后人繁钦《辩惑论》中说："（吴人）以船楫为舆马，以巨海为夷庚"，"夷庚"意为坦道，说明当时从事海上活动已非难事。

吴国在其都城姑苏附近还专设有造船工坊，称"船宫"和"舟室"。

在吴国都城附近和国境线上，设有军事性城堡和防御设施石室土墩。城堡都建在通往太湖或长江主要干流、河道的入口处，地方志记载这类古城较多，现地面保存的仍不少，如武进淹城、无锡阖闾城[12]、苏州越城、昆山武城、高淳牛城等。这些城堡面积均不大，一般0.3~0.5平方千米，城堡四周有泥土堆筑的城垣，未经夯打，垣外有环壕，城内文化层堆积不甚丰富，出土少量几何印纹硬陶器和原始青瓷器，其性质当非长期密集居住的城市。

国境线上的防御设施——石室土墩，构筑在江湖河海之滨周边的制高点上，南可御越，北可防夷。至今太湖周边吴县、无锡、常州、宜兴、苏州、长兴、湖州，长江沿岸的常熟、张家港、江阴，滨海的海盐、灌云、连云港等地山巅脊背上均有发现，昆山、苏州曾在土筑的高墩上亦发现过此类设施，俗称"藏军洞"。石室土墩系用自然石块垒砌石条形石室，外面覆成土墩形状，土墩一般底径10~40、高3~5米，石室长10、宽约1.2、高2~6米，分内室与通道两部分，由门楣石分界，通道口垒砌石块封门，多不及顶，室内出有日常生活陶制器皿[13]。春秋战国各大国国境都筑有防御工程，齐有长城，燕、赵有长城，而吴国则用此种类型建筑作为他的防御工程。

吴、越、楚地方的长期战争，必然会把这一广大地方本来脉络相通的文化和民族得到进一步的融合。《汉书·地理志》"本吴、越与楚接比，数相并兼，故民俗相同。"陪葬具地域特色，吴越青铜器的越人墓在湖南、两广的不断发现[14]，证明它们之间的沟通与联系。

三

西汉时期15具人骨采集地点，扬州胡场、下庄汉时地属广陵国，南京大厂陆营为临淮郡，与广陵紧邻，连云港网疃、陶湾汉时则属楚国东海郡朐县。

这批汉墓都分布在汉代城址的近郊，密集从葬，胡场汉墓群在汉广陵城西，网疃庄汉墓群位于东海郡朐县西南。墓葬皆为长方形土坑竖穴木椁墓，葬式有单棺、一椁一棺、同穴一椁两棺（合葬）和异穴合葬四种，随葬品少则一二十件，多达百余件，包括漆木器、铜器、铁器、玉器和釉陶器等，而以漆木器为主。从随葬品分析，胡场墓地为相当于士级身份的小吏和一般平民墓地；网疃庄墓地，以往清理的侍其繇和霍贺墓分别出土龟纽银印和带"宜官腬二千石"铭文的铁书刀[15]，《汉书·百官志》载"内自九卿郎将，外至郡守尉，皆秩二千石。"《汉旧仪》载"中千石银印青绶绶，皆龟纽。"推断繇、霍两人生前官秩相当二千石，属郡守一类地方官吏，汉时聚族而葬，该墓地级别当属西汉地方官吏及其家族葬地。从几处墓地墓葬的葬制、葬式和随葬品基本特征一致看出，西汉广陵与东海两地之间在文化、习俗上具有共同性，正如《史记·货殖列传》所记"彭城以东，东海、吴、广陵此东楚也，其俗类徐、僮"。

广陵国承袭的是西汉初吴王刘濞所封地域，该地素以"国用富饶""富埒天下"著称。朐县为汉武帝全国所设49处铁官中的一处，盐、铁业向为国家主要经济支柱，设盐官、铁官的地区都是经济发达区。

人口是地区经济发展水平的一个重要指示器，西汉武帝时曾两次将闽、粤地区人向北迁徙到江淮之间。西汉时，江苏的人口3010534，其中淮北1962034，江淮之间567532，江南480968，淮北是江南人口的4倍多，人口密度最高的是楚国境内今沛县到连云港一线，平均每平方千米75.6人[16]。尹湾汉墓出土简牍《集簿》中详细记录了东海郡公元前10年左右"户廿六万六千二百九十，口百三十九万七千三百四十三"[17]。《汉书·地理志》记东海郡"户三十五万八千四百一十四，口百五十五万九千三百五十七"。《汉书·地理志》的户口据西汉平帝元始二年（公元2年）官簿的记录，距尹湾汉简《集簿》所载晚了十五年左右，说明在短短的十五年内，东海郡区划没变，而人口增加一十六万二千十四，约11.59%，户增加九万二千一百二十四，约34.6%，而产权的增加几乎是人口数增加率的3.35倍，当与《集簿》所记"获流"有关，"流"即迁徙而来的民，"流"到达地区当是较富庶地域。

扬州和连云港两地汉墓中大量随葬的农作物、粮食加工工具、家畜模型、漆木器、铜器、铁器、丝织品和陶瓷器都从侧面反映了当时农业经济和手工业发展状况。

特别值得提到的是，西汉初，广陵已具有规模较大的造船工坊，"（吴王）上取江陵木以为船，一船之载当中国数十两车"[18]，到广陵王刘胥时专设船官，取材均有一定的规格，并凿刻标识，1979年发掘神居山一号汉墓，是迄今我国发现保存最好的黄肠题凑木结构墓葬，在其外藏椁东侧廊的木盖板上均凿刻"广陵船官材板广×尺厚×尺长×尺"，每块板的大小规格大体相当，长度都为"一丈四尺"，宽度"广二尺"左右，厚度"尺二寸"[19]。

通过对本次江南古代人骨所涉的历史文化背景分析看出，新石器时代人群由于受到其生产力水平的限制和生存环境的制约，地域性文化特征比较强烈，人群之间虽有交流和影响，大体上还是局部的个别的交流，依靠木橹、木桨只能适应于内河航运，无法在海上进行大规模的移居活动，因此他们的流动，只能是纵向上游动。东周（吴越）时期，江南是徐、吴、越、楚频繁活动的地区，征战过程出现纵向与横向的移动，造船业的兴起促成了海事活动的出现，应该说当时大规模的移居活动已经成为可能，所以《魏略》所载倭人自称"吴太伯之后"绝非子虚乌有，当然尚待获取更多的科学依据和论定。这里可补充一点的是，吴越人是流动性极强的人群集团，吴国灭亡以后，有一部分吴人即分散移居多处，《风俗通》就记"吴公子夫概奔楚后，余子在吴国者姓夫余氏，后成为百济王室。"至今湖南省通道县的侗族就认为自己是吴人的后裔，并善唱吴歌[20]。

西汉时期，封建统治王朝的强制性迁徙活动，促进了江南社会经济的进步。尽管连云港海州湾作为滨海的东大门和扬州位于长江口都具备了面向海洋的独特优势，提供了外向发展的必要条件，但本地区社会发展，经济稳定，无重大的天灾人祸，在农业经济为主的自耕社会，本地区居民大规模向海外移居的可能性不会太大。

注释：

[1] 中国社会科学院考古研究所编：《中国考古学中碳十四年代数据集1965～1991》，文物出版社，1992年。

[2] 谷建祥、邹厚本等：《对草鞋山遗址马家浜文化时期稻作农业的初步认识》，《东南文化》1998年第3期。

[3] 南京博物院：《江苏吴县草鞋山遗址》，《文物资料丛刊·3》，文物出版社，1980年，第1～24页。

[4] 《常州市圩墩新石器时代遗址》，《中国考古学年鉴·1986》，文物出版社，1988年。

[5] 纪仲庆、车广锦：《苏北淮海地区新石器时代诸文化的再认识》，《考古学文化论集（二）》，文物出版社，1989年，第199～212页。

[6] 江苏省地方志编纂委员会：《江苏省文物志·遗址》，江苏古籍出版社，1998 年。

[7] 杨树达：《积微居金文说（增订本）》卷五，科学出版社，1959 年。

[8] 南京博物院资料。

[9] 安徽省考古研究所：《十年来安徽省的文物考古工作》，《文物考古工作十年 1979～1989 年》，文物出版社，1991 年。

[10] 邹厚本、宋建、吴绵吉：《丹徒断山墩遗址发掘纪要》，《东南文化》1990 年第 5 期。

[11]《渊鉴类函》卷三百八十六，舟部。

[12] 江苏省地方志编纂委员会：《江苏省文物志·遗址》，江苏古籍出版社，1998 年。

[13] 南京博物院：《近十年来江苏考古的新成果》，《文物考古工作十年 1979～1989 年》，文物出版社，1991 年。

[14] 何纪生、何介钧：《古代越族的青铜文化》，《湖南省考古辑刊（第三辑）》，岳麓书社，1986 年。

[15] 江苏省地方志编纂委员会：《江苏省文物志·墓葬》，江苏古籍出版社，1998 年。

[16] 葛剑雄：《西汉人口地理》，人民出版社，1986 年。

[17] 连云港市博物馆等编：《尹湾汉墓简牍》，中华书局，1997 年。

[18]（汉）司马迁：《史记·淮南衡山列传》，中华书局，1959 年。

[19] 江苏省地方志编纂委员会：《江苏省文物志·墓葬》，江苏古籍出版社，1998 年。

[20] 江苏省社会科学院历史研究所王文清研究员转告。

（未刊稿）

近年来南朝考古的新收获

从420年东晋灭亡至589年隋统一的170年间，我国历史上出现了南北对峙的局面，史称南北朝。南朝从420年刘裕代晋建宋到589年陈亡，经历了宋、齐、梁、陈四代，其都城均设在建康（今南京）。多年来南朝考古在陵寝、墓葬、陶、瓷工艺等方面均有重要发现和研究成果，近年来，又有新的收获，现择其要者概述于下。

一

南京是六朝（孙吴、东晋、宋、齐、梁、陈）都城建业、建康所在，建业、建康在中国古都发展史上具有承前启后的重要作用。文献所载，吴孙权建都建业，周二十余里，东晋南迁在吴旧城基础上建都，改称建康，在城中建宫城，凡二重，以后南朝均无大变动，仅在梁时增建第三重宫城。它的四至范围，通常以为东至太平南路、南至珠江路、西至中山路、北至鸡鸣寺后。以上推断都停留在《建康实录》和《舆地志》等文献记载的考订之上，缺乏考古发现的依据。2001年夏，考古部门结合城市建设，先后对上述区域范围进行了一系列发掘。结果表明，在珠珠河两侧的四个地点，尤其原来以为宫城中心的东南大学附近，六朝文化地层十分浅薄，出土遗物大多为民间日用陶质器皿，包括盆、罐、甑、钵等，尤以陶甑为多，青瓷器仅占少数，更没发现与宫城相配称的重要遗迹现象和遗物。据此，原来推定的建康宫城核心位置也就存疑了。宫城在何处？

2001年冬，考古工作者对太平北路与珠江路相交处的小贵山进行发掘，在距地表约2米以下，出土了大量的遗物，如筒瓦、板瓦、瓦当等建筑构件以及青瓷盏、盘、碗、盘口壶、钵等，其中莲花纹瓦当尤为丰富；同时还发现建筑基址，据分析，这一带已接近六朝宫城了。

2002年6月在珠江路的东南，相距1千米左右的大行宫周围考古发掘了五个地点，终于获得了探索建康宫城的重要线索。该区六朝文化堆积十分丰富，孙吴、东晋、南朝文化层层叠压，平均厚度约1.5米，出土遗物中除日常生活陶质器皿外，并有数量较多的青瓷器皿，包括十分珍稀的孙吴时期釉下彩瓷片，建筑构件瓦当的种类繁多，且有大规格的兽面纹瓦当。特别值得重视的是，在一个地点深达2～3.1米处发现一段由西南向东北走向，从孙吴到南朝四个朝代相叠的高等级道路，其中东晋道路宽约22米，两侧为砖铺平道，宽约3.5米，砖铺平道上有车辙痕迹，保存较完好，现已整取保护。道路两侧对称分布排水沟渠，沟渠渠壁用砖砌筑，东晋、南朝时期排水沟渠底部亦铺整齐的砖面，在沟渠旁，发现有大型建筑基址[1]。大行宫附近区域丰富的六朝文化堆积，精美的遗物、高规格的道路证实该区可能在都城核心所在区域。很长的道路，可以判定其为建康都城内的主要干道，发掘者分析其为当时宫城大司马门与都城宣阳门之间的御道，若是如此，则依据道路的走向推断建康都城与宫城的中轴线方向，较之以往的认识明显不同，已明显向东偏移30度左右，其北面正对覆舟山，这对探索建康宫城（俗称"台城"）位置提供了重要实证材料。

六朝时期，由于当时政治和军事上的需要，在都城外围历年来还修筑了一些军事城堡或附郭城。1998年南京市文物研究所运用磁测技术结合考古钻探和试掘，在清凉山一带进行勘测，发现在今清凉山公园内高耸的山脊上埋藏着人工堆筑的遗存。广泛钻探证实，公园山脊上保存着东、西、北三道城垣，经在其东北角择点试掘表明，城垣用夯土砌筑，局部夯层清晰，残高超过6、宽10米余，该城垣在使用过程中，经过多次修补。距地表2～3米两个深度的层面上发现成片的大型绳纹板瓦，绳纹筒瓦，饰回纹、雷纹、菱格纹、水波纹等各种几何纹的楔形砖，铜铁箭镞，云纹瓦当。这些遗存有六朝早、中期的时代风格（包括南朝刘宋时期）[2]。据其地望和时代判断，该地也就是文献上常提起的石头小城或石头斗城遗址[3]。

二

瓦当装饰是中国古代建筑中特有的东西，西周时期出现，战国、汉代流行，一直延续至明清时期。最初它的出现具有地位级别的象征，既具装饰作用，又起辟邪和祈祷吉祥的寓意，六朝时期，佛寺的发展，佛家思想亦体现在建筑构件瓦当之上，即是莲瓣花纹的盛行，且形制极富变化。因此，六朝考古中，瓦当研究亦属重要的一环。近年来，南京发现的六朝瓦当数量相当丰富，按主体纹饰区分大体可以归纳为云纹、人面纹、兽面纹、莲花纹四大类。

云纹　当面单体卷云。

人面纹　当面中央饰一人面，双目凸起，高鼻梁，鼻梁上部两侧有树会状装饰，抿嘴，口上下胡须飘然，颇具六朝人风韵人情，人面四周为放射线纹。

兽面纹　当面中央饰一兽面，双目吊起，颇具威势，倒尖角形鼻梁，鼻梁两侧布满斜线装饰，张嘴露齿，嘴角左右有斜线装饰。

莲花纹瓦当　边缘有窄、宽两种，边缘深度高于中央图案花纹，少数边缘饰卷草纹，当面有八莲瓣、十二莲瓣、十六莲瓣之分，以八莲瓣最为常见，莲瓣之间隔有菱角线，瓦当中心多为莲芯，亦有圆乳芯。复瓣莲花出现时间稍晚。

关于各类瓦当使用的时代，由于建筑本身使用年限的延展，早期的瓦当会随建筑本身存留相当一段时间。因此，晚期堆积及遗迹单元（灰坑、井）中，早、晚瓦当共存现象较为常见，此次，南京大行宫工地不乏此例，因此，对瓦当的使用年代的确定（定位）显得十分重要。六朝时期，瓦当图案寓意正是从原来吉祥辟邪向佛家思想发展的过渡阶段，我们在南京六朝考古发掘中根据地层叠压现象中发现的瓦当大致可以看出这样一个发展脉络[4]。

云纹　　　　孙吴时期

人面纹　　　孙吴时期

兽面纹　　　东晋早期至南朝

莲花纹　　　东晋中晚期

瓦当年代的断定，还可从墓葬的陪葬品或墓域内发现的瓦当找到旁证。例如人面纹瓦当可从安徽当涂孙吴凤凰三年墓出土的人面兽身独角兽的人面加以比照，兽面纹瓦当可从江苏镇江东晋隆安二年模印砖画中的兽石进行对比，确定瓦当相对年代[5]。至于南京尧化镇萧伟墓和麒麟门灵山墓域内发现的莲花纹更可以确定它的年代是南朝梁、陈时期[6]。

同类型的瓦当在江苏无锡市、高邮市和盱眙县亦都发现过。

三

1999年4月，南京市文物研究所与中山陵园管理局文物处在明孝陵区域内进行文物调查时，于紫金山（古称蒋山、钟山）海拔276.9米高的丛林深处发现一处坛状石构建筑，此后进行了历时三个多月的考古清理，此坛状遗存呈正南北方向，由东、南、西三面（北面早年已遭破坏）围绕的四层方坛所组成，每层台面的外缘用加工过的山石顺山势垒砌墙体，其中填以块石和碎石片，表面填以较为纯净的泥土，初步估计填入的土石方约有15000立方米，工程量是相当大的，其中从上向下的第二层台为主体，方向正南，墙长约71、残高2.5米，用料规格较大，重达2吨左右，主台体表面，还用较纯净的黄土堆筑4个小方坛，长近20、高1米左右，其间分布一些人工挖掘的坑和沟。坛体南面发现一条石阶道路向山下延伸，几级踏步，一层平台，间用石料砌筑，其中保存完好的石阶宽5～6米，已清理出的长度已达25米，估计全长将超过100米。在坛体表面，边缘及台阶两侧出土了一批南朝时期的莲花纹瓦当，复瓣莲花纹石座，青瓷器残片，模印绳纹的砖，少许压印"东""西"字样。依据出土遗物所在的位置，表明主坛边缘一带和登坛踏道的两侧，原来应设有土筑墙体，墙头有木椽出檐较大的屋盖，墙垣应是比正常的低下，即所谓"高不蔽目"的矮墙。上述出土遗物包括莲花纹瓦当，越窑青瓷碗、钵、壶等残片断代，结合文献记载，发掘者认为该建筑遗存年代属南朝刘宋时期，推定其性质为刘宋孝武帝执政时期在钟山建造的北郊坛遗址[7]。

2000年又在1号郊坛以北10米发现了2号郊坛，该坛高出1号坛23.18米，两者形制相同，坛体也作正南北方向，为4层方形，最下一道坛墙东西长28.3米，在坛体南面正中，有一条南北向的道路——南陛。出土遗物与1号坛相雷同，因此，发掘者认为其年代和性质与1号坛相一致，亦属刘宋北郊坛遗址[8]。

2001年7月南京六朝钟山祭坛（或称作北郊坛、地坛）作为目前我国所发现时代最早、体量最大的封建都城坛类礼仪建筑而被评为2000年中国十大考古新发现之一。

目前对于该坛类遗存的年代和性质，学术界尚有不同的意见。其年代从出土遗物特征看，时代偏晚，尤其是复瓣莲花纹石座在南朝中、晚期才大量出现，因此，无法确认这一遗存属刘宋时期，可能稍晚至梁陈。至于其性质，有人提出该遗存规模虽然庞大，但建造极其粗糙，与皇家精工细造的祭祀遗存出入较大，与文献所载不相吻合。因此有刘宋通天台、梁代西静坛、蒋山神庙以及寺庙遗址等多种推测。我们相信随着发掘研究的深入，学术界对其性质会逐步达到共识。

四

南朝时期的墓葬，现已发表经清理发掘纪年明确的有110余座，其中可确认墓主身份地位的大致分成帝王陵寝、高级贵族官僚、普通吏属和平民三大类，帝王陵寝最能认知当时的丧葬礼仪制度。文献记载晋宋并称，晋"终事唯从俭速"，南齐始拟定礼乐新制，齐国祚短促，终齐未能克就，梁续终，先成凶礼，普通六年正式颁行，梁武帝裁成五礼大典[9]。考古资料表明南朝帝王陵寝的基本特征是："堪舆""相墓"之术盛行，择地营建墓室；同一家族聚族而葬，规格严密，尊卑有别[10]。帝陵普遍起坟，封土皆为圆顶，这与汉代以来帝陵封土皆为"方上"的传统做法迥异。神道石刻种类一般为三种六件，它们在陵墓前排列次序依次是麒麟（王侯墓前是辟邪）一对、石柱一对、石碑一对。帝陵甬道二进石门，长度12～13米，墓壁有砖模壁画装饰；王侯墓甬道设一进石门，长度10米左右，墓壁为花纹砖装饰。

近年来对南朝帝王陵寝制度又有一些新的发现，主要有1977年7月发掘梁临川靖惠王萧宏墓[11]；2000年10月清理的梁南平元襄王萧伟墓神道上的建筑遗存[12]。

　　萧宏及其家族墓坐落在白龙山北麓中段，背倚主峰，左右两侧由两较矮的山岗环抱，前临敞豁平地，地势极佳，当属堪舆术认定的"风水"陵域。墓葬为单室券顶砖砌，平面呈凸字形，砖室全长13.4米，由封土、排水沟、封门墙、甬道、石门、墓室等部分组成，出土陶、瓷、铜、铁、石器等各类遗物31件。墓葬北向，相距约1000米处地表尚存神道石刻一组。此墓西面略后20余米处，还发现一座封土堆，经勘探，发现其下也有一座砖墓，长约11、宽约5米，按照六朝墓葬尊者居右居前居中的原则，墓主身份应该比萧宏低，疑为其嗣子临川王萧正义，其父子可能合用一条神道。这一发现对南朝帝陵制度及王族族葬制研究有一定价值。另外，位于萧宏墓神道中轴线中段偏西数十米，又发现两件文献缺载的石刻，石刻均系华表底座，座侧雕刻首尾相交衔珠的双螭，南侧石座旁还散落一些柱身碎块。这两件石刻南北相距10.2米。石刻雕刻艺术风格与萧宏墓神道石刻风格如出一辙，应为同时代遗存，但其底座边长仅1.2米，远比萧宏墓规格小，分析其身份低于前者。原先疑其是否属萧正之墓神道石刻，但从座侧所雕螭首方向看，其所属神道应由东而西，而墓葬可能就在石刻以西不足500米，海拔42.1米的一座小山之麓。萧宏及其宗族墓地全面反映了皇室成员的陵域制度结构状况。

　　梁南平元襄王萧伟墓神道石刻旁的建筑遗存，两侧为夯土筑砌的结构，四周包砖墙，墙高目前不及2米，附近出土有瓦当，为常见的南朝莲花纹瓦当，估计原有瓦顶，周边设砖铺散水。据发掘者称，该建筑应为陵门的双阙，中间原来可能有木架门，南朝以阙为都城宫城之标志，但陵阙独不见文献记录。也有人认为这一发现目前尚属孤例，暂称陵门及其附属建筑为宜，希望今后有更多的发现，以确定其性质。

　　此外2000年10月在隐龙山发现三座南朝早期规格较大的墓葬，陪葬品中有元嘉四铢，推测为刘宋时期皇室成员或功臣贵族墓葬。

五

　　六朝时期，墓葬内陪葬铜器现象甚少，即使有所发现几乎全为实用器皿，常见的品种有杯、碗、盆、盘、壶、鐎斗、炉、熨斗、甑、勺、刀、弩机、镜和印章等。形制多固定，绝少变化。至于时人以为代表当时精到铸造工艺水准的佛像，迄今仍仅见于传世品，考古发掘中尚未发现。近年来，各地曾发现过一些铜器窖藏，从窖藏铜器中可以反映出当时的铜器类别，风格和铸造工艺水平。比较重要的为镇江金山和江都果园场两批，前者有明确纪年并已见诸报道[13]，后者则尚未发表[14]。

镇江西南郊金山园艺场铜器窖藏，1978年发现，出土熨斗、镳斗、铛、杯、盘、唾壶等13件铜器，其中熨斗内有朱书"一千太清二年三月十六日张"文字，"太清二年"为548年，"太清"即南朝梁武帝的年号，这是一批较高级别的生活用品。

江都大桥果园场铜器窖藏，1993年发现，出土熨斗、镳斗、盆、钵、高足杯、杯、碟、盆、唾壶、簋等50余件铜器。这批铜器大部分通体素面，仅在杯、碟、钵口饰弦纹，少数精刻装饰花纹和兽纹，凡是碟、簋类铜器均是三角缘边沿，碟类铜器中一件背面刻"殳上"二字，高足杯精刻纤细的纹样，内心为梅花鹿，杯壁为马，杯底外壁外圈为草叶纹，中心为八瓣莲花纹。器表未锈蚀部分仍可看出黑而发亮，造型精美别致，铸作工艺精湛，是迄今集中反映南朝铜器铸造工业水平的一次重要的发现。从唾壶、镳斗、熨斗、杯的造型看几乎与"太清二年"窖藏完全一致，其时代亦可断定为梁代遗物。值得注意的是，所出的杯、熨斗、钵与韩国武宁王陵出土的同类器，无论是造型与装饰风格几乎完全一致。

当时的采冶遗址，近年来在安徽铜陵南陵考古调查中已发现有曹家涝、徐冲林场、塌里牧、钱村等16处[15]。经试掘，残存的遗迹有立井、斜井、巷道等，采集的标本有陶器、青瓷器、铁器、石木工具，当时的冶炼遗址大多距采矿点较近，有的与矿山连在一起，属于就地开采、就地冶炼的方式。《铜陵县志》记载"铜精山在县东二十里，齐梁时置冶炼铜于此，遗址尚在"这可作为考古发现的佐证。

六

文献记载，南朝170年间，政府先后铸钱竟达14处之多，南朝贵族官吏敛财聚钱，官私铸钱之风极盛。历史上，以梁天监元年（502年）所铸五铢、公式女钱和普通五年（523年）所铸铁五铢在市场流通最为广泛。20世纪20年代末南京草场圩曾发现一批梁五铢钱范，其形制有大小数种，直径22～28、穿径6～10毫米，同地还有铁渣残留。80年代初南京夫子庙建地下商场发现200多斤铁五铢，出土大量木炭块，铁钱多锈成团，直径24～25毫米，穿径9～10、厚1.5～2毫米，重4～4.5克。一般认为草场圩为梁普通年间一处规模较大的铁钱铸钱作坊，夫子庙则亦属铸钱遗址，但未发现钱范[16]。

近年来，又发现两处重要的铸钱作坊，一处是南京东八府塘西井巷；另一处是镇江市医政路。

八府塘 1998年4月发现，所在地层深4～4.5米，出土钱范均为红色细泥烧制，外面包着掺有粗砂和稻壳的黏土，从最高的一段合范看，整个合范包含有16～17片范片，范片正背相对叠合，单体范片呈正方形，边长68～80、厚2.5～3.2毫米，每个范片正中有一个直径5～6毫米的圆形浇注孔，正面则能见到连接上下左右范钱互相垂直的四条浇注槽，槽长5～9、宽1.5～2.5毫米。以浇注孔为中心，绕四边排列着8枚范钱，每边3枚，相互连接，范钱均无内外郭，背无外郭，有内郭，面穿左右分书阴文"五铢"二字。与钱范同出的遗物有铜钱与铜炼渣，铜钱发现时就粘连在钱范上。遗址出土的青瓷片，有的有毛笔书写的"官市"二字，瓷片具南朝釉色与风格特征，同出的瓦当为兽面纹和莲瓣纹，该遗址当是南朝梁武帝时期的官方铸钱作坊[17]。

医政路，1998年发现，除有一批梁代铸钱泥范堆积外，也夹杂有劣质的钱或出现对文的"五铢"，整体轻薄低劣，推测这处铸钱作坊当属地方豪强势力私设的铸钱作坊[18]。

以上两处官私铸钱作坊正与文献所载相吻，说明当时币制的混乱状况。

与钱币相关联的钱纹陶罐的发现，迄今为止考古所见实物，最早出现于三国孙吴时期，见之于报道的有湖北鄂城东吴孙将军墓（《考古》1970.3）、安徽马鞍山朱然墓（《文物》1986.3）、安徽南陵麻桥东吴墓（《考古》1984.11）。西晋时期有浙江衢县街路村墓（《考古》1974.6）、浙江安吉天子岗三号墓（《文物》1995.6）。南朝时期的有江苏丹徒高资窖藏（《考古》1978.2）、江苏吴江龙南遗址（《东南文化》1999.6）。未见报道的有江苏句容孙头山西晋墓填土内出土、苏州相门工地以及南京市区建设工地内出土的。从钱纹陶器的形制看，大多为低领、广肩、鼓腹、平底罐，表面施褐釉或黄釉，其钱文有的很清晰为"大泉五十""大开五十"，有的仅"五十"二字，也有的仅在圆形饰以线条来表示。其分布范围在长江中下游地区包括湖北、安徽、江苏、浙江。浙江宁波曾发现过生产钱纹罐的窑址，具体地点为浙江宁波东钱湖窑址，曾发现该窑址的窑床形式为龙窑[19]。至于钱纹罐的用途应与所饰钱纹相关联，丹徒高资钱纹瓮用于盛钱，孙吴、西晋墓葬内陪葬钱纹罐当是财富象征，它的源头应与东汉时期盛行摇钱树座具有同样的性质，若是如此，遗址内常见到钱纹陶器可能是作为专门盛放钱币用器的标识了。

注释：

[1] 此材料承南京市博物馆王志高先生提供。

[2] 邹厚本主编：《江苏考古五十年》，南京出版社，2000年。

[3]《梁书》卷五十四《王僧辩》。（宋）岳珂：《桯史》卷一《石头堡寨》，中华书局，1981年。

[4] 此材料承南京市博物馆王志高先生提供。

[5] 朱伯谦主编：《中国陶瓷全集·4》，上海人民美术出版社，2000年。镇江市博物馆：《镇

江东晋画像砖墓》，《文物》1973年第4期。

[6]南京市博物馆资料。

[7]贺云翱、邵磊、王前华：《南京首次发现大型坛类遗存》，《中国文物报》1999年9月8日第1版。

[8]贺云翱、王前华、邵磊等：《南京钟山六朝祭坛又获重大发现》，《中国文物报》2001年5月30日第1版。

[9]《宋书》卷十五《礼志二》。《晋书》卷二十一《礼志中》。《隋书》卷六《礼仪志》。

[10]罗宗真:《六朝陵墓埋葬制度综述》，《中国考古学会第一次年会论文集1979》，文物出版社，1980年。王志高：《南朝帝王陵寝初探》，《南方文物》1999年第4期。卢海鸣：《六朝陵寝制度新探》，《南京大学历史系考古专业成立三十周年纪念文集》，天津人民出版社，2002年。

[11]南京市博物馆等：《江苏南京市白龙山南朝墓》，《考古》1998年第12期。

[12]此材料承南京市文物研究所贺云翱先生提供。

[13]刘兴：《江苏梁太清二年窖藏铜器》，《考古》1985年第6期。

[14]此材料承江都县博物馆提供。

[15]安徽省文物考古研究所等：《安徽铜陵市古代铜矿遗址调查》，《考古》1993年第6期。安徽省文物考古研究所等：《安徽南陵县古铜矿采冶遗址调查与试掘》，《考古》2002年第2期。

[16]范卫红：《南京出土萧梁钱范、铁钱初识》，《南京大学历史系考古专业成立三十周年纪念文集》，天津人民出版社，2002年。

[17]邵磊：《梁铸公式女钱考述——兼论南京出土的公式女钱范》，《南方文物》1998年第4期。

[18]《镇江发现萧梁铸钱遗迹》，《中国文物报》1998年2月22日。

[19]此材料承原浙江省文物考古所研究员牟永抗先生提供。

（国内未刊稿，韩文版原载《百济研究》第38辑，2003年8月，忠南大学校百济研究所）

扬州春秋邗城相关问题的探讨

今年是扬州建城2500年。《左传》鲁哀公九年（公元前486年）载："秋，吴城邗，沟通江淮。"短短八个字，如何诠释？历来各家之言纷纭，未达共识。下面拟就几个与邗城相关的问题提出来讨论，求教于大家。

一 战国以前长江下游（今江苏境内）南北通道问题

战国以前长江南、北交往的通道，经由淮河作为横向纽带，再由泗、沂、沭诸水，北与海岱文化圈齐鲁文明区，西与淮河中游文化圈以及中原文明相连接沟通。也就是说通过东、中、西三条线到达淮水，再辐射到上述地区或者反之到江南。

1. 东线

现代地理学研究表明，距今6000年左右海面趋于稳定，长江、淮河等入海泥沙在浅海中产生堆积，在海流波浪搬动作用下，经二次搬运后，在近海缓坡上产生了新的堆积，形成了呈西北至东南走向的岸外沙堤，地理学上称之为岗身。岗身从古淮河入海口附近今阜宁北沙，沿串场河一线，经盐城刘庄入东台，抵达海安，天然构筑成为早期文化南北交融的长廊。

东线经考古发掘的遗址有海安青墩、吉家墩、东台开庄、兴化蒋庄[1]、阜宁陆庄和东园等。表明距今6000～5000年长江以南崧泽文化、良渚文化因素向北传送是主流，是由南向北渗透的活跃时期，相反北方大汶口文化的文化因素却在南方同期遗址中鲜见。因此，新沂花厅遗址大汶口文化墓地大墓中陪葬有良渚文化器物群和大汶口文化器物群，两者伴出，出现南北方文化碰撞的现象就不足为怪了。

值得注意的是，迄今为止东线并没有发现过西周、春秋时期的遗址，说明当时南北交往可能已经改线。

以往研究者认为长江以北发现的崧泽文化和良渚文化因素属于文化交流与融合现象，应是氏族集团由南向北，尤其是良渚文化晚期迁徙过程中的文化遗留。兴化蒋庄遗址的重要发现，完全突破了以往的观点。蒋庄遗址（西区）面积达2万平方米，墓葬分布十分密集，叠压打破关系复杂，已清理的280座墓葬，葬制多样，随葬品有常见的良渚文化典型器物，文化特征鲜明，也有代表墓主高等级身份的玉琮、玉璧和石钺。文化层堆积有一定深度，遗迹有房址和灰坑，说明该遗址曾居留过时间较久的良渚人群，因此有学者认为蒋庄遗址是长江以北发现的比较纯粹的良渚文化遗址，可以界定为良渚文化圈越过长江以后一种新的类型。

2. 中线

地理学上属海湾封闭后形成的潟湖区，由于江、淮泥沙的积聚作用以及后期人为的开发，发育成为一片中低周高的平原，学名里下河平原，也有学者称其为江淮东部地区。原有的水面被分割成许多大大、小小的湖荡沼泽地，众多河道纵横连网，演变成南、北文化交往输送的水上通道。

低洼湿地易遇水患的自然环境，不宜于人群长期居住、形成文化中心，因此考古调查在此发现的战国以前的遗址很少，且遗址面积不大，一般几千平方米到3万平方米，个别达6万平方米。文化层多数较薄，经正式考古发掘的遗址有高邮龙奔周邶墩、兴化林湖南荡遗址、泰州姜堰天目山古城址[2]以及宝应夏集双琚遗址[3]。

高邮龙奔周邶墩和兴化林湖南荡分别属于本区域内两种不同类型的遗址，前者是高墩型，面积仅约1500平方米，原高7～10米；后者是湖荡中小高地型，文化堆积呈散片形状，无法确认遗址实际面积，两者均可以作为先民迁徙过程中的临时居住地。周邶墩分为三类文化遗存：第一、二类年代距今约4000年，第一类属于王油坊类型，第二类属于岳石文化尹家城类型（也有定为万北类型）；第三类为包含宁镇地区湖熟文化特征的遗存。第一、二类没有传承关系，只是先后进入该地域生存、居留；第三类中素面鬲、甗，饰羽状纹、云雷纹、菱形纹、复线回纹都是宁镇地区青铜文化的典型器物和特征，表明西周、春秋时期南方文化向北扩展。

岳石文化尹家城类型在中线停留不久继续南下过江到达宁镇丘陵地区，这里发现过多处典型的岳石文化尹家城类型遗址，如镇江马迹山和句容城头山遗址。同时期本地的点将台文化则吸纳了部分岳石文化的因素，使本区域出现文化交错存在的状况。

王油坊类型遗存主体在中线以西，只是其中一支迁徙进入中线附近。

天目山城址发现的文化遗存分为三期，早中期具有江淮地区周代文化的一些共性，绳纹鬲、深盘粗把豆、绳纹罐等，同时又具有宁镇地区常见的素面鬲、绳纹盆以及各种印纹纹样。到了第三期两周之交，宁镇青铜文化因素增加，当是南方势力日益强大、文化扩张进一步发展所致。

与邗城、邗沟问题直接相关的，是中线临近射阳湖区域发现了一处重要的吴文化遗址宝应夏集双琚遗址。该遗址所在环境属典型河湖密布沼泽范围，是一处呈不规则方形的台地，南北长260、东西宽240米，总面积达6.24万平方米，遗址四周被凤凰沟环绕。小面积发掘证实其文化层厚1.7～2.8米，堆积基本为黑土并夹杂草木灰，生土即为灰白色的沼泽淤泥。文化遗物以陶器为主，陶质有夹砂红褐陶、泥质灰陶、泥质黑陶、几何印纹硬陶和少量原始瓷器。几何印纹纹样有席纹、方格纹、填线方格纹、组合印纹等。主要器形有浅盘鼎、绳纹折肩鬲、印纹硬陶坛、罐、三乳丁足高领黑陶罐和原始瓷碗等（图一）。无论从器物群组成还是器形特征看，几乎与江南春秋晚期的完全相同，有理由认为可能产于同一地点。迄今为止，这里是长江以北唯一的单纯的春秋晚期的吴文化遗址。也就是说，吴国人早于邗沟开凿年代已进入中线，较长时间居住生活于此，对中线水上通行的方法十分清楚，这种认知度对邗沟线路的确定和凿通是十分重要的条件。

学者研究认为岳石文化的创造者属东夷集团，早期湖熟文化创造者是南淮夷集团。因此中线是东夷人南迁的主要路线、南淮夷北上的通道。

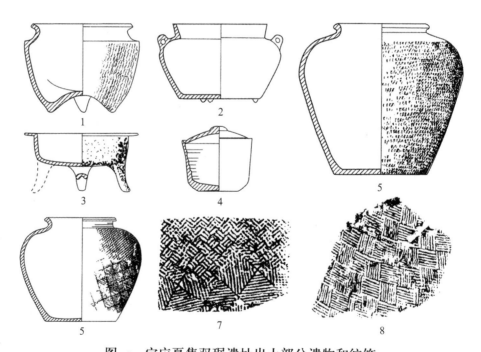

图一 宝应夏集双琚遗址出土部分遗物和纹饰

1.陶鬲 2.乳丁足高领罐 3.陶鼎 4.原始瓷碗 5.印纹硬陶坛 6.印纹硬陶罐 7.组合印纹 8.席纹

3.西线

属于低山丘陵区域，北起淮水南岸的盱眙，南跨长江抵宜兴溧阳丘陵，区内地形以六合、仪征丘陵，南京浦口的老山山脉形成的丘陵、盆地、河谷平原交错分布的综合地形地貌为主。古文化遗址主要分布于河流两侧的高地之上，以滁河东段进入长江的支流最为密集。经考古发掘的遗址有南京浦口牛头岗[4]、曹王腰子、蒋腰子，仪征胥浦甘草山、陈集神墩，盱眙河桥六郎墩等；墓葬有六合程桥东周墓。

南京浦口牛头岗遗址属于西线最有代表性的遗址，南距长江17千米，面积约5万平方米，文化层堆积较厚，时代跨度长，从新石器时代延续至西周晚期，其中早期新石器文化面貌呈现出多样化交叉现象，出土的鼎、甗、鬶、罐、盆等都具有山东龙山文化典型器物的特征，而黑陶壶、细高颈袋足鬶、断续篮纹瓮则与杭嘉湖区域钱山漾阶段遗存相同。中期折腹盆、尊形器、垂腹侧三角形足鼎体现出岳石文化与王油坊类型遗存的典型特征、两种不同文化在此交汇的复杂性和多样性。西周遗存则与本区域内蒋媵子、曹王媵子、仪征陈集神墩、盱眙河桥六郎墩西周遗存相一致。陶器群以绳纹鬲、簋，粗把高圈足豆，深腹盆为主；少见素面鬲、甗，印纹硬陶器和原始瓷器，明显与江南宁镇地区同时期遗存有区别。

西线春秋时期遗存特征中，素面鬲已成主体，印纹硬陶器多见，簋已不见，粗把圈足豆被细高把豆代替，原始瓷器在日常器皿中比例增加。

有学者研究认为，滁河流域西周时期处于淮夷势力范围内，因此西线同时期遗址的文化面貌共性大于个性，但到春秋时期宁镇地区同期文化强势进入，文化面貌发生了很大变化，与宁镇地区青铜文化趋于一致了。

春秋晚期西线是楚、吴两国的边界和势力范围犬牙交错之地。六合曾为楚邑，后为吴据有，六合程桥东周墓出土青铜器铭文记载，该地已成依附于吴国的弱小国家，与吴国有姻亲关系。

上述东、中、西三线，中、西两线曾经是东夷、淮夷的势力范围，是距今4000年左右向江南扩展的一股势力，但到达江南以后，逐渐消融在本土文化之中，只是在一定时段内存在。而原有的本地青铜文化逐渐发展演变成为本地主流的吴文化，吴国的崛起即是在这种文化传承和吸纳中壮大的。上述三条线路中，显然中线与邗城密切相关。吴国地处水乡泽国，"以船为车，以楫为马"，舟师是其军事上的优势。东线离海很近，吴人可从海上到达古淮入海口，再由淮西进北上，但海上风浪颠簸，行船艰难，风险系数增大，且绕道路程远。西线近楚、吴边界，且以旱路为主，庞大的军队不可能采用避其优趋于劣的行军方式，即使走西线亦是通过海上经淮河抵达善道（今盱眙）再北上会盟争霸。吴国见于文献记载的早期历史很少。到了春秋晚期，自吴王寿梦开始，国力渐强，其经略方针为"西破楚，南服越，北交好齐晋，中原争霸"，有学者研究，在对付楚、越强敌时，吴曾开凿过人工河道胥溪和百尺渎，此说尚存争议[5]，但笔者以为吴开邗沟在上述伐楚、伐越之后，若能成立，则它们为吴开邗沟提供了充足的技术准备，在此可备一说。同时，中线是由吴都北上的最佳通道，路程短又快捷。《越绝书·吴地记》中，有"出平门，上郭池，入渎，出巢湖，上历地，过梅亭，入杨湖，出渔浦，入大江，奏广陵"的记载。开凿邗沟的过程中，先期需选择线路，筹划人员、物资，从吴国核心区域到达江北，中间隔着浩浩长江，在长江北岸需要建造一座补充物资、粮饷的桥头堡式城市，选择在蜀岗上筑城是理想的选择。

二 江苏境内春秋城址及其特征

古籍、方志记载的春秋城址很多，业经考古调查并确认公布资料的春秋古城址，长江以南有苏州木渎古城[6]、石湖越城、吴城（鱼城）、昆山武城、无锡和常州之间的阖闾城、武进淹城、留城、胥城、丹阳葛城[7]、珥陵古城、高淳固城和南城，长江以北有扬州邗城、泰州姜堰天目山古城等。其中经考古发掘的有武进淹城、丹阳葛城、泰州姜堰天目山古城、苏州吴城、石湖越城，正在发掘中的有木渎古城，仍在探寻中的有扬州邗城。

1.淹城

位于常州市武进区，地处滆湖东北，保存相当完整，城址东西长约850、南北宽约750米，总面积65万平方米。淹城由三重土筑城垣和三道城壕组合构成封闭式的城池（图二）。最内城垣今称子城，平面呈方形，周长500米；中间城垣今称内城，亦呈方形，周长1500米；最外城垣今称外城，呈不规则椭圆形，周长2500米，城墙宽25～30、残高3米左右，城壕宽30～40米，最宽处可达60米。钻探表明城内的城壕可经水路通向城外，直通大通河、古运河进入长江与太湖。淹城外周边散布有众多的土墩墓，城内有3座大型土墩墓。城外的土墩墓年代可早到西周晚期，多数为春秋时期，城内土墩墓仅发掘过一座，属春秋晚期高等级贵族身份墓葬。经发掘，城墙堆筑形成，始筑年代可能是西周晚期，筑成或增筑年代为春

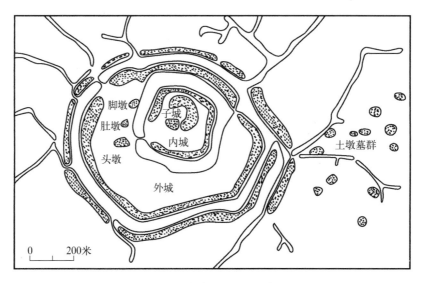

图二 武进淹城平面示意图

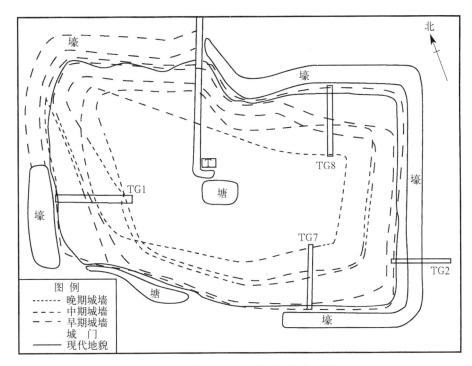

图三　葛城遗址三期城墙平面图

秋早期，废弃于春秋末期。城址内出土的文化遗存包括青铜器、陶器、几何印纹硬陶器和原始青瓷器，城壕内出土过独木舟数艘，年代与城址年代相符。从三城三壕平面布局分析，该城防御体系完备严密。关于该城性质有四：①吴国中期都城；②商、西周时期淹国遗民迁都地；③吴国贵族季札封地；④吴囚越质子处。未有定说。

2．葛城

位于丹阳市陵口镇祥里，高出周边农田4～5米，东西长约200、南北宽约120米，呈不规则长方形，总面积约3.6万平方米。城墙原高6～7、墙基宽20余米，前后经过三次修筑，采用堆筑法，不挖基槽，未经夯打。城墙四周有宽8.5～13米的城壕环绕，深2～3米。城址南北各有豁口，应是原城门位置，在内城壕以外50～60米处有第二道城壕（图三、四）。从城址内出土的文化遗存层位关系和特征判断，该城年代从西周中晚期一直延续到春秋晚期。城外邻近区域土墩墓分布密集，城东北1千米处发现过一处大型祭祀土台。

3．天目山古城

位于泰州市姜堰城北，坐落于里下河平原南缘的古扬泰冈身之上，保存有内、外两道城墙和城壕。外城平面略呈椭圆形，东西长170、南北宽160米，总面积约2.5万平方米。内城位于外城东北部，保存相对完整，边长约70米，面积近4000平方米（图五）。城墙为平地堆筑，分两次堆筑，经压实加工，未见夯筑痕

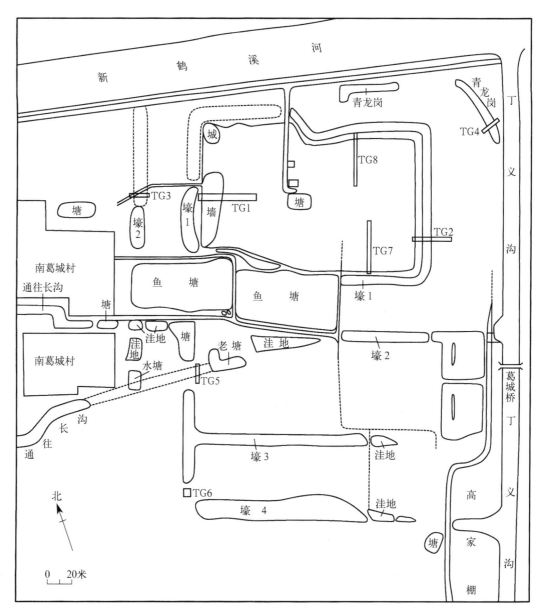

图四　葛城遗址平面图

迹。从城址内出土的文化遗存特征判断分为三期，其时代从西周早期延续至春秋末期，发掘者认为该城可能是古干国的城址。该城内外城平面布局、城墙结构、水系环绕等特征，明显具有南方水网地域古城的风格。

4. 木渎古城

位于苏州市西南，在七子山、姑苏山、灵岩山、五峰山、砚台山、穹隆山、尧峰山、香山、胥山等环绕一周的山间盆地之中，诸山作该城的屏障，山巅分布有连绵不断的石室土墩，城址平面呈不规则的扇形。城墙大致沿盆地边缘而筑，北城墙在五峰村一带，经解剖，城墙横截面呈梯形，上宽12.9～15.35、底宽22.3～22.35、现存最高处达3.2、残长1150米，堆筑而成；外侧城壕与城墙走向一

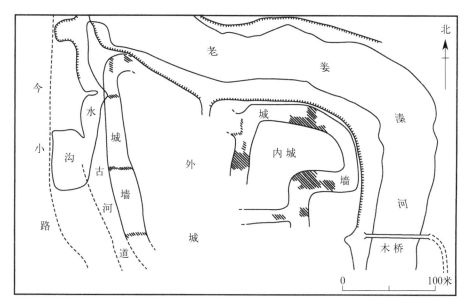

图五　姜堰天目山古城平面图

致，宽约15米。南城墙在胥口新峰村，上宽15.45米，也是堆筑而成。南北两道城墙之间相距6728米，西端有一豁口和古河道遗迹，河道内出土有印纹硬陶和原始瓷残片，其年代为春秋晚期。

木渎古城东西墙，2010年调查报告分析当在木（渎）东（洞庭东山）公路和堰头村一带，两地相距约6820米。

发掘者认为木渎古城是春秋晚期具有都城性质的大型城址（图六）。

2011年在木渎古城西南、香山北麓的胥口合丰村发现一座小城，城址呈圆角方形，南北长约500、东西宽约450米，总面积约22万平方米。城址紧邻胥口通往太湖的水路，城墙外侧有宽10～16米的城壕环绕，城壕深约1米，城壕与城墙间距2～6米。发现多座东周墓葬打破城墙堆积，发掘者推测该城始建于西周晚期至春秋早期。

5. 吴城

又称鱼城，位于苏州市西南上方山余脉磨盘山的山脊之上，南面濒临石湖，东依越来溪，与越城隔溪相望。1983年调查试掘，城址东西长200、南北宽180米，西南城墙仅见残迹，北城墙残长1000、高6米左右。城墙墙基断面呈上窄下宽的梯形，底宽近30米。吴城依山脊而筑，山脊低凹处则堆土夯筑补平，夯层清晰，夯窝呈圆形。夯土中出土有几何印纹硬陶片，其纹样为春秋时期的方格纹、回纹和云雷纹。

6. 越城

又称越王城，位于苏州市西南横山之下，石湖之滨，与吴城相对应，成犄角之势，扼守通往东太湖的越来溪。1960年发掘，城址南北长约450、东西宽约400

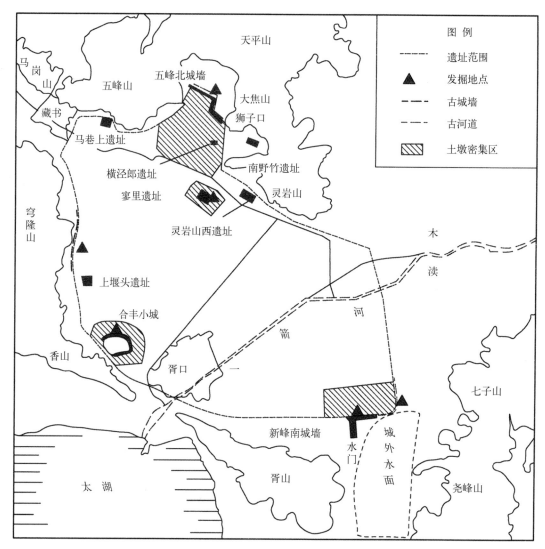

图六　木渎古城平面图

米，面积约18万平方米，平面呈不规则椭圆形，西、北两面残留有高4.5米的夯筑城墙。夯土中出土有几何印纹硬陶片，其纹样有方格纹、曲折纹、菱形纹、席纹、回纹、云雷纹等。泥质陶器包括有瓿、圈足盘和三足盘等器类，同时伴出原始瓷片。其时代亦为春秋晚期。

　　木渎古城是目前为止在长江以南发现的规模最大的春秋时期城址。值得注意的是大城周边尚存若干小城，这些小城依山构筑，面向进入太湖的咽喉要道，它们的年代、性质、作用以及与木渎古城的关系，均是应该探讨并在今后工作中需要重视的问题。

　　关于吴国春秋城址，《江苏考古五十年》夏商周考古第五章专列两部分做了概述、分类，并对其基本特征进行了分析，这里不再复述，笔者想就与讨论邗城相关的问题做些补充。

（1）首先是城址的定位问题。有的城址是在前期城址基础上构筑或增筑的，如丹阳葛城和姜堰天目山古城，文化层堆积较厚，依遗迹、遗物都能对城址年代进行分期断代，这类应是聚落性质的城址；有的城址规模很大，非常规的平面布局，且能够与文献记载都邑性质相联系，如苏州木渎古城；有的城址规模很小，所在位置处在水道交往的必经之地，城址内文化遗存极其贫乏，几乎没有文化层堆积，这类城址可能属于短暂使用的军事城堡性质，这种城址发现较多，如武进胥城、留城、高淳南城、苏州吴城和越城等（表一）。

（2）选址问题。春秋古城址都选择在古代扼守江湖的交通要道上或有古河道直接通向大河或江湖。例如，木渎古城、阖闾城都是依山面湖，扼守着太湖边的交通要道，形势十分险要，进可攻、退可守，军事地位很突出。平原地带的古城高淳固城与南城都选址在胥溪河附近，东可由青阳江经芜湖入长江，西可直接通达太湖。

（3）形制问题。春秋古城并无定制，规模大小就城址性质而定，形制随地理自然环境而定，可圆可方甚至是呈不规则形状，有一城一池（壕）、一城二池、一城三池，淹城三城三池即是典型，总之体现出独立的单元和封闭的环境。

（4）筑城方法的问题。城墙的建筑并没有固定的方法，这一时期为泥土夯筑和泥土堆筑并用。特点之一是春秋古城常见泥土堆筑法，这种非水平层的堆筑

表一　江苏春秋古城址规模统计表

名称	城墙间距/米		周长/米	总面积	备注
	东西	南北			
苏州木渎古城	6820	6728		24.79平方千米	都邑性质
合丰城	约450	约500		约22万平方米	
吴城	200	约180		3.6万平方米	
越城	400	450		约18万平方米	
锡常阖闾城	800	1300		100万平方米	都邑性质
武进淹城	850	750		65万平方米	
留城			500		
胥城	80	60		500平方米	
丹阳葛城	180	200		3.6万平方米	
珥陵城			200		
高淳固城	1000	800		80万平方米	
南城			600		
泰州姜堰天目山古城	150	160		2.4万平方米	

是由江南地区土质所决定的。墙体堆筑的土采自当地的原生土，包括黄黏土、褐色黏土，土质细腻柔软，含水率高，黏性强，经日晒风干后又异常坚硬，不易松散。堆筑的操作技术，是先将选取的黏土堆成一定高度形成墙芯，然后逐渐环绕墙芯向里向上堆垛，关键墙体堆筑的底部必须宽实，逐年进行加堆。江南春秋古城城墙，常见后期城墙在早期城墙上再堆增筑的。另一特点是春秋古城墙不挖基槽，均是平地起堆，葛城城墙就是十分典型的实例。

（5）城址周边布局问题。凡聚落性质的城址，周边均发现有土墩墓群，甚至城内出现高等级的墓葬，有的城址外还发现祭祀高台。这种城址较多，以丹阳葛城最为典型。

三　邗城位置问题

邗城位置问题是研究扬州建城史的首选课题，历史文献和志书记载甚少，更多地有赖于考古发掘材料加以证实。经过20世纪后期和21世纪初对蜀岗上城址的调查勘探和小规模发掘，获得了不少探寻邗城位置的重要资料和线索。

目前，学术界对此问题有以下五种看法。

（1）邗城城址范围东起象鼻桥，西至观音山，南起梁家楼，北迄尹家桥。吴邗城、楚广陵城、西汉吴王刘濞都城应处于同一地理位置。1978年调查发掘报告和研究，推定邗城东界即为编号Ⅰ号城垣的东墙，Ⅱ号城垣的西墙应是邗城的西界，Ⅱ号城垣北墙西段是邗城的北界，邗城南界即蜀岗南缘。同时以城壕外古河道的流向与相传邗沟的关系作为辅证[8]。

（2）文献记载邗城与邗沟并提，说明邗城尾闾之上，今蜀岗古城址东部构筑年代较早于西部，吴邗城、楚广陵城当在汉广陵城的某一区域[9]。

（3）蜀岗古城址的东南隅，地形地貌较特殊，为四面环壕的封闭单元，蠡测其是春秋邗城所在位置。

（4）春秋邗城、战国广陵城不在同一位置，邗城应在邗沟故道之北的蜀岗上今沈家山，并以该处出土过一些战国遗物为依据。由于春秋时期邗城存在时间短，后为战国人入居，反证此地可能是邗城位置。

（5）邗城不在扬州，在仪征胥浦佐安[10]。

上述五种意见，（1）～（4）在今扬州，（5）已远离扬州蜀岗；（1）～（3）在现蜀岗上古城址范围内；（2）（3）看法基本相近；（4）在蜀岗上古城址之外。

我们先从文献记载说起。《左传》哀公九年（公元前486年）有"秋，吴城邗，沟通江淮"，西晋杜预注"于邗江筑城穿沟，东北通射阳湖，西北至末口"。明确了城与沟的联系、沟的流向，但是并没有认定城的具体位置和地点。到筑城千年以后，北魏郦道元在《水经注》中写道："吴将伐齐，北霸中原，自广陵城东南筑邗城，城下掘深沟，谓之邗江，亦曰邗溟沟。"才对筑城的原因、城的相对位置有确凿的说法。历史上的扬州自战国楚起，到两汉、六朝都以"广陵"为城的名称。郦道元是南北朝时期的地理学家，其注旁征博引，极其严谨，正如其自序"访渎搜渠，辑而缀之"，他所提到的"广陵"当是其生活年代的广陵城，否则应以"故"字交代或明说何朝何代的广陵城。"广陵城东南"，可以有两种解释，城内东南或城外东南，从紧接的下段说"城下掘深沟"，城在上、沟在下，其方位感相当清楚，以此推定，"广陵城东南"没有城的内外之分，似应释作城内在情理之中。

北宋乐史《太平寰宇记》说邗城"在州之西四里蜀岗上"，扼要指明城在当时州城之西蜀岗上。以后明清的方志都是从这三条记载引申或沿用。

近年来，扬州城考古成果很多，其中有五条对探寻邗沟位置有助的历史信息。

（1）蜀岗古城址的城郭范围整体形状呈不规则的矩形，其规模东墙1600、南墙1960、西墙1375、北墙2170米，整个周长在7005～7105米。

（2）东、西、北三道城墙通过解剖都能找到唐、六朝、晋、汉至战国时期叠压的夯层堆积，表明各个历史阶段的墙体都是在前期基础上修筑或增筑而成的，不同历史时期的墙体位置曾有局部的挪位现象。

（3）北城墙东段墙体底层夯土的时代属汉，东段内侧所发掘的6个探方证实，该区域属于汉、唐时期人们聚居活动的范围。

（4）西城墙北段和西北角的墙体最底层属楚广陵城夯土墙基，其下开有沟槽，尤其YZG1、YZG2第6层所发现的灰坑（YZH1）中出土的铜贝、灰陶豆年代准确、特征明显，定为战国时期灰坑。

（5）东城墙YZG4的解剖，确定处于生土层上的第7、8层是最早的墙体，出土的都是战国至汉代遗物，第6层发现汉代路面，说明当时该段城墙曾废弃过。第5层为六朝时期修筑的墙体，内外均有包砖壁。值得注意的是第8层夯土堆筑的土壤是河塘泥，与已经解剖过的各段墙体底层夯土的土质不同。

根据文献志书记载的梳理、考古信息的判断，对照江苏境内春秋城址特征，下面拟对五种意见进行讨论。

第一种意见最大优点是重视蜀岗古城址外古河道与相传邗沟古道的联系，但对现存古城址的考古发现难以支撑立论的依据。①对蜀岗上古城址墙体的解剖确证最早筑城的年代应是战国时期，即楚广陵城。②试掘的探沟集中分布于北城墙、西北角墙和东墙中部，南墙与西南墙尚待考古验证。目前材料都是各个点的局部，没有形成线和面的完整资料，因此缺乏对各个历史时期的墙体连接形成闭合形的城郭概念。尽管历史时期城址的重叠现象常见，然今后结果可能存在变数。③最关键的该说城址四至范围，规模相当宏大，按现有尺寸粗略计算总面积将超过300万平方米，几乎与春秋时期的都城相当，显然与文献记载不吻合。

三种意见，基本观点接近，前者是宏观上的考量，并未展开讨论，所指出的相对位置，表明邗城踪迹应在现存古城址的东部寻找。第三种意见属于蠡测，需考古实证，可立论的理由有五点：①与《水经注》记载邗城所在位置相符；②四面由水系包围形成独立的地理单元；③水系的流向与坊间相传的邗沟故道连接；④YZG4第8层为青灰色河塘泥土，说明该区域临近湿地、滩地；⑤从现在四面环绕的独立单元面积测算，东西和南北的间距都在400米左右，其总面积16万～20万平方米，与苏州木渎合丰城和越城总面积相近。

第四种意见重视与邗沟的关系，但缺乏立论的考古学依据，所列的遗物除个别米字印纹年代到战国，大部分都是汉代遗存，实际上蜀岗古城址位置与沈家山之间尚存在一处萧家山遗址，在萧家山A区曾出土过一批春秋战国时期的遗物，包括青铜矛、斧、斤、凿和几何印纹硬陶器残片，其纹样有典型春秋晚期特征的席纹和回纹。原报告称之为邗沟流经区域的文化遗存是非常正确的。

沈家山与蜀岗古城址之间相距约1.5千米，似可作为"广陵城东南"的另一诠释，关键是需要找到足够的考古学依据。

第五种意见是很新的提法，作者是在论及非吴国青铜器中提到邗城，并未展开讨论，只是从音韵角度分析邗与佐安相通，更未说邗城与邗沟的联系。

四　余说

（1）邗城从筑城到吴国被越所灭，即公元前486～前473年，只有13年，推算正常使用时间应该很短。在筑城的次年（公元前485年）"吴自海上攻齐，齐人败之，吴人乃还"（《史记·齐太公世家》），说明吴人北上，仍走海路。因此，在探寻邗城的过程中，一定要考虑这方面因素，如不可能出现丰富的地层堆积和聚落遗迹。

（2）邗城性质，前辈史学家曾提出邗城是吴国北上经略的都城，这一观点是从少量史料分析推论中得出的，没有更多史料求证。

考古学界一般认为邗城属于军事性质的城堡，也有认为是古代南北交通线上的重要城市，两种观点其实并不矛盾，前者强调起因，后者侧重结果。邗城作为吴国跨江北上争霸的桥头堡，一般借用《越绝书·吴地记》记录，以"吴以达粮"来解释，是为了储备物资粮食。后者是结果，使扬州成为中国历史上具有独特地位的城市，成为我国东南地区交通、运输、经济、贸易、南北文化交流中的重要枢纽、南北大通道运河上的灿烂明珠。

邗城是扬州建城史上的基石，寻找、探索邗城是我们考古学者的重任。

注释：

[1] 林留根：《跨越长江的良渚文明》，《中国文物报》2016 年 1 月 29 日第七版。

[2] 南京博物院等：《江苏姜堰天目山西周城址发掘报告》，《考古学报》2009 年第 1 期。

[3] 全国第三次不可移动文物普查资料。

[4] 王光明：《牛头岗遗址早期陶器与禹会村遗址出土陶器之初步比较》，《禹会村遗址研究》，
科学出版社，2014 年。

[5] 安作璋：《中国运河文化史》，山东教育出版社，2014 年。朱诚等：《对江苏胥溪河成因
及开发利用的新探讨》，《地理学报》2005 年第 4 期。

[6] 中国社会科学院考古研究所、苏州市考古研究所联合考古队：《江苏苏州木渎春秋城址》，
《考古》2011 年第 7 期。

[7] 镇江博物馆考古队：《江苏丹阳葛城遗址勘探试掘简报》，《江汉考古》2009 年第 3 期。
南京博物院等：《江苏丹阳葛城遗址考古勘探与发掘简报》，《东南文化》2010 年第 5 期。

[8] 纪仲庆：《扬州古城址变迁初探》，《文物》1979 年第 9 期。

[9] 王勤金：《述论运河对唐代扬州城市建设的影响》，《扬州文博》1992 年第 1 期。

[10] 张敏：《关于吴文化的几个问题》，《南京博物院集刊》1987 年第 9 期。

参考书目：

1. 邹厚本：《江苏考古五十年》，南京出版社，2000 年。

2. 中国社会科学院考古研究所、南京博物院、扬州市文物考古研究所：《扬州城——
1987～1998 年考古发掘报告》，文物出版社，2010 年。

3. 中国社会科学院考古研究所、南京博物院、扬州市文物考古研究所、洛阳市文物钻探管理办
公室：《扬州蜀岗古代城址考古勘探报告》，科学出版社，2014 年。

4. 单树模、王维屏、王庭槐：《江苏地理》，江苏人民出版社，1979 年。

（为纪念扬州建城2500年，2015年10月，在扬州举办的"扬州城考古学术研讨会"上的发言）

2009年湖熟文化命名五十周年纪念活动上的发言

今天，我们隆重纪念湖熟文化命名五十周年。首先，我们以崇敬的心情缅怀湖熟文化命名提出者考古前辈曾昭燏和尹焕章两位先生，他们是江苏地域性考古学文化的探索研究者和引领者。继往开来，新世纪对考古学科的发展提出了新的更高的要求，基于这个目的，本次论坛新、老学者相聚江宁，共同探讨湖熟文化研究课题，下面我就三个方面说点看法和意见。

一　发现与研究现状

湖熟文化发现与研究至今归纳起来，大致历经三个阶段。

1. 第一阶段

20世纪50年代，属于开创期，通过南京附近，宁镇山脉秦淮河流域，长江北岸仪六地区考古普查，江宁湖熟老鼠墩、南京锁金村、安怀村、北阴阳营和丹徒葛村等遗址考古发掘。曾、尹两位前辈依据考古学文化内涵和地域特色分析研究十大问题提出"湖熟文化"这一命名，引发考古学界的重视和讨论。从文章的题目《试论湖熟文化》和结束语"只是问题提出，希望能获得有关方面的重视和讨论"的提法，充分表明前辈对该文化的认知程度和治学态度的严谨。

2. 第二阶段

20世纪八九十年代属命名的认定和研究细化期，通过江宁点将台，丹徒团山、断山墩，句容城头山、白蟒台等重要遗址的发掘，湖熟文化考古资料的不断积累和丰富，开始对其时空框架和分期问题进行探讨，尤其是1989年《纪念湖熟文化命名30周年》学术讨论会达到高潮，北京、山东、上海、浙江、江西、湖北等地专家学者参加。著名学者张长寿、王世民、李伯谦先生等就湖熟文化的命名、内涵、特征、分期以及与中原地区、周边地区青铜文化的关系等诸问题发表了意见，这一时期湖熟文化研究的学术讨论氛围是相当活跃的。张敏、毛颖《长江下游的徐舒与吴越》、林留根《江苏考古五十年（夏商周）》两文中都进行了整合研究。

3.第三阶段

20世纪末和21世纪初，在国家重大经济建设项目和第三次全国文物普查中不断发现有湖熟文化遗址，抢救性发掘的包括金坛薛埠新浮、镇江松子头、句容郭庄庙东岗头、江宁湖熟老鼠墩、赵家边、南京郭家山坑、溧水白马二糖头，以及安徽马鞍山市毕家山、繁昌瓜墩。这一阶段专门研究的文章较少，属于相对停滞时期。

二　发现研究中存在问题的再研究

考古学文化命名是科学严肃的课题，江苏地域文化过去曾提出过"青莲岗文化""刘林文化""花厅文化""点将台文化"与"吴文化"等命名，对推动学科发展起过积极作用。但由于先期的发现点尚不典型，文化内涵的包容量过大或过小，加上后续研究尚嫌不足，以致文化属性定位不完全准确，引起学术有不同的看法和争论，因此，需要有一个"正名"与深化认识的过程。

湖熟文化的研究已经取得了一定成果，最近，国家文物局主编的《中国考古60年（1949～2009）》中"中国考古研究60年"一节明确指出"在长江下游地区有马桥文化、点将台下层文化和湖熟文化"。学术界对此文化予以认定。然而，发现研究中存在的问题不可忽视，当务之急，首要解决的是湖熟文化命名中的最基本问题，即理清和深入对文化中的时空框架，基本文化特征与周边同期文化关系，以及来龙去脉的研究。

一是要重视江南青铜文化时期地域性文化的课题，立项多学科研究，确保长期综合性的研究成果。

二是选择典型遗址全面揭示，采用科学的现代化的考古发掘方法和手段，全面获取新的、完整的、丰富的资料，这里所指的"典型"包括①文化层堆积丰富，叠压关系清晰，解决地层学上的纵向关系；②地层单纯，解决地层学与社会结构学上的横向关系；③遗迹现象尤其是特殊遗迹现象，分析其地域特色；④重要墓地，目前湖熟文化墓葬只发现过少量不完整墓葬。

三是丰富充实考古学文化角度的研究，包括文化谱系学中，核心文化因素，与外来渗透因素的认定，核心文化因素是该文化赖以的生态环境和精神生活的体现，具有一定的传承性，也是确定文化性质和分期的根本依据。不仅能解决湖熟文化的来龙去脉，也可以解决时空框架与周边同时期文化关系。还有空间问题，目前看来，湖熟文化分布范围在于宁镇丘陵区与皖东南区域，并未到达太湖流域与长江北岸。所有研究成果均需要不断地验证。

三 综合研究的思考

考古学文化的研究最终目标并非停留在文化层面上，目的是通过考古学的方法和手段，"透物见人""以物论史"，再现原生态的历史面貌。湖熟文化研究客观地说，尚停留在起步阶段，距最终目标任重道远。

综合研究涵盖的内容十分广泛，包括生态环境、政治、社会、经济、精神生活，族属等等。目前，湖熟文化的综合研究可以先从聚落形态方面着手，有利条件是考古普查资料翔实，曾发掘过一批重要遗址。宁镇丘陵和秦淮河流域考古普查，证实湖熟文化遗址其分布规律属于密集型分布，南京市内在紫金山麓金川河周围，江宁、溧水、句容在秦淮河两岸，尤其是湖熟镇附近，镇江大港太平河一带，后者平均每3.5平方千米内有一处，几乎均发现于现代村庄附近，规模一般几千平方米，大型的达2万平方米。因此，可选择一处遗址密集分布并保存较好区域作为切入点，通过科学发掘和多学科合作研究获取更多的历史信息。譬如这些聚落与当时当地的生态环境的关系，聚落规模大小反映出同一区域不同时期应该有中心聚落与一般聚落的区分，通过这些聚落发掘出的物质文化遗存的对比、研究，从其发展、演变过程中，探讨当时的环境与人口变迁，社会组织和结构，文明进程，再现湖熟文化时期的历史场景。

（本文为2009年湖熟文化命名五十周年纪念活动上的发言）

骆驼墩文化论坛上的发言

我讲三个方面的问题。

一 骆驼墩遗址的发现和本次论坛的意义

骆驼墩遗址最早于1975年10月18日在宜兴古陶瓷史调查中被发现，发现者宋建、陈元甫、邹厚本三人，当时将该遗址分作两处登录，一处是低山土丘地带，俗称骆驼墩；一处是相距不远的平地村落塘南村，属归径公社夏姜大队。前者地表采集到大量石斧、石锛和崧泽文化时期的陶片。后者从村后窑厂挖塘取土区发现文化层堆积，红烧土和马家浜文化时期的夹砂陶及泥质红陶片。今年是骆驼墩遗址发现36周年。所以本次论坛召开的日子具有纪念意义。

2007年在常州召开的"环太湖西部马家浜时期原始文化学术研讨会"上，就对骆驼墩遗址早期文化遗存的特征、性质和价值进行过研讨。事隔四年，本次论坛再次研讨，其意义和价值较之以往有更进一步的含义。骆驼墩遗址是太湖西部面积大、保存好、内涵丰富和学术价值高的大遗址，已被列入江苏大遗址后备名录，宜兴市政府已启动申报考古遗址公园程序，因此本次论坛是通过学术研讨平台，请各位专家对遗址的考古规划和保护措施提出意见，为遗址的景观和生态环境复原做出科学分析。本次论坛不仅专注于学术本身，也对今后文化遗产的保护和利用具有特殊的意义。

二 骆驼墩文化遗址的价值与定位

（1）遗址规模大，面积达到25万平方米，区位特殊，低山丘陵地带，太湖西部的典型遗址。

（2）早期文化遗存经科学发掘表明，文化层堆积厚，房址、墓葬、瓮棺葬以及古河道等遗迹现象丰富。

（3）早期文化遗存的内涵具有鲜明的地域特色，陶器群中核心器形平底腰沿釜序列完整，时间脉络早晚清晰。

因此，可以将该遗址定位为太湖西部低山丘陵地带向平原过渡区的重要早期文化遗址。从学科角度分析，长江下游三角洲，太湖流域新石器时代先后存在马家浜、崧泽和良渚三个时代。马家浜时代（即距今7000～6000年左右）环太湖地域可能存在两股势力（或集团），一股是太湖以东以嘉兴马家浜遗址为代表的势力，另一股是太湖以西以骆驼墩文化遗址早期文化遗存为代表的势力。

三　文化命名的思索

从夏鼐先生1959年提出的考古学文化命名概念到现在的"文化系统""聚落考古"新的概念，从学科发展趋势看，考古学文化概念已经从物质文化的分析拓展延伸到人类行为和社会结构的探讨，也就是从静态向动态发展，由浅表层向深层次方向研究，这样更贴近于考古学研究的终极目标，也是当今社会对现代考古学发展的需求。文化命名提出的前提，我认为以下几个方面是需要考虑的必备因素：

（1）有特征明显的器物群体和特定的遗迹现象。

（2）核心文化因素自成体系，谱系具连续性。

（3）有经过科学发掘的遗址群资料。

（4）有典型遗址（中心聚落）较全面的剖析资料，即该文化命名的领衔资料。

（5）有同时期遗址的分布区域范围（聚落形态结构）资料。

（6）有与之相邻区同时期不同文化的比较研究，文化内涵异同清晰，各成体系。复杂现象分析解释科学合理。譬如江阴祁头山遗址与骆驼墩遗址相距甚远，两地生态环境不同，中间隔着金坛三星村和常州圩墩等文化面貌差异较大的同时期遗址，为何两处却出现雷同的器物群，虽然时代稍有早晚，这些文化因素是什么传承关系？再如围绕太湖这一时期的文化从C形到O形文化圈是否恰当？中间可能存在缺环脱节，也需解释合理。还有在分析骆驼墩早期文化遗存中直筒型釜、筒形釜这样的分型分式其前身传承关系是何器物等都可进一步地分析探讨。

当然，文化命名是学科发展的一个过程，名字本身仅是一个"标识"，学术上的确认和认知需要时间和不断验证。

基于以上几个方面必备因素的考虑，今天讨论属于马家浜诸文化之一的"骆驼墩文化"或"马家浜文化骆驼墩类型"或"骆驼墩-吴家埠类型"等等，应该说是将骆驼墩早期文化遗存归纳提升到太湖地区史前文化研究理论高度的一种认识，是学科发展中的进步，以前我们并不知道太湖西部这一时期是什么文化面貌，现在有了新的材料和新的认识。但是要达到"认同"和"共识"尚需做一定量的补充和完善工作，首先要全面完整保护好现存遗址，亟早申报为考古遗址公园。全面公布已经发掘的太湖西部典型遗址考古报告。其次，作好骆驼墩遗址考古规划，继续进行有思路，有步骤的调查勘探和重点发掘，取得更丰富的历史信息。与此同时，对太湖西部地区尽可能做些分片的全覆盖拉网式调查，宜溧低山丘陵到平原过渡地带景观和生态环境实际上分为两种类型，前者相对封闭，交通不发达，后者相对开放，河流纵横，交通便利，因此，可以对已发现的两种类型规模较大的遗址做点考古补充工作（调查与试掘）。前者可选择溧阳秦堂山遗址，该遗址面积15万平方米；后者可选择宜兴螺丝墩遗址（即杨巷遗址），该遗址面积25万平方米。相信定会获得更多新的资料。如果把以上几点做好，再来讨论骆驼墩文化或骆驼墩文化类型问题，将会使这一课题研究更加深化，收获更大。

（本文为2011年10月29～31日，在江苏宜兴"骆驼墩文化论坛——骆驼墩文化遗存与太湖西部史前文化"学术研讨会上的发言）

《扬州蜀岗古代城址考古勘探报告》序

扬州城遗址由蜀岗和蜀岗下两部分组成，它是扬州城市历史演进链中密切不可分的前后环节。

2010年扬州城遗址被立项为国家考古遗址公园，当时在动议，酝酿考古规划时，分析认为，蜀岗下唐，宋和明、清时期城址轮廓已经基本清晰，今后应以结合现代城市建设开展考古工作。相比而言，蜀岗，数十年来在各级政府重视和文物部门努力下，并没有被现代城市进程所蚕食，2.6平方千米的城址范围内原生态地形、地貌基本保存。古城的历史面貌亟待揭示解明。因此，必须抓紧当前文物保护的有利机遇，将工作重点转移到蜀岗古城址上，首先宏观上必须对每个历史发展时期有准确的把握，便于确定具有前瞻意识的规划和与之相应的田野考古工作。

这个建议和设想在2012年6月20日《扬州城国家考古遗址公园总体规划》（纲要）专家论证会上，再一次得到与会专家们的一致认可。蜀岗古代城址的考古勘探就是在这样的大背景下启动的。

古代城址考古一般认为有面积大，文化堆积厚；考古工作周期长，现代城市叠压在古城上四个特征。实际上，每个城址还都存在着自身鲜明的特点。

蜀岗古代城址，城池叠压脉络非常清晰，承载着丰富的历史信息，自公元前486年吴王夫差在此筑邗城肇始，历经战国、两汉、东晋和南朝的广陵城，隋代宫城，唐子城，南唐宫城至公元1254年南宋修宝佑城，前后1700余年。每个历史时期古城性质地位和作用不尽相同，无论是地域行政中心，南北对峙的军前沿城池，还是宫城所在，均蕴含着极其丰富的文化遗存，从历史记载和地方文献中都能寻找到它的踪影。

蜀岗古城址现存的地形，地貌，地面尚存留古城城垣范围，城门豁口，城壕及其相关水系的走向，几条交通主干道的脉络清楚，可以判明出历史阶段的大致的框架轮廓。

蜀岗古代城址的考古工作，20世纪70年代后期才正式开展，90年代唐城考古队进驻，在较短考古工作周期中，侧重于一般调查，选点钻探以及城墙的重点解剖，主要成果是认定各个历史阶段城墙的位置，年代推断及其筑砌方法，获得了一批重要资料，尤其是东晋广陵城北门铭文砖。隋代宫城西北角，古城南门门道结构的发现和判定，都是蜀岗古代城址考古规划田野发掘趋向的重要支撑点。

目前，设计考古勘探项目，需要的不仅仅是常态化田野操作技术层面的部署，而首先要有明确的设计理念，形成成熟的思路之后，再通过严格的田野操作技术和科学记录来完成。《扬州蜀岗古代城址勘探报告》设计理念出发点立足于将它作为全方位系统考古基础工程的一个组成部分，经过缜密考量，分区、布方（含探沟）、布孔、编号到测量记录自始至终强调顺序清楚，网络严密不缺不漏，规范，给后续考古搭建一个科学的平台。数据获取手段，测绘制图均引进了目前最先进规范科技手段，相关资料经数字化处理，保证与当今地形图顺利接轨。所发表的223万平方米考古勘探结果，如果按照真实、客观、科学的标准来衡量，应该说是高标准达到了，地层堆积，分区（包括特殊地段城墙、城壕），全面公布勘探资料。遗迹现象除分类公布具体数据和记录外，对性质存疑的还作了分析解释。

验证是考古勘探必备的顺序和环节，本报告真实、客观加以公布，据实解读。

本次勘探考古队坚持田野、整理、探索研究同步进行，环环紧扣，使资料尽早面世，避免积压。

勘探结果的分析和蠡测属于非常重要也是精华之作的章节，推定出的各个历史阶段城址的所在位置，既有新的见解，也有对现存城垣遗迹的解读。承前启后，为蜀岗城址研究增加了一个新的砝码。

如果要对本次勘探提些建议的话，希望今后进一步充实核心区和邻近区域的勘探资料，为隋代宫城，唐代子城与罗城东部交界区域提供更加重要的考古依据。

我作为第二届扬州唐城考古队副队长，近年来多次参与扬州城遗址考古工作会议，一直关注着扬州城遗址的考古进展和最近成果。应该说我与扬州城考古有着千丝万缕隔不断的缘分。所以当本次勘探报告编写主持汪渤先生邀请我为报告写序的时候，我犹豫再三，答应与否？当他将本报告的所有原始资料（复本）和初步研究成果给我一个先睹为快的诚意时，我认为是一次认真学习的机会，并没有刻意推辞，欣然接受了这个艰巨"任务"。我衷心地向扬州考古队的同仁们的严谨学风，以及长期关注扬州城市考古为此付出辛勤劳动的先生们表示深深的敬意。

邹厚本

2014年6月8日

（原载《扬州蜀岗古代城址考古勘探报告》，科学出版社，2014年）

《皖南商周青铜器》序

　　长江下游皖南地区是我国南方商周青铜器研究的重要板块。自20世纪50年代后期屯溪奕棋周代青铜器群发现以来，不断有新的出土与收获。研究者对它们的时代、性质、特征、分期及其与中原地区青铜器的关系做了综合排比分析，比较认同的看法是皖南地区青铜器的铸造，有其生产、发展的历史演变过程，在其发展过程中深受中原青铜器铸造的重大影响，同时存在着带有地域特色的器形和装饰风格，构成了自身青铜器发展的序列。近年来，多学科研究的介入，金相学的考察，合金成分的分析，铸造工艺的探讨，使研究层面更加丰富多彩，尤其是铜陵、南陵周代铜矿产地的调查和发掘，以及随后围绕这一发现所发表的一系列学术成果，极大地拓展了研究南方商周青铜器的新视角。

　　铜陵发现的相当于中原地区商代二里冈期的青铜酒器爵、斝，从其形制和纹饰来看，应属典型的商器，无疑是来源于中原青铜器铸造的核心地区，反映出商的势力和影响已经到达这里，毕竟这样的发现仅是零星的点式分布，目前尚未发现本区域内铸造商式青铜器的任何迹象。春秋战国之际，这里地处"吴头楚尾"，吴、楚两国军事力量频繁在此交战，犬牙交错，因此，本地发现的这一时段的青铜器除部分具有铭文，可以隶定其国别和年代的外，大部分青铜器具有鲜明的吴、楚、越的文化特征。对于上述两个时段青铜器大家认识较为一致。关键是一批土墩墓（或窖藏）出土的青铜器，分布面宽、数量多，出土地点和单位明确，属于皖南出土青铜群的精华，对于各单位铜器群的归纳分类一般与中原青铜器相比照区分出中原型、仿中原型和土著型三大部分，至于具体到每件青铜器的断代和整个单位铜器群的年代、分期认识上存在着明显的分歧。一种意见确定其年代跨度自西周早期直至春战时期，其中可划分成若干期，另一种意见这批铜器群中除中原型器年代为西周时期外，所有仿中原型、土著型器以及整个单位均视为春秋中晚期器物群。这样的分歧，是皖南地域乃至于长江下游青铜器研究中的需要解决的重大学术课题。课题研究有赖于进一步深化基础研究工作，并将青铜器研究纳入到本区域青铜文化的发展序列，文化面貌与聚落、族属、国别等宏观考古学研究大框架内，综合梳理、整合得出合理的结论。

　　《皖南商周青铜器》全面发表和介绍了历年来皖南所出商周青铜器的精华，

为基础研究搭建了一个很好的平台。我们可以通过循环往复，螺旋式的工作，扎扎实实一个又一个细节的突破，使我们逐步理清皖南地区青铜器发展脉络，建立起本区域青铜器产生、发展的框架结构。

皖南、宁镇在地域上相邻，地质地貌生态环境有不少相同地方，历史上又有着深厚的文化渊源，下面结合宁镇地区的考古实践，对皖南地区青铜器中的一些问题，提出以下几点不成熟的想法。

历史文献与铜器铭文都记录有西周王朝不断通过战争手段向南方掠夺铜资源的史实，南方包括荆楚、淮夷、南淮夷（金文中有省称南夷），有学者指出淮夷与南淮夷两者在金文中完全是不同的称谓，所谓南者是具体方位概念，南淮夷则是周人按地望的称呼地指南淮水的夷人，并非淮夷族属西周不同时期的称谓。据《水经注》《太平寰宇记》《读史方舆纪要》等文献记载，皖南地区的青弋江、水阳江、漳河以及宁镇地区的秦淮河历史上曾被称为淮水、小淮水。西周王朝所征伐的南淮夷，正是这一水系的范围，皖南、宁镇地区自古盛产铜、锡等矿产，铜陵、南陵周代铜矿遗址的发掘及其碳-14年代的测定完全印证了史实，可以相信西周中期以后，周王朝掠夺铜资源的主攻方向是南淮夷所领区域。其中典型例证是周厉王时重器"翏生盨"，铭作"王征南淮夷……孚（俘）戎器，孚（俘）金，用作旅？""戎器"指的应是青铜器或兵器，可见当时南淮夷已能铸造青铜器和精良兵器。西周王朝为了打通金锡入贡或交易的通道，曾屡屡征伐南淮夷，铜器铭文中的"金道锡行"向来为学者所重视，并加以考证，研究西周时期南北交通的重要孔道。其实历史上任何交通孔道都是先民们双向互动交流影响的重要渠道。因此，西周王朝在掠夺资源的同时，也可能将中原核心地域的先进技术和理念通过这条长廊带到南淮夷所领区域，这里的先民不仅仅是被掠夺者，也许从掠夺者手中学到或获得了自身发展所需要的东西。如果这样的分析不错的话，这正是本区域成组青铜礼器（或仿器）出现相当西周早中期礼器的时间和源头。

凡是出土青铜礼器的土墩墓的区域内，总存在着属于同一时期的聚落遗址和城址，而有些土墩墓密集分布区却从未发现过陪葬青铜礼器的墓葬，附近发现有小型遗址、战堡或铜矿遗址，很显然，两者墓主的身份和地位不同，就近遗址的性质亦不相同。通过对宁镇地区陪葬青铜礼器的烟墩山和荞麦山附近同时期的大型遗址断山墩的发掘给我们一个重要启示，该遗址面积2万余平方米，文化层厚达3米以上，在相当于中原西周晚期到春秋时期的灰坑和房基内发现有土著型青铜器纹饰的陶范和雕范铜工具，工具的形制几乎与洛阳北窑铸铜遗址出土的工具相同。因此，可以蠡测仿中原型和土著型青铜器的原产地应该能在出土青铜礼器土墩墓区域内的中心聚落遗址中找到。若如是，则对皖南青铜器认识上的分歧的冰释具有举足轻重的地位。

　　土墩墓是江南地区西周至春秋时期的一种特殊葬俗，其本身的发展早、晚特点规律是有所区别的。而深坑、棺椁结构的墓葬与土墩墓葬俗完全两回事，它们之间存在着时空的差距和族属的差异。出土青铜礼器土墩墓的研究不能仅止步于青铜器的排比分析上，首先是加强基础资料的全面梳理分析，对于出土遗物丰富、资料齐全的墓葬作为一个完整的单元加以整合研究，包括墓葬形制，伴出的其他器物（原始瓷器、印纹硬陶器、陶器等）都能作为判断青铜器年代和进行分期的重要佐证。不同单元的遗物，应从中找出常见且有分期价值的器物，通过比较分析找到器物演变的基本规律，作为标尺和标准器验证研究结论的准确性，皖南地区出土的青铜器中鼎、簋、尊、盘、卣、匜都是较为常见的典型器物。

　　皖南地区零星发现的青铜器中，铙、甬钟、句鑃较多见。宁镇地区亦有这样的情况，这些器物埋藏地点，并不出现伴出的青铜器和其他遗物，出土地点地貌环境是低山丘陵的山头或湖泊河流附近，这样的发现多次重复出现，我们推测它可能是当时一种特殊埋藏方式，或许用作来祭礼山川湖泊的祭器。

　　器物定名也是研究过程中必须重视的问题，譬如皖南和宁镇地区青铜器有一种带齿刃的铜器，以往定名为锯镰和耨，这种器物是否作为农具使用？定名需要做出考古学的观察和分析加以确定，这类器物其中一部分出自窖藏无法确定其用途，而从经科学发掘出土的这类器物状况看，它常与吴楚时期墓葬中的车马器、工具同出，它们之间的用途应该相近。更重要的是这种器物有大小不同的尺寸，若是农具，同样的使用功能，并不需要不同的尺寸，而作为工具，则由于使用对象的不同，需要配置不同尺寸的工具。

2006年8月9日

（原载《皖南商周青铜器》，文物出版社，2006年）

中国出土壁画全集（江苏地区）

　　江苏境内发现的古代壁画墓数量屈指可数。最早当推徐州市黄山陇东汉晚期壁画墓[1]，此墓为石结构多室墓，仅在前室发现壁画，画面大多已经剥落。其题材内容，墓门两旁为门吏，门楣上为车马出行；室内壁画为车马出行行列和宴饮场景。同样的题材东汉时期十分盛行。

　　南朝墓葬有彩绘壁画肯定无疑，南京西善桥陈义阳郡公黄法氍墓是较明显的一座[2]。此墓墓室内壁先涂一层约5毫米的石灰层，其上有断断续续隐约可见的以黄、红、绿等色彩绘的壁画线条，惜其内容因墓室潮湿已漫漶不清，无法辨认。相似的现象还见于南朝帝王陵墓，丹阳胡桥吴家村、建山金家村南朝大墓，原报告推定为齐的帝王陵墓，两墓的甬道口均发现有彩绘壁画，以青绿色为底，用红、白、蓝三色绘龙凤图像[3]。

　　位于南京市南郊的南唐二陵均为壁画墓[4]。烈祖李昪（937～943年）钦陵墓室内砖砌的阑额、柱头枋、立枋、倚柱、斗拱、转角铺作和补间铺作上均施彩画，主题内容都属花卉图案，色彩浓重艳丽。在后室顶部绘有大幅的天象图，日在东，月在西，其间配置星宿等图像。

　　1959年，在淮安市楚州区（原淮安县）杨庙镇清理发掘了宋代杨氏家族的五座墓葬[5]，其中一号、二号墓为壁画墓。壁画直接绘在石灰涂白的砖墙上，两墓都有确切的纪年。一号墓为长方形砖券墓，拱门涂朱色，上有"嘉祐五年（1060年）十月初□□"题记，顶部用朱、黑两色彩绘卷草、云纹装饰图案。东、西两壁和后壁绘有壁画，东、西壁中心位置均绘桌椅，桌上置果品和杯、盘、壶、盒之类器皿，旁为众侍仆忙碌的场景；后壁绘床帷。二号墓为长方形平顶砖墓，壁画仅绘在东、西壁和后壁，东、西壁为女伎散乐，后壁绘供案。从二号墓出土的墓志可知，墓主为死于北宋绍圣元年（1094年）的左班殿直杨公佐。

　　杨氏家族是宋代楚州望族，从两墓的壁画内容可以看到宋代官绅阶层的丧葬观念。两墓壁画内容都以祭奠为主题，一号墓图像线条流畅，人物清晰，二号墓图像人物丰润，线条刚劲，表现出高超的绘画水平，是宋墓壁画中的精品之作。

注释：

[1]《徐州黄山陇发现汉代壁画墓》，《文物》1961 年第 1 期。

[2]南京市博物馆：《南京西善桥南朝墓》，《文物》1993 年第 11 期。

[3]南京博物院：《江苏丹阳县胡桥、建山两座南朝墓葬》，《文物》1980 年第 2 期。

[4]南京博物院：《南唐二陵发掘报告》，文物出版社，1957 年。

[5]江苏省文物管理委员会、南京博物院：《江苏淮安宋代壁画墓》，《文物》1960 年第 8、9 期。

（原载《中国出土壁画全集（10）》，科学出版社，2012年）

读⬚侯夨簋铭文札记

⬚侯夨簋，1954年江苏丹徒烟墩山西周墓葬出土，现藏中国国家博物馆。

长期以来它的名称一直有"俎侯夨簋"和"宜侯夨簋"二说。前说由陈邦福[1]、谭戒甫[2]和唐兰[3]先生最早提出；后说由陈梦家[4]和郭沫若[5]先生最先命名，并被广泛采纳。此簋内底有铭文12行，每行字数9～13个字不等，凡127字，其中破损缺失者9字，被锈蚀掩没或漫漶不清者26字（包括仅余半字者），存92字。由于铭文残泐，有些行列难以全释，经学者研究酌义增补，全篇铭文逐句分辨，前后对照，虽无法确切恢复原貌，但尚可大体通读。学术界公认整篇铭文是西周初期的重要历史文献，因此，无论是史学家、古文字学家，还是江苏地域文明发展史的研究者，都视其为内容重要、史料价值极高的第一手文献，倍加重视。

由于历来诸家对全篇铭文的某些关键字的隶定不同，由此引起对全篇铭文的含意和解释分歧意见较多，难予统一认识。因此，是器也是迄今为止西周青铜器铭文考释中争议较多者之一。

争议的焦点主要有如下三方面：

（1）受封对象及其身份：

是虎侯，还是虞侯？其身份属周姬集团，还是殷人遗族？

（2）迁封地点及其位置：

是俎，还是宜？其地望在东方边鄙，还是王畿附近，或是江苏丹徒？

（3）封赏细节的具体解释等等。

近日，翻阅各大家释文和近作，颇受启发，继而细察拓本，获益匪浅，现将读金心得，略加整理成此短文，祈请方家教正。

目前所见⬚侯夨簋铭文拓本有两种，一是先期发表释文所用的拓本（以下简称甲本），此本以《商周金文录遗》[6]一书所选最精；二是《五省出土重要文物展览图录》[7]所附的拓本（以下简称乙本），该本为目前所出版的刊物常用。两种本子拓铭各字稍有差异，可互相参照，同时，两拓本因器破损后修复的状况亦不尽相同（附甲、乙拓本）。是器铭文照片以陈梦家先生《西周铜器断代》（四）所发表的最清晰。目前能做的基础工作就是两种拓本和照片相互比照，先释字，后释义。

现按通例先将全篇铭文隶定如下：

隹（惟）四月，辰□□未，王省斌（武）王

成王伐商圖，徣（遂）省东或（國）圖。

王立（莅）于俎宗土（社），南鄉（饗），王令（命）

虎侯矢曰：鄸（遷）侯于俎。易（賜）鬯

卣一卣、商鬵（瓚）一□。彤（彤）弓一，□矢百，

旅弓十、旅矢千。易（賜）毕（厥）川（甽）

二百□，毕（厥）□百又□，毕（厥）宅邑卅（三十）

又五□，□百又卌（四十）。易（賜）才（在）俎

王人□（十？）又七生（姓）。易（賜）奠（鄭）七白（伯）。

毕（厥）□□又五十夫。易（賜）俎庶人

六百又（十？）六夫。俎侯矢鼎（扬）

王休乍（作）虎公父丁隩（尊）彝。

第三行第2字，以往考释有"立""卜""往"和"入"四说。细视拓本，该字直笔上方，在与右侧相称位置的左侧，亦显现有笔道的微痕，唯其与右侧相比，极为细短。直笔的下方则明显有分叉，其下有横道笔痕，若释"卜"则直笔下方无笔痕，该字与下面一字的间距过大，全篇铭文字间安排未见此例，因此，该字释"立"为宜，符合西周册命金文的文例。

第四行第1字是本篇铭文中最为关键的字，最初，各家均释为"虡"，唐兰先生指出"如果是虡，下半应该从夫，这个字上从虍，下从矢，矢字头向左倾，头部中间为锈隔断，但笔画还很清楚……从矢虍声，应该是虞字的早期写法"[8]。"虞""吴"字通，由此论证出该器是吴国最早的青铜重器。后来，绝大多数学者采纳此说。当然，也有学者不同意此释，而释为"虎"[9]，并从此字的形、书、义上都作过分析，指出此字不应释作虞字[10]。此字在全篇铭文中两见，从甲、乙两种拓本中的第四行第1字和第十二行第4字的字形看，上从虍无疑，其下未见头左上扬的矢字字形，此字头与身中间并未隔断，值得注意的是此字身下有足，下端卷尾明显。因此，我认为此字释作"虎"的理由是充分的。再则西周金文中常见有"虞"字，均上从虍，下从吴，未见从矢、虍的例子。

第四行第5字有释"遷""繇""黍"三说。李学勤先生释"遷"的理由相当准确[11]，字右从邑，左上方从白。可补充的是此字不仅可对照大盂鼎"鄸自厥土"的"鄸"字，更可从西周成王时期㽙尊"鄸宅于成周"中找到字形更为相近的"鄸"字字形。

第九行第7字，有"生"与"里"二说。里字上从田，下从土，从土无疑，田字为划成块的土地，形成封闭的范围，金文所见田字均未封口，此字上部笔道正

值该器破碎的接缝位置，似为田字封口笔道。详察两种拓本，此字上部左、右两笔清晰，均未到达接缝线，因此此字释"里"不符合封口的字形，似释"生"更符字形。

全篇铭文，可分四节，前后衔接，互相呼应，形成整个篇章。

第一节

"隹四月，辰在丁未，王省斌王，成王伐商图，遂省东或图。"

此节记述王命的时间和册封的起因。

第二节

"王立于俎宗社，南向，王命虎侯矢曰：'迁侯于俎'"。

此节记述举行册封仪式的地点和王命的要旨。

第三节

"锡鬯卣一卣……锡俎庶人六百又□六夫。"

此节记述周王的赏物、封畛和授民的具体内容。

第四节

扬王休，至全铭结束。

此节记述俎侯矢为答谢周王的恩宠，为其父虎公父丁作此祭器，以资纪念。

俎侯矢簋的年代，唐兰先生明确认定为康王时器，被学术界所认同。本次册封盛典的背景铭辞中提得很清楚，"王省斌王、成王伐商图，遂省东或图"之后，图字有图绘和边鄙二解，就当时情势而言，伐商图与东国图两者前后关联，一般认定两个图字作同一种解释，我以为两者或许可分别解释，伐商图的图是图绘，东国图的图是边鄙，前省当是察看的意思，后省当是巡视的意思，后省之前有"遂"字，"遂"《仪礼·聘礼》郑注云："遂犹因也"，前因后果，此句紧接上句，因此王立于俎宗社。文献记载虽然没有康王东巡的记录，西周初期，金文中册命是"王令"，以后作"王命"或"王曰"，陈梦家先生指出，"金文中的王令，很可能是王亲命。"[12]与"立"可以相应，"立"字可解为站立或莅临。若以康王之后昭王南征不复的记载推之，康王亲临东方巡视国之大事不是没有可能的。所以本次册封，一方面是显示周王朝对东方征伐的威慑力量，建立起拱卫周王朝的东方屏藩；另一方面为了更好地加强对边鄙地域经营管理，实行对原殷人势力范围的所谓"安抚怀柔"方略。

🔲字，甲骨卜辞和金文中均常见，旧释宜，罗振玉始释为俎。本铭文中的🔲字，亦有"俎""宜"二说，唐兰先生初释宜，后改释俎，并举证确认此字在商周时只读俎音。俎字在金文中可用作名词、状词或动词。此处应当为地名，固定为名词。🔲的地理位置何在？释"宜"者有多种说法，或以为即该器出土地点长江以南镇江丹徒；或以为在周东都畿内之宜阳[13]；或以为指"周公之胤"的胙，今延津县北[14]；或以为在长江以北，今仪征一带[15]。释"俎"者认为根据此次册封的背景，🔲地必在东国，即大东范围之内，我同意这一看法。🔲，古国名，商代晚期的戍甬鼎（也称🔲子鼎）名"丁卯，王令🔲子逪（会）西方，于省。唯反（返），王赏戍甬贝一朋，用作父乙鼎。"[16]从会西方于省推定，俎地应在东方，可作本铭中俎的地点在东国的有力旁证。朱骏声《说文通训定声》[17]豫部谓租假借为俎，"俎""租"相通。谭戒甫[18]和王珲[19]先后对租地有详细的考订，俎地即是春秋时期的租，此地本是徐淮的屏障，由北往南的咽喉，处在原来殷人的政治势力圈内，距周公东征伐商奄和薄姑不远，因此，康王迁虎侯于俎，在东方布下了一步事关全局的政治棋子。这样，全铭前后呼应，解释得通。

虎侯一说是虎方臣服于周后袭旧封，为殷遗族；另一说是武王灭商后，封同姓诸侯于虎，如康侯、鲁侯之例。我认为前一种可能性大，虎侯是甲骨卜辞中所见的虎方，据中方鼎铭[20]，虎方曾受到周人的征伐，后来归顺于周。商周时期虎方地理位置，或以为在江淮流域，或以为在江汉及其以南一带，二种意见各有所据，理由充分，可暂存疑待考定，我认为或许从历史变迁和族属分化中能找到答案。本铭中所称的虎，其地域按理应与东国鄙相近，所以迁封避远就近。其地域当前一说为是。郭沫若先生《两周金文辞大系考释》[21]中指出"虎方，亦见卜辞，此属南国，当即徐方，徐、虎一音之转"。李白凤先生《东夷杂考》[22]中云："徐夷的名称……徐人自称为虎族，商人承之而称虎方，西周初叶周承殷制，故相沿未改"。并说其所在地域"大约相当于今安徽省泗县以北，到今江苏徐州一带，北邻大彭、郯、莒诸国，东南与淮夷毗邻"。若此说成立，则其地域确实在康王巡视东国鄙所经的线路之上。

铭文最后"虎公父丁陵（尊）彝"中"父丁"称谓，根据商周时期的谥法，"以天干称其父祖是商人的特点，周人没有这样的传统"[23]。印证俎侯应是商代的遗族，遵循的是殷人谥法系统的称谓。

册命赏赐的物品中商瓒，以往金文中见到圭瓒、璋瓒，商瓒属于孤例，陈梦家先生认为"商瓒是商的挹鬯玉具"[24]。用商的器物赐于俎侯，或许可以旁证俎侯与商的关系。

铭文册命仪礼的赏赐物品中，除鬯与商瓒以外，赏品的规格和层次差异十分明显。所赐兵器先彤弓、彤矢，后旅弓、旅矢，封畛有四项，目前可辨清的第一项川和第三项宅邑；授民有三等，"在宜王人""奠七伯"和"宜庶人"。

"赐在俎王人（十？）又七生"与"赐俎庶人六百又（十？）六夫"，前者"俎"前加"在"可能表明此王人并非俎地土著，后者直指此庶人为俎地原住民。"生"可假为"姓"，史颂鼎铭文[25]中"里君百生"即"里君百姓"，一姓代表一族。《尚书·君奭》"商实百姓王人，罔不秉德明恤"[26]，此（十？）七生（姓），当是百姓的一部分，《尚书·酒诰》[27]百姓属于内服，与百僚庶尹里君等并列，兮甲盘铭"[28]其佳（唯）我者（诸）侯，百生（姓）……"百姓与诸侯并称，可见其地位之重要。犹如分鲁侯以殷民六族，康侯以殷民七族，唐叔的怀姓九宗。孔颖达《左传·正义》疏曰："王人微者"，《释例》[29]"中士称名，下士称人"指王人是天子之下士。士属君子，身份是贵族，但是此士（王人）可赐，显然为没落贵族。这时，是姬周集团政治权力上升时期，不可能是该集团的没落贵族，因此，此处的王人应指殷王之人，属没落贵族，今转为被赏赐之民，册封所在地原属殷人政治势力圈内，这样的赏赐在情理之中，"王人"位于授民内容的首例，正说明其原有的地位和身份。

"奠七白"，白，同伯，训为长也，属管理一方的长官[30]。"奠"字有"郑"与"甸"二解。郑，有氏名，地名之分，在此用作地名，西周时期，地以郑名者很多，考其今在何处？本铭第四行第1字释虎者认为在今河南省境内新郑一带；释虎为虞者则认为其地在今陕西西周王朝老家凤翔一带。此段指的是郑地的七伯。奠假为甸，李学勤先生解释此段指在俎郊外之人，其官长有七。这两种意见都有一定理由，目前，在无其他出土文物资料和确凿史料印证的情况下，可存疑待考。

注释：

[1]陈邦福：《夨毁考释》，《文物参考资料》1955年第5期。

[2]谭戒甫：《周初夨器铭文综合研究》，《武汉大学人文科学学报》1956年第1期。

[3]唐兰：《西周青铜器铭文分代史征》，中华书局，1986年。

[4]陈梦家：《宜侯夨毁和它的意义》，《文物参考资料》1955年第5期。陈梦家：《西周铜器断代》（一），《考古学报》1955年第9期。陈梦家：《西周铜器断代》（四），《考古学报》1956年第2期。

[5]郭沫若：《夨毁铭考释》，《考古学报》1956年第1期。

[6]于省吾：《商周金文录遗》，科学出版社，1957年。

[7]五省出土重要文物展览委员会：《五省出土重要文物展览图录》，文物出版社，1958年。

[8]唐兰：《宜侯夨毁考释》，《考古学报》1956年第2期。

[9]白川静：《金文通释》，日本神户白鹤美术馆，1966年。

[10]曹锦炎：《关于宜侯夨簋铭文的几点看法》，《东南文化》1990年第5期。

[11]李学勤：《宜侯夨簋与吴国》，《文物》1985年第7期。

[12]陈梦家：《尚书通论》，中华书局，2005年。

[13]黄盛璋：《铜器铭文宜、虞、夨的地望及其与吴国的关系》，《考古学报》1983年第3期。

[14]岑仲勉：《宜侯夨毁铭试释》，《西周社会制度问题》，新知识出版社，1956年。

[15] 董楚平：《宜侯矢簋"虞"、"宜"考释》，《江海学刊》1987 年第 3 期。

[16] 郭沫若：《两周金文辞大系图录考释》，上海书店出版社，1999 年影印。

[17] 朱骏声：《说文通训定声》清刻本。

[18] 谭戒甫：《周初矢器铭文综合研究》，《武汉大学人文科学学报》1956 年第 1 期。

[19] 王珲：《西周春秋吴都迁徙考》，《历史研究》2000 年第 5 期。

[20] 郭沫若：《两周金文辞大系图录考释》，上海书店出版社，1999 年影印。

[21] 郭沫若：《两周金文辞大系图录考释》，上海书店出版社，1999 年影印。

[22] 李白凤：《东夷杂考》，齐鲁书社，1981 年。

[23] 彭裕商：《西周青铜器年代综合研究》，巴蜀书社，2003 年。

[24] 陈梦家：《宜侯矢毁和它的意义》，《文物参考资料》1955 年第 5 期。《西周铜器断代》（一），
《考古学报》1955 年第 9 期。《西周铜器断代》（四），《考古学报》1956 年第 2 期。

[25] 郭沫若：《两周金文辞大系图录考释》，上海书店出版社，1999 年影印。

[26]《十三经注疏整理本》整理委员会：《十三经注疏整理本》，北京大学出版社，2000 年。

[27]《十三经注疏整理本》整理委员会：《十三经注疏整理本》，北京大学出版社，2000 年。

[28] 郭沫若：《两周金文辞大系图录考释》，上海书店出版社，1999 年影印。

[29]《十三经注疏整理本》整理委员会：《十三经注疏整理本》，北京大学出版社，2000 年。

[30] 陈初生：《金文常用字典》，陕西人民出版社，1987 年。

（原载《南京博物院集刊（10）》，文物出版社，2008年）

宁镇区出土周代青铜容器的初步认识

宁镇低山丘陵地带（以下简称宁镇区），指江苏南部茅山山脉以西和安徽东南境。宁镇区濒临长江，处在我国古代南北、东西交往的东南前沿，当属一条重要的文化走廊。这里仅就宁镇区出土周代青铜容器作初步分析。

一 青铜器的发现与分布

中华人民共和国成立以前，仪征破山口曾经出土过四十余件，但调查和清理已是中华人民共和国成立后的事[1]。20世纪50年代初，丹徒烟墩山出土十余件，宜侯矢簋的发现引起了史学界和考古学界的注意[2]。嗣后，安徽屯溪铜器墓的发掘，填补了我国青铜器发现区的空白[3]。60年代中期，六合程桥1号墓的"攻敔"编钟，是在江苏境内首次发掘出土的带铭吴器，该墓曾被推定为吴国墓葬[4]。70年代以来，较突出的是土墩墓内青铜器的出土[5]。此外，还有一些零星发现[6]。

这些发现，大体可以归纳为三种情况：

第一种：墓葬出土的青铜器，并伴出其他共存遗物。包括溧水乌山1、2号墓（简称乌M1、乌M2），句容浮山一号墩8号墓，丹徒磨盘墩周墓（简称磨M）[7]，六合程桥1、2号墓（简称六M1、六M2）[8]，六合和仁东周墓（简称六和M）[9]，丹徒粮山东周墓（简称粮M）[10]，以及安徽屯溪1、2号墓（简称屯M1、屯M2）。

第二种：成组出土的青铜器，均为墓葬或窖藏遗物。包括丹徒烟墩山组（简称烟组），仪征破山口组（简称破组），江宁陶吴组（简称陶组）[11]，丹阳司徒组（简称司组）[12]，高淳下大路组（简称下组），溧水宽广墩组（简称宽组）[13]，高淳里溪组[14]，浦口长山子组（简称长组）[15]，以及安徽繁昌组（简称繁组）[16]。

第三种：零星出土的青铜器。其中，经调查或清理，属于无其他遗物同出的单独青铜器，有江宁横溪铜铙、甬钟[17]，陶吴铜戈[18]，胭脂村铜鼎[19]，溧阳许大山界铜盘。出土地点大体清楚，未经详细调查的有高淳凤山铜鼎、句鑃[20]，双塔贺家铜鼎，青山铜鼎，青山茶场句鑃、甬钟，东坝铜簋，顾陇松溪句鑃，丹徒辛丰铜盘，金坛薛埠铜鉴，南京栖霞铜壶[21]。一部分征自收购站，应属当地出土的，以兵器戈、剑、矛和工具锛、斧、削、镰形锯为多，青铜容器有丹阳簋[22]、溧水卣、簋，句容鼎等。

江苏境内出土青铜器比较集中的有三个区域：长江南岸丹徒谏壁、大港一线，南京市西南郊陶吴、横溪一线，溧水、高淳两县相交的丘陵地带。据1957年普查资料，前两个是湖熟文化遗址分布密集区：谏壁大港沿江有遗址十六处，陶吴附近有遗址九处。遗址内曾出土过青铜容器残片，如南京安怀村[23]、江宁胭脂村都曾出过铜鼎（包括残片）。后一个是土墩墓成群分布区，土墩墓内不止一次发现过铜器。因此，三个区域青铜器发现较多，应与附近遗址、土墩墓分布密集有直接的关系。

二　青铜器的基本面貌

宁镇区周代青铜器外观颜色有青绿和灰绿两种，前者部分颜色较深，近乎黑色，胎壁较厚；后者一般胎壁较薄。

安徽屯溪和江苏金坛出土的青铜器（或块），曾作过光谱分析[24]。溧水宽广墩的铜卣，南京地质矿产研究所也作过光谱定性、半定量分析。三者所得数据见表一。

金坛铜块经首钢中心化验室化学定量分析：含铜58.83%、铅39.16%、锡微量。该铜块置于陶罐内，应是冶铸铜器的原料。溧水铜卣和屯溪卣（1∶94）的纹饰地方特征很明显，应是当地所铸的铜器。而屯溪尊（1∶90）无论器型、纹饰以及铭文都具有中原铜器的特点。分析结果表明，宁镇区带地方特色的青铜器成分，含铅量居于第二位，或者占相当的比重。相反，同期典型的中原铜器则含铅量很少。这里铸造的青铜器大概不少是属于铅青铜范畴的器物。从郑州和湖北盘龙城出土的商代中期的青铜器铅的含量较大[25]来分析，含铅量的多少可能与原料产地或者铸造技术有关。

表一

含量　样品　成分	铜（Cu）	铅（Pb）	锡（Sn）	锌（Zn）	锑（Sb）	银（Ag）
金坛铜块	>50%	30%～50%	微量		微量	微量
溧水铜卣	>0.3	>0.3	>0.1	0.3	0.1	>0.01
屯溪卣（1∶94）	主要	多量	大量	0.03%	0.03%	多量
屯溪尊（1∶90）	主要	少量	大量		0.03%	多量

这里铜器的铸造方法，从器表观察，一般都是合范通体浑铸而成。三足器从口、颈、腹、足三分分范，披缝明显，器底有三角形合范的披缝。簋、尊对开分范。浇口和冒口都设在器底或器足下。也有一部分铜器使用分铸法，即先铸好分件，如簋的双耳、卣的提梁、匜的兽錾，然后再与主体部分合铸而成。一般多印铸单层的简单花纹，即使印有地纹，也是零乱不清。主体花纹的上下用连珠纹、锯齿纹和几何线纹作为界纹。

总的来说，宁镇区周代青铜器的铸造工艺完全是中原商代以来通常使用的方法，而从成分、界纹来看，更多保留了商代中期的特点。这里不少铜器制作极其粗糙，表面灰暗，披缝清晰，显然未经任何打磨修饰，大致是专用来陪葬的器物。

三　主要容器类型的区分

在所归纳的第一、二两种二十组（M）铜器中，除句容浮山、高淳里溪属兵器外，其余十八组（M）都出数量不等的青铜容器，其中鼎、甗、鬲、簋、尊、卣、盘、匜和盂较习见。据统计，炊器鼎十六组、甗三组、鬲四组；食器簋五组；酒器尊六组、卣四组；水器盘六组、匜六组、盂四组。其他还有觥、盉等，但所占数量很少。同类器物形制、纹饰各有特点，且分属于不同的组（M），显然，这种差异表示它们存在着时间早晚的不同。现选主要容器作一比较，看其演变情况。

1. 鼎

数量最多，形制复杂，不少底部有烟炱痕迹，当为实用器，计有方鼎、圆鼎、小鼎、小口鼎等。

一种为方鼎，分为两式：

Ⅰ式：出于乌M2，直耳，柱足，四角起扉棱，腹饰云雷纹。安徽屯溪亦有出土，唯其纹饰为夔纹[26]。

Ⅱ式：出于繁组，直耳，蹄足，有盖，腹饰乳丁纹。

一种为圆鼎，可分四式：

ⅠA式：出于乌M1、烟组、破组、屯M1（原报告Ⅰ式）、陶组，立耳，敛口，折沿，方唇，腹较深，下腹稍垂，底近平，椭圆柱足，颈带纹饰有云雷纹、兽面纹和变体夔纹。此式一般体态凝重，也有少数如屯M1、陶组的形制虽同，但体态轻薄，时代可能偏晚。

ⅠB式：出于破组，索状立耳，敛口，圆角三角形口，卷沿，下腹略垂，平底，椭圆柱足稍内倾，颈带凸弦纹（图版八，1）。

ⅠC式：出于司组（原报告Ⅰ、Ⅲ式），立耳或附耳，敛口，深腹，下垂腹，短柱足或锥足，颈带饰弦纹、乳丁等。

ⅡA式：出于繁组（原报告Ⅳ式）、长组，立耳，折沿，半球形腹，蹄足，颈带饰重环纹或"顾龙"纹。

ⅡB式：出于繁组（原报告Ⅲ式）、司组（原报告Ⅳ式），基本与ⅡA式相同，唯作兽首蹄足，兽首有扉棱，颈带云雷纹或"顾龙"纹。

ⅡC式：出于司组（原报告Ⅴ式），基本与ⅡA相近，唯附耳，腹仅一道弦纹。有的征集品，腹部饰重回纹（图版八，2）。

ⅢA式：出于下组、宽组，形制与Ⅱ式相仿，唯腹稍浅，颈带饰平行条纹或"顾龙"纹。

ⅡB式：出于司组（原报告Ⅱ式），直耳外撇，半球形浅腹，蹄足内聚，颈带饰云纹。

ⅢC式：出自高淳凤山，同出句鑃，直耳外撇，半球腹，兽首蹄足，颈带饰蟠虺纹，腹下饰蝉纹（图版八，3）。

ⅣA式：出于六M2、粮M，附耳，子母口，带盖，深腹，蹄形高足，腹饰雷纹和蟠螭纹。

ⅣB式：出于六M1、粮M、六和M，立耳，侧面索状，折沿，浅腹，圜底，蹄形高足，稍外撇，素面。

一种为小鼎，分两式：

Ⅰ式：出于烟组（包括附坑），小兽立耳，敞口小盆，外撇扁圆足，根部外突似兽面。

Ⅱ式：出于屯M1（原报告Ⅱ式），浅腹如盘，圜底，足部上粗下尖，外撇足，饰夔纹。

另外，繁组出一件小口，扁腹，带盖，蹄足鼎（原报告Ⅱ式），形制特殊。

2.甗

均上下一体铸成，可分三式：

Ⅰ式：出于破组，索状直耳，桃圆形口，腰内设活动算，与腹部相连可启闭，算有五个十字形孔，腰外有圆泡，颈带饰兽面纹，足根为饕餮面（图版八，4）。

Ⅱ式：出于繁组，长方立耳，圆口，腰内侧有隔，颈带为斜角云纹，鬲足饰兽面纹。

Ⅲ式：出于粮M，环状立耳，圆口，上甑下釜合成，腰部有进水注口，内侧有八个半圆形托，以承接算子。

3.鬲

分有耳与无耳两种。

一种为双耳鬲，可分两式：

Ⅰ式：出于烟组、破组、陶组，直耳或侈耳，袋足较深，肩微折，颈带饰弦纹或涡纹。

ⅡA式：出于长组（原报告Ⅱ式之一），附耳，斜肩，直腹，平裆，柱足，颈带饰重环纹，足部阴刻兽面。

ⅡB式：出于长组（原报告Ⅱ式之二），附耳，侈口，平裆，兽蹄足，腹饰垂鳞纹。

一种为无耳鬲，可分两式：

Ⅰ式：出于破组，敛口，侈沿，高袋足，弧裆，沿内有箍一周，上可搁置容器，应是甑（盆）、鬲分铸甗的下部，素面，腹有独环。

Ⅱ式：出于长组（原报告Ⅰ式），敛口，侈沿，袋足较深，弧裆，沿面有四个十字形刻纹，据甗算常作十字形孔推测，此十字形刻纹可能表示其上可搁置容器。亦应是分铸甗的下部，颈带饰重环纹。

4.簋

有高圈足与矮圈足之别，高圈足簋数量很少，宜侯夨簋是典型高圈足，司组一件（原报告Ⅰ式）圈足亦较高。矮圈足簋形制复杂，数量较多，可分三式。

ⅠA式：出于屯M1，扁圆腹，矮直领，双环耳，背附镂孔夔纹，腹饰方格乳丁纹。

ⅠB式：形制与ⅠA式相同，唯其双夔形耳有珥，腹饰几何线纹和平行线纹，颈与圈足饰简化云纹，很有地方特色，发现于安徽屯溪[27]。

ⅡA式：出于繁组、司组（原报告Ⅴ式），扁体，卷沿，环形或套环形双耳，腹和圈足饰变体夔纹和几何线纹。

ⅡB式：出于司组（原报告Ⅱ、Ⅲ式），基本与ⅡA式同，唯双耳作夔兽，腹饰变体夔纹、乳丁纹，连珠纹作界带。此外，一件无耳，底有半圆形环，出自司组（原报告Ⅵ式）。

Ⅲ式：出于宽组，扁体，卷沿，具对称的四个云形耳，圈足下有三扁足，沿面印云纹，几何线纹作界带，腹饰刺状变体夔纹或几何线纹。

5.尊

有三段式与垂腹式两种。

一种为三段式尊，可分四式：

ⅠA式：出于破组，中腰鼓腹，具瓦纹，饰条状云纹。

ⅠB式：出于屯M1（原报告尊之一），折肩，腹饰饕餮、凤鸟纹，内底有铭文。

Ⅱ式：出于屯M1（原报告尊之二），扁圆腹，颈、足饰弦纹，腹饰纤细的变体夔纹。

Ⅲ式：出于磨M，中腰折肩，扁腹，沿下附环状独耳，颈、足饰弦纹，腹以连珠纹为界，饰雷纹，间以四乳丁。

ⅣA式：出于下组，扁腹，器身较矮，腹有对称连环耳，颈、腹、圈足以连珠纹为界，饰变体夔纹。

ⅣB式：出于屯M2、司组（原报告Ⅲ式），折腹，颈、足以锯齿纹、连珠纹、几何线纹为界，腹饰刺状变体夔纹。此式尊江苏武进淹城、吴江九里湖亦曾出土。

一种为垂腹尊，可分两式：

Ⅰ式：出于破组，颈带宽弦纹，饰雷纹与小兽面。

Ⅱ式：出于司组（原报告Ⅰ式），侈口，饰回首凤鸟。

此外，司组还出过一种矮体尊（原报告Ⅱ式）。

6. 铜卣

可分两式：

Ⅰ式：出于乌M2、屯M1，椭圆体，垂腹，盖顶纽状球，腹以连珠纹为界，饰变体夔纹、凤鸟纹、云纹、弦纹，扁提梁，两端作牛首或双角兽面。安徽屯溪曾出土过一件纹饰精美的凤鸟纹卣[28]。

Ⅱ式：出于宽组，椭圆体，垂腹，腹以连珠纹为界，几何线纹为地，纹饰主体为简化兽面状，中央铸一"蛙"形动物，扁提梁，两端为双角兽面。在溧水还征集到一件类似纹饰的铜卣。

7. 盘

按器耳分为长方扁耳和环状耳两种。

一种为扁耳盘，可分两式：

ⅠA式：出于乌M2、烟组，附耳，高圈足，颈带为连珠纹，腹饰变体夔纹。

ⅠB式：出于烟组、破组、屯M1以及司组（原报告Ⅱ、Ⅲ式），附耳与口沿平齐，颈带为连珠纹，腹饰变体夔纹、雷纹、云纹、乳丁，少数素面，器耳附贴于器壁，徒具形式。

Ⅱ式：出于许大山界，浅盘，附耳，圈足下有三矮扁足，腹部以几何线纹、连珠纹为界，饰刺状变体夔纹。

一种为环耳盘，可分两式：

Ⅰ式：出于破组，圈足稍高，颈带、圈足皆饰夔纹，沿面鳞纹，盘内底饰蟠龙纹和蚕纹，周壁鱼纹。

Ⅱ式：出于繁组，形制同Ⅰ式，唯盘内无蚕纹。

此外，破组出一件四凤大盘。

8.匜

可分四式：

Ⅰ式：出于陶组、宽组，流部上翘，流下有支钉，深腹圜底，流与底成弧线相连，尾部有錾，蹄足较高，饰夔纹、"顾龙"纹或卷云纹。

Ⅱ式：出于磨M，瓢状，流部上翘，底近平，浅腹，尾部具伏兽錾，兽首与口沿相平，流与底成斜线相连，三矮蹄足，腹饰"顾龙"纹与云纹。

Ⅲ式：出于宽组，折沿，浅盘，平底，短流上扬，矮蹄足，饰变体夔纹。同样器形武进淹城出土过一件，唯腹饰几何线纹。

Ⅳ式：出于六M1、六M2和六和M，短流，瓢状无足，平底，尾有小环，流部及内壁均刻纤细的人物、动物。

9.盂

可分两式：

Ⅰ式：出于烟组，附长方扁耳，侈口，圈足，饰变体夔纹。

Ⅱ式：出于宽组，索状附耳，腹饰垂鳞纹，界以锯齿纹，圈足上有几何线纹。

宁镇区周代青铜容器形制的变化，主要表现在足、腹、纹饰上，现将其演变状况概述一下：

方鼎：柱足—蹄足，有扉—无扉，无盖—有盖，云雷纹、夔纹—乳丁纹。

圆鼎：深垂腹、底近平—深圆腹—半球形腹，椭圆柱足—蹄足、兽面足—兽面高蹄足，柱足—聚腹足—外撇足，兽面纹—重环纹、"顾龙"纹—几何线纹—蟠螭纹。

矮圈足簋：矮直领—卷沿，扁体夔形耳—套环耳，无附足—附三扁足，方格乳丁纹、变体夔纹—几何线纹。

三段式尊：高筒—矮筒，饕餮纹、云纹—雷纹—刺状变体夔纹，无耳—套环耳，颈、足弦纹带—几何线纹、锯齿纹带。

盘：无附足—附三扁足，变体夔纹—刺状变体夔纹。

匜：瓢状长流、深腹、流腹弧线相连、圜底—瓢状长流、流腹斜线相连、平底—盘状短流、平底，瓢状三足—瓢状无足，内壁无刻纹—有刻纹。

盂：长方形附耳—索状附耳，变体夔纹—细密垂鳞纹。

综上所述，鼎、匜变化最明显，基本与中原同类器的演变脉络一致，其他容器，更多体现在纹饰变化上。

四　两种因素的探析

李学勤同志指出："长江下游的青铜器在商代受到中原文化的很大影响，西周以后逐渐创造自己独特的传统，并与长江中游渐行接近。到春秋末年比较统一的南方系的青铜器型式，可以说已经形成了"[29]。刘兴同志也在这方面作过具体探讨。这些都给我们探析宁镇区周代青铜容器的两种因素，即中原与地方因素以启发和帮助。

首先，应当指出，宁镇区青铜器的出现，并非很晚。曾昭燏、尹焕章两同志在《江苏古代史上的两个问题》一文中，曾详细论证冶铸铜器技术由中原传到江南的时间大致在殷商前期[30]。当时限于资料，这里所指的殷商前期，即现在被认为的商代中期。近年来，在江宁点将台、句容孙头山等湖熟文化遗址下文化层中发现的小件铜器，以及通常被认为冶铜工具的厚胎陶缸和仿铜器的饕餮纹陶片（图一）[31]的出土，充分证明宁镇区青铜器的铸造肯定是受中原商文化的影响而产生的，时间约当商代中期。

图一　饕餮纹陶片

商代到周初，这里冶铸铜器还不十分发达，迄今发现这阶段的铜器很少，而发现的多属西周中期以后的铜器。从其特征分析，可以分成三组。

1.甲组，中原型铜器

所谓"中原型"是指型、纹和铭文都与中原习见的铜器特征完全一致，它们可能由于某种人为原因直接来自中原，也可能是当地仿制的，特别明显的是形制极小的仿中原铜器，例如安徽屯溪奕棋出的铜盉，与陕西出的相同，但其形制很小。当然，同样的器物，仿制的在时间上相对要晚一些。

最典型的三件带铭铜器，烟墩山宜侯矢簋、屯溪"闭父乙"尊、破山口"子作父宝"鼎[32]，无论从造型风格、纹饰特征、铭文书写位置和体例上看，都可被认为是中原的产品。

破组铜器比较突出，ⅠB式鼎与传世的鼒鼎、《美帝国主义劫掠的我国殷周铜器集录》（下称《集录》）中的A86鼎相同。Ⅰ式甗与传世的父庚甗、《集录》中的A134夨甗以及长由墓[33]出的甗形制接近。Ⅰ式垂腹尊与史丧尊相同。Ⅰ式环耳盘与长由墓出土的盘相仿。

ⅡA式鼎与传世的毛公鼎、善夫伯辛鼎、中义父鼎形制、纹饰相同。ⅠA式鼎与传世的刺鼎、嬴鼎以及长由墓出的补号鼎基本形制相同。ⅡC式鼎与上村岭M1744∶2鼎相同[34]。ⅢB式鼎与洛阳中州路M2415鼎相同[35]。Ⅳ式鼎与中原习见的春战之际高蹄足带盖蟠螭纹鼎相同。

总的说来，甲组铜器以鼎占有主导地位，其他器型较少。

2.乙组，地方化了的中原型铜器

所谓"地方化"指模仿中原型的铜器，但都经过改造，尤其纹饰变化显得十分突出。型的改造，如环耳簋、环耳尊、假耳铜盘。

中原西周至春战时期最常见的饕餮纹、夔纹、云雷纹、凤鸟纹、鸟纹、窃曲纹、重环纹、环带纹、垂鳞纹、"顾龙"纹、蟠螭纹，在宁镇区青铜器上都能见到，其中饕餮纹、窃曲纹较少见。有些纹饰作风似同中原，若加仔细比较，差异很大。诚然，它脱胎于中原纹饰，实际上已是同类纹饰的变种，主要有如下几种：

夔纹：中原西周中期以后，已演变为回旋式的S形体态。宁镇区变种较多（图二），最常见的一种以往称为纠结草叶纹，从其主体单元S形，结体卷叶刀形来看，除缺首、尾外，跟典型的夔纹相仿，这种纹饰在宁镇区陶器纹饰上找不到

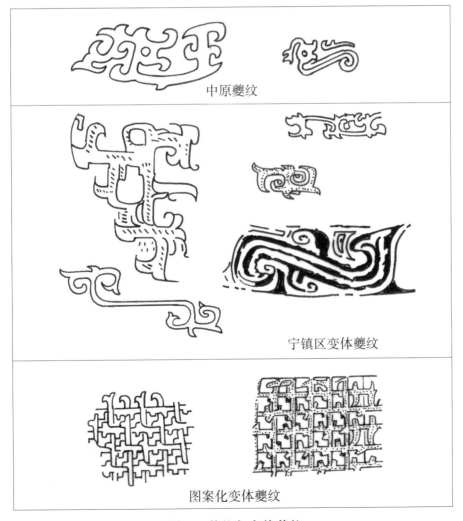

中原夔纹

宁镇区变体夔纹

图案化变体夔纹

图二　夔纹与变体夔纹

借鉴。因此，我们认为，它应源于夔纹，称变体夔纹更合适些。由它演变成图案化的变体夔纹，直到刺状变体夔纹（也称刺状蟠螭纹）。

饕餮纹：宁镇区青铜器上有简化的兽面，溧水铜卣、宽广墩卣左右各一组"大字形"简化兽面，中间铸"蛙"形动物（图三）。"蛙"形动物在屯M2以及广西恭城秧家铜尊上都见到，它处于器物中心位置，显然不像是普通的装饰性花纹，而可能是与族属有关的标志。

凤鸟纹：中原出土的丰尊，饰典型的凤鸟纹，凤鸟两两对峙，垂冠分尾，喙部相对，体态稳定。司徒尊、屯溪卣的凤鸟已作回首，顶有"箭"形冠，鸟身反弹。

鸟纹：有短尾、长尾之分，破组出的盉上铸有阴线的鸟纹，为以往所不见（图四）。

垂鳞纹：中原所见垂鳞较宽，一般三层，宽广墩铜盉垂鳞细窄，共有七层。

几何线纹：是宁镇区青铜器的特色之一（图五）。它应该来源于本地陶器上的几何印纹。最早见到的是烟组角状器上的菱形纹和折线纹，后来发展到屯溪ⅠB式簋上的几何线纹，线条上下、左右对称。

3.丙组，地方型铜器

所谓"地方型"指基本形制、纹饰都不同于中原的铜器，屯M1的五柱器、撇足鼎，烟组的角状器、鬲，烟附坑的撇足鼎，破组的高档袋足独环耳鬲以及这

图三　饕餮纹

图四　阴线鸟纹

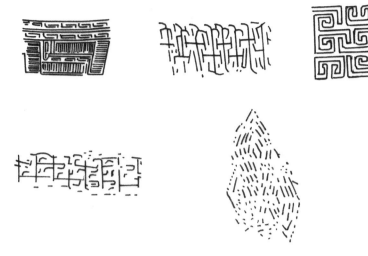

图五　常见的几何线纹

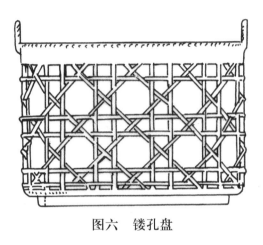

图六　镂孔盘

里较常见的乐器句鑃等都属地方型铜器。还有一件饶有特色的镂孔盘（炉）（图六），宽组出，半环索状立耳，深盘，盘壁为窗格形镂孔，此窗格镂孔与印纹陶上的窗格纹完全一样。

甲、乙、丙三组铜器，甲组所占比重较大，乙组也有相当数量，丙组数量最少，且多为特殊器物，这或可说明，这里的青铜器源于中原，或者是当地模仿中原的铜器。

当然，除了中原影响外，也有其他文化的影响，如粮M Ⅳ式鼎具有楚器的风格。繁组小口鼎这样的器型，湖北望山M1、寿县蔡侯墓中都出土过，而以繁组小口鼎时间最早。Ⅲ C式鼎纹饰特征和布局与安徽六安出土的春秋蝉纹鼎完全一致[36]。

引人注意的是长江南、北还有所不同，江北两组（破、长）更多体现中原铜器风格，地方特色相对少些，江南的各组地方特色更浓一些。

五　分期与时代推定

前已指出，宁镇区发现的商代、周初铜器很少，只有溧阳夏村铜爵、尊，江宁三羊罍，句容葛村铜钺，横溪铜铙等几件。确定为战国中、晚期的也不多，如金坛薛埠鉴、南京栖霞壶以及一部分兵器。限于掌握的材料，我们讨论的范围，只好局限在上述两个历史阶段之间（表二）。

根据器物形制和纹饰的变化规律，参照中原同期铜器分期的标准，宁镇区十八组铜容器，大体可以分成三期（图七、八、九）。三期中第一、二期又可分前、后两段。

各期特点是：

第一期：器型较凝重，中原型的铜器较多，且多见中原西周早期铜器，纹饰以夔纹、变体夔纹为主，在主题纹饰周围衬以地纹，出少量带铭铜器，地方色彩的铜器已经出现，数量不多。

图七　第一期主要铜容器

Ⅰ A式鼎　1.（烟）　2.（乌M1）　3.（屯M1）　4.Ⅰ式方鼎（乌M2）　5.Ⅰ A式殷（屯M1）　6.Ⅰ A式扁耳盘（烟）　7.Ⅰ A式　三段式尊（破）　8.Ⅰ式匜（陶）

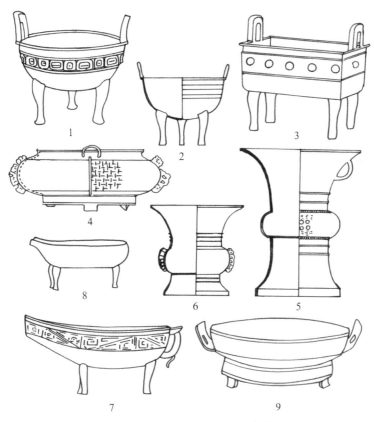

图八　第二期主要铜容器

1.ⅡA式鼎（繁）　2.ⅢA式鼎（下）　3.Ⅱ式方鼎（繁）　4.Ⅲ式段（宽）　5.Ⅲ式尊（磨）　6.ⅣA式尊（下）
7.Ⅱ式匜（磨）　8.Ⅲ式匜（宽）　9.Ⅱ式扁耳盘（许大山界）

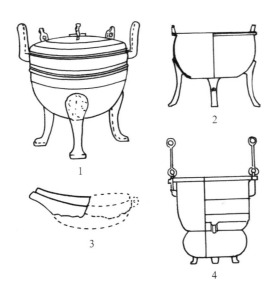

图九　第三期主要铜容器

1.ⅣA式鼎（粮）　2.ⅣB式鼎（和仁）　3.Ⅳ式匜（和仁）　4.Ⅲ式甗（粮）

表二

分 期		组（M） 名
第一期	前段	乌M1、乌M2、烟组（包括附葬坑）、破组
	后段	屯M1、陶组
第二期	前段	繁组、磨M、长组、司组
	后段	宽组、屯M2、下组
第三期		六M1、六M2、六和M、粮M

第二期：器型日趋轻巧，地方色彩的铜器很突出，中原早已绝迹的尊、卣，这里继续存在，几何线纹盛行，"顾龙"纹常见，变体夔纹向图案化发展。

第三期：器型已具楚风格，容器与兵器相比较，出土的兵器占突出地位，纹饰以蟠螭纹、图案形雷纹为主，发现带铭吴器。

宁镇区的青铜容器，尽管鼎、簋常出，但没有严格按照中原一套"礼制"配置，至于配置状况，一般鼎、簋、尊、盘、匜常出。

三期的时代，除一期宜侯矢簋和三期"攻敔"编钟有铭可考外，其他均无可考的铭文。

第一期宜侯矢簋的时代，学术界多所探讨，有成王说、康王说、昭穆说。从同出的鼎、盂、盘和原始瓷器的器型特征、纹饰来看，具有更多西周中期以后的风格。破组铜器大多是西周中期的器物，其中一件兵器（可能是剑）端部铸有一人头（图一〇）；同样作风的器物，商末、周初已有发现[37]，到上村岭虢国墓M1721：17铜戈上还有相仿的人头，虢国墓地的年代属西周晚到东周早期。屯M1的原报告从铭文、纹饰、冶铸、器形、器类多方面分析，认为这批铜器的年代，相当于中原西周中期到晚期，这个意见是有道理的。

第三期六M1与"攻敔"编钟同出的其他器物风格、时代都比较接近，但"吴"器在中华人民共和国成立后屡有出土，大都发现在战国早、中期墓葬内，所以不能单纯以带铭"吴"器即断定此为吴墓。若将出土的鬲和麻布纹贯耳小罐与湖北出的楚式鬲、太湖区麻布纹罐比较，形制十分接近，后者已经迟至战国早期。因此，在没有更多资料发现以前，宜将三期的年限放宽，定在春秋末战国初。

第一、三两期的相对年限确定以后，余下第二期的年代只可能在春秋阶段。

长组原报告定为西周晚到春秋早，繁组原报告定为春秋早期，其说可信。司组出土的器物时代差距较大，有人将它的上限定为春秋中期，从ⅢA式鼎和ⅣB式三段式尊特征看，这样断代是确切的。

关键在于宽组、下组，根据器型、纹饰将其列在二期后段。高淳顾陇一带常

图一〇　剑

出句鑃，句鑃，在历史上是吴、越两国带特色的乐器。传世姑冯句鑃、其龙句鑃都是春秋晚期的器物。1977年，浙江绍兴出土两件配儿句鑃，钲部饰图案形T字云纹[38]。高淳凤山出土的句鑃钲部纹饰与此相同，可以作为断代的根据之一。用句鑃作为媒介，来探讨宽组的年代，宽组铜器上的几何线纹在安徽屯M2ⅣB式尊上能见到，两者年代大体一致。武进淹城同层位出土过一批风格接近的铜器[39]，包括尊、匜、匜盘、三轮盘、句鑃等。句鑃与上面所述带铭句鑃形制相同，唯无纹饰，它们的时代应该大体一致，与此句鑃同出的尊，形制与屯M2的完全相同，似出自一模。有意思的是淹城的匜盘形制、色泽竟与宽组出的Ⅲ式匜几乎完全一致。宽组Ⅱ式盂鳞纹与淹城匜盘鳞纹相同。镂孔盘的窗格纹又与春秋中期印纹陶上的窗格纹一致。几者联系起来看，宽组的时代可以定在春秋中期左右。

综上所述，一期为西周中至西周末；二期为春秋时期；三期为春秋末至战国早期。

注释：

[1] 王志敏等：《介绍江苏仪征过去发现的几件西周青铜器》，《文物参考资料》1956年第12期。
尹焕章：《仪征破山口探掘出土铜器记略》，《文物》1960年第4期。

[2] 江苏省文物管理委员会：《江苏丹徒县烟墩山出土的古代青铜器》，《文物参考资料》1955年第5期。江苏省文物管理委员会：《江苏丹徒烟墩山西周墓及附葬坑出土的小器物补充材料》，《文物参考资料》1956年第1期。

[3] 安徽省文化局文物工作队：《安徽屯溪西周墓发掘报告》，《考古学报》1959年第4期。

[4] 江苏省文管会：《六合程桥东周墓》，《考古》1965年第3期。

[5] 刘兴等：《江苏溧水发现西周墓》，《考古》1976年第4期。镇江市博物馆：《江苏溧水乌山西周二号墓清理简报》，《文物资料丛刊》第2期。南京博物院：《江苏句容浮山果园西周墓》，《考古》1977年第5期。

[6] 刘兴：《镇江地区近年出土的青铜器》，《文物资料丛刊》第5期。南波：《介绍一件青铜铙》，《文物》1975年第8期。

[7] 见《文汇报》1982年4月17日报道。

[8] 南京博物院：《江苏六合程桥二号东周墓》，《考古》1974年第2期。

[9] 吴山菁：《江苏六合和仁东周墓》，《考古》1977年第5期。

[10] 镇江市博物馆：《江苏丹徒出土东周铜器》，《考古》1981 年第 5 期。

[11] 李蔚然：《南京发现周代铜器》，《考古》1960 年第 6 期。

[12] 镇江市博物馆：《江苏丹阳出土的西周青铜器》，《文物》1980 年第 8 期。

[13] 南京博物院与镇江市博物馆资料。

[14] 江苏省文物管理委员会：《江苏高淳出土春秋铜兵器》，《考古》1966 年第 2 期。

[15] 南京市文物保管委员会：《南京浦口出土一批青铜器》，《文物》1980 年第 8 期。

[16] 安徽省文物工作队：《安徽繁昌出土一批春秋青铜器》，《文物》1982 年第 12 期。

[17] 南京博物院资料。

[18] 南京博物院：《南京博物院藏青铜器》，文物出版社，1977 年。

[19] 尹焕章、张正祥：《宁镇山脉及秦淮河地区新石器时代遗址普查报告》，《考古学报》
　　　1959 年第 1 期。

[20] 南京博物院资料。

[21] 南京博物院资料。

[22] 南京博物院资料。

[23] 南京博物院：《南京安怀村古遗址发掘简报》，《考古通讯》1957 年第 5 期。

[24] 刘兴：《谈镇江地区出土青铜器的特色》，《文物资料丛刊》第 5 期。

[25] 安志敏：《中国早期铜器的几个问题》，《考古学报》1981 年第 3 期。

[26] 刘和惠：《荆蛮考》，《文物集刊·3》，文物出版社，1981 年。

[27] 夏鼐：《巴黎、伦敦展出的新中国出土文物展览巡礼》，《考古》1973 年第 3 期。

[28] 胡文：《安徽屯溪奕棋又出大批西周珍贵文物》，《文物》1965 年第 6 期。

[29] 李学勤：《从新出青铜器看长江下游文化的发展》，《文物》1980 年第 8 期。

[30] 南京博物院：《江苏省出土文物选集》，文物出版社，1963 年。

[31] 南京博物院资料。

[32] 扬州市博物馆资料。

[33] 陕西省文物管理委员会：《长安普渡村西周墓的发掘》，《考古学报》1957 年第 1 期。

[34] 中国科学院考古研究所：《上村岭虢国墓地》，1959 年。

[35] 中国科学院考古研究所：《洛阳中州路》，科学出版社，1959 年。

[36] 安徽省文物工作队：《安徽文物考古工作新收获》，《文物考古工作三十年》，文物出版社，
　　　1979 年。

[37] 马承源：《中国古代青铜器》，上海人民出版社，1982 年。

[38] 绍兴市文管会：《绍兴发现两件句鑃》，《考古》1983 年第 4 期。

[39] 倪振逵：《淹城出土的铜器》，《文物》1959 年第 4 期。

（原载《中国考古学会第四次年会论文集》，文物出版社，1985年）

高邮天山二号汉墓"题凑"涂料的穆斯堡尔谱学研究及其墓室环境演变过程

摘要

本文通过穆斯堡尔谱、扫描电镜、偏光显微镜、单项化学分析及光谱半定量全分析等测试手段，对涂料的矿物组成和元素组合进行全面系统的研究。结果表明，原始涂料的矿物组成不是现存隐晶黄铁矿、水针铁矿、铵基苯石、石膏等矿物组合，而是含褐铁矿的黄色土状物，是一种黄色涂料，不具防腐功能。对穆斯堡尔谱图进行拟合表明，乃是两种含铁矿物的贡献，其参数值分别是：$\delta_1 = 0.35$ 毫米/秒，$\triangle_1 = 0.51$ 毫米/秒以及 $\delta_2 = 0.36$ 毫米/秒，$\triangle_2 = 0.82$ 毫米/秒。由文献推荐及自存的标准样品谱数据对照，前者是水针铁矿（r-FeOOH），后者是黄铁矿（FeS_2）。此外，为了进一步研究原始涂料的物质组成，我们把市场上用作油漆染料的胭黄进行穆斯堡尔谱研究，结果仍然是水针铁矿，这表明胭黄的黄色是由于存在染色离子铁之故。依据矿物组合、生成顺序、溶蚀现象及集合体形态等特征，初步追索汉墓内介质条件的演化史，依次经历如下四个阶段：（1）墓葬初期为氧化环境；（2）墓葬主要时期为还原环境；（3）盗墓期间，曾一度转为氧化环境；（4）后期重新转入还原环境。为研究古墓及古墓内文物的保存提供了矿物学方面的若干信息。

一　绪言

高邮天山二号汉墓位于江苏高邮县天山公社。于1979年开山时发现，1980年9月开始发掘，经过一年零八个月的清理，工作基本结束。

二号墓属大型岩坑竖穴"题凑"（"题凑"《吕氏春秋——孟冬记》中说："题凑之室，棺椁数袭，积石积炭，以环其外"。（汉）高诱注曰："室，椁藏也；题凑，复垒也。"）木椁墓，时代约西汉中晚期，距今二千余年，木椁外积炭经碳-14测定，其年代为$2235 \pm 77BP$（树轮校正）。初步考证，墓主人可能是西汉广陵国第一代厉王胥的夫人。

发掘前，墓顶有覆斗形夯打过的封土，高5米，从封土顶到岩坑底深26米，坑内是经过层层夯打的填土，上部为黄褐色，负10米以下为青灰色黏土，"题凑"外围有一层厚达0.3～0.45米的保护层，由芦苇、竹子、木炭、青灰黏土组成。"题凑"是这座墓葬的主体部分，基本上属于我国南方木结构特征的井干式封闭建筑，外观体形庞大、方整厚重，体如城郭、平面呈长方形，南北长13.52、东西宽11.06、高4.6米，可以称作一座汉代的"地下宫殿"。史料上早有"黄肠题凑"的记载，根据苏林（三国时魏人）对《汉书·霍光传》中关于"黄肠题凑"一词的注释曰："以柏木黄心致累棺外，故曰黄肠；木头皆向内，故曰题凑"。据此可以看出，"黄肠"是指墓葬的材料和颜色（柏木黄心）而言；"题凑"是指墓葬的形式和结构（木头皆向内）而言。这是一种专为高级统治者设置的特殊葬制。

中华人民共和国成立后发掘的汉墓不少，但属"黄肠题凑"的大型木椁墓仅见六座。按记载黄肠木应是柏木，而高邮天山二号汉墓经鉴定属楠木。该"题凑"由方木垒成，方木共816根，每根方木长0.94、宽0.49、厚0.41米。在题凑的外表，每根方木的端头涂有厚度约1毫米，直径0.36～0.43米的黄色圆形图案。表面蒙上一层细小透明矿物晶粒，鲜艳夺目。

该墓早年曾被盗扰和焚烧。

二 测试与鉴定

从"题凑"涂料所取下来的样品，可分为两种：第一类（A类）土黄色、赭黄色粉末状，为涂料的表层物质；另一类（B类）赭黄色、暗褐至黑色，多孔状粉末状块体，为涂料的内层物质。

1. 穆斯堡尔谱的测定

本样品测试是在自行组装的等加速式穆斯堡尔谱仪上进行（图版一）。512道多道能谱仪，多定标工作状态，谱数据信号由自装接口与自动穿孔机联系，实现了数据纸带自动穿孔。放射源为钴——57铑钯衬底，12.5毫居里。样品制成粉末并按含自然铁密度为8毫克/平方厘米的要求制成"薄"吸收体进行透射式测谱，用25微米的 α-Fe标准吸收体作为仪器多普勒驱动速度及谱中心标定，多道能谱仪的道增量为0.0396毫米/秒。实验在室温下进行。谱数据的拟合采用最小二乘法拟合程序，在cromenco Ⅲ 微型计算机上进行。

由谱图可见（图一）。本涂料样品的穆斯堡尔谱图为一对下沉较大而又尖锐的双峰。根据化学分析结果，样品中有较多的硫化物，由此这对双峰似应考虑

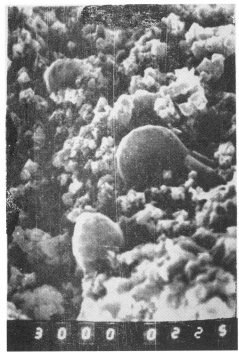

1.黄铁矿的立方体晶体以及黄铁矿球形结核（中部圆球体）（扫描电镜×3000）

2.立方体黄铁矿及块状水针铁矿（扫描电镜×2000）

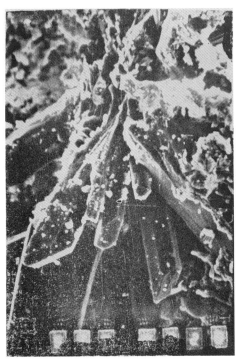

3.棒状铵基苯石和极状石膏（扫描电镜×500）
图左侧，在铵基苯石晶体上浮游着黄铁矿晶体

4.天山二号汉墓"题凑"涂料

图版一

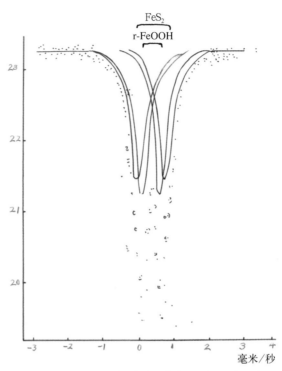

江苏天山Ⅱ号汉墓题凑涂料中铁的穆斯堡尔谱（室温）

图一　黄铁矿和纤铁矿的穆斯堡尔谱图

为黄铁矿的谱，由图估计的初值参数也与黄铁矿参数相近，并按此设想拟合，计算机却出乎意外地给出了根本不能接受的判据值。这就有必要考虑该谱是否是由二相或多相的共同贡献。另外，又考虑该谱形有较好的对称性、加宽现象也不明显，采用二对双峰拟合应更为合理，照此案进行，得到了合理的判据值（150个数据点参加拟合，开方值为222.5）以及良好的穆斯堡尔参数，它们分别是：I·S（同质异能位移）=0.35毫米/秒，Q·S（四极分裂）=0.51毫米/秒及I·S=0.36毫米/秒，Q·S=0.82毫米/秒。由文献推荐及自存的标准样品谱数据对照，这两对双峰分别是水针铁矿（r-FeOOH）与黄铁矿（FeS_2）中铁的穆斯堡尔谱。再观察下沉双峰之外的高、低速基线部分，也未发现有磁分裂峰的起伏，因而另一种较常见的铁的硫化物（磁黄铁矿，FeS）在样品中并不存在。由此可见，在本样品中占含铁量的95％以上的矿物应是黄铁矿与水针铁矿。

为了进一步研究原始涂料的物质组成，我们把市场上用作油漆染料的"胭黄"进行穆斯堡尔谱研究，由测得的谱形表明，仍然是针铁矿（α-FeOOH），这就证明"胭黄"的黄色是由于存在色素离子铁（呈水针铁矿形式存在）之故。

2.光谱半定量全分析及单项化学分析：

把A类、B类光谱半定量全分析数据以及沉积岩（黏土和页岩）的平均元素组成列表如下：

元素 样号	主要元素					次要元素	
	Fe	Al	Ca	Na	Mg	Ti	Ba
A类*	1.0	0.1	0.2	0.1	0.05	0.1	0.08
B类	>15.0	8.0	5.0	5.0	1.0	0.6	0.1
沉积岩（黏土和页岩）**	3.33	10.45	2.53	0.66	1.34	0.45	0.008

元素 样号	微量元素						
	Mn	Zr	V	Ni	Co	Cu	Pb
A类*	0.01	0.002	0.0015			<0.001	
B类	0.01	0.015	0.03	0.01	0.03	0.01	0.01
沉积岩（黏土和页岩）**	0.067	0.002	0.013	0.0095	0.0023	0.0057	0.003

元素 样号	微量元素						
	Zu	Ge	Mo	Be	La	r	Cr	Yb
A类*	0.003					0.005		
B类	0.02	0.02	0.001	0.0005	0.004	0.003	0.02	<0.0005
沉积岩（黏土和页岩）**	0.008	0.004	0.0004	0.0007	0.003	0.0033	0.016	0.0005

*南京大学地质系：《地球化学》，科学出版社，1961年，第223页。

*江苏省地质局测定。

从光谱半定量全分析数据可以得到这样三点看法：

（1）A类同B类样品相比较，A类样品中元素含量明显偏低。通过其他测试手段所知，A类样品中主要是有机矿物和硫酸盐矿物，试样中CO_2、H_2O、NH_4、SO_2等极易挥发的组分可能在摄谱的早期时间里优先蒸发，而未能记录下来，这是造成试样中这些元素含量明显偏低的原因。

（2）B类样品同沉积岩（黏土和页岩）的平均含量较为一致，尤其是微量元素的一致性，说明涂料的基体是同黏土和页岩是一样的物质。

（3）B类样品比沉积岩（黏土和页岩）中铁的含量明显偏高（≈5倍），这进一步说明涂料物质是一种含铁较高的黏土物质。

把B类样品主要元素结果换算成氧化物形式，并假设其他氧化物为SiO_2（事实上，黏土组成中SiO_2的含量占总含量大约一半，其计算结果列表如下：

含量 ＼ 元素	Fe	Al	Mg	Na	Ca	Si
元素含量	>15.0	8.0	1.0	5	5	
氧化物含量	Fe_2O_3	Al_2O_3	MgO	Na_2O	CaO	SiO_2*
	>21.4	15	1.6	6.7	7	<48.3

*SiO_2为推算的结果。

从表中可知：Fe_2O_3>21.4%，而其他几种氧化物的总和为<78.6%。据哈尼斯的资料（5），"中国黄"是一种杂有褐铁矿（标准的约含19%的Fe_2O_3）的黏土，其余的11%主要为水分。因而从光谱半定量全分析的资料可以初步认为涂料的元素组成类同于"中国黄"。

对B类样品作如下单项化学分析：全铁10.84%，全硫3.95%，硫化物中的硫2.59%。

由穆斯堡尔参数可知样品中的铁呈黄铁矿和水针铁矿这两种矿物形式存在。我们依靠化学分析资料可以把这两种矿物的含量加以区分：通过硫化物中的硫占总样品重量的2.59%，从而换算出黄铁矿中的铁占总样品重量的2.27%，这样还有8.57%的铁是呈水针铁矿的形式存在。按黄铁矿和水针铁矿中所分配的铁量，可以计算出这两种矿物占分析样总重量的比例：黄铁矿占4.51%，水针铁矿占18.13%。这两种矿物重量之比：24.9（FeS_2）：75.1（FeOOH）。

元素硫是存在于黄铁矿和石膏这两种矿物之中的。依据化学分析数据，可以估算出B样品中石膏所占的重量百分比，参加到石膏中的硫含量为3.95%-2.39%=1.56%，换算成石膏（$CaSO_4 \cdot 2H_2O$）的重量为7.3%。

这样，我们就估算出下列三种矿物占总重量的百分比：黄铁矿2.27%，水针铁矿18.13%，石膏7.3%。

3. 偏光显微镜鉴定

由于矿物颗粒细小（0.2～0.01毫米），种类较多，在镜下一一进行正确定名是困难的，无法进行单矿物分离工作，限制一些测试手段的应用。但是依据镜下鉴定，可以初步认为存在这样两类透明矿物：

（1）有机矿物：其中有一种数量较多的细板状矿物，具斜消光，负延性，$Ng \wedge C 74°$、$Np 1.5054$、$Ng > 1.7488$。据鉴定表对照（8、9），定名为铵基苯石Kladnoite，此矿物于1931年首次报道，产于捷克西部地区波希米亚的克拉德诺而得名，发现于发糊臭味的煤堆中，是一种极为稀少的有机矿物，化学组成

$C_6H_4（CO）_2NH$。

（2）硫酸盐矿物：透明板状晶体，Ng、Np均低于树胶的折射率、斜消光，为石膏$CaSO_4 2H_2O$。

此外，还见到黑色及褐黄色团块，无法进行鉴定工作。结合其他测试手段，大致可以认为黑色物为黄铁矿、水针铁矿、木炭等物，褐黄色团块为无定形，是一种含有褐铁矿的黏土。

4.扫描电镜鉴定

由于电镜可进行连续变倍工作，放大倍数高达数千到数万倍，因而为粉末样品观察矿物晶形及其相互关系提供极为良好的工具。

对涂料样品进行观察，黄铁矿具独特的立方体晶形，并见到由立方体晶粒垒置的球形晶。黄铁矿晶粒细小，一般为$1\sim3\mu$，集合体可达10μ，它是由凝胶体老化而形成的。完好的晶形及球形晶，都表明具有自由生长的特征。

水针铁矿呈团块状，可在放大后的照片上部左、右两侧见到团块状水针铁矿和立方体黄铁矿伴生在一起。它不具有自己的结晶形态。

可见到晶形极好的棒状铵基苯石和板状石膏两种单晶的共生现象，呈晶簇状自由生长。尤其引人注目的是，在样本照片左侧棒状铵基苯石晶面上浮生着一颗粒径达5μ的立方体黄铁矿。这表明，他们都是在墓葬期间自由生长而形成的。铵基苯石单晶长120μ。板状石膏长80μ，宽30μ，由于晶面{010}异常发育而呈板状晶体，晶体是由晶面{010}、{111}、{110}单形聚合而成。

三　结果和讨论

（一）涂料物质的组成

天山二号汉墓应是一个封闭体系，由于古墓内介质条件发生四次变化，使原来的矿物组合和元素组成发生了相应的改变（参阅下节），从而形成在新环境中稳定的矿物组合和元素组成。因此，现存涂料的矿物组合和元素组成并不能代表筑墓时的原始涂料组成。光谱及化学分析表明，原来涂料物质的元素组成类同于"中国黄"，乃是一种含褐铁矿的黏土，穆斯堡尔谱测定表明，涂料的原始物质类同于胭黄。我们知道，褐铁矿（俗称铁锈）是含水氧化铁的总称，往往杂有SiO_2凝胶、黏土、砂土。此矿物的颜色为暗褐、黑色、褐黄色等，当黏土中掺杂不同数量的褐铁矿时，黄颜色的色度和浓度随之发生改变。

现将涂料的矿物组合和元素组成列表如下：

现存矿物组合	黄铁矿、褐铁矿、铵基苯石、石膏、黏土矿物	现存主要元素组成	Si、Fe、Al、Ca、Na、Mg、C、N、S
原始矿物组合	褐铁矿、黏土矿物	原始主要元素组成	Si、Fe、Al、Ca、Na、Mg

从上表中可以看出，现存的同原始的矿物组合和元素组成进行对比，其明显的区别在于复杂化了，从地球化学角度来看C、N、S等生物圈标准元素含量高。

（二）古墓内介质条件的演化过程

为了了解古墓内介质条件的演化史，首先必须注意下列几点：

1.古墓内是一个孤立的封闭体系

古墓的上部土层为黄褐色黏土，负10米以下转变为青灰色黏土，这表明前者中的铁呈三价形式存在，后者中的铁呈二价形式存在，即古墓坑所处的周围环境为还原环境。另外，在"题凑"的外围，有厚达0.30～0.45米厚的保护层（芦苇、竹子、木炭、青灰黏土等组成），从而形成一个与外界没有物质交换的封闭体系。墓室内没有大量的淤泥及塌方现象，也证实了这一点。显然，这种封闭体系的形成对古墓中文物的保护起了决定性的作用。

2.灵敏的变价元素铁的存在，为我们判别古墓内介质条件的演变过程提供确凿的矿物学和地球化学方面的依据

在自然界条件下，铁有两种氧化状态，+2和+3状态。电价的可变性，具有重要的地球化学意义。在不同条件下（pH、Eh、f_{o2}、f_{H2s}、f_{Co2}等），铁将取不同的价态，并按一定的矿物形式而存在，因而铁矿物或含铁矿物的组合能够反映出形成该矿物组合的物理化学条件。如果物理化学条件发生变化，则原先形成的矿物组合将会发生相变、离解、溶解、沉淀、晶出等现象，从而形成在新的条件下稳定的矿物组合或者呈水溶液状态而发生迁移，留下旧矿物的空穴。这种复杂而敏感的电价变化，为我们分析古墓内介质条件的变化及演化过程，提供了矿物学和地球化学方面的依据。

3.特殊的矿物组合决定了墓室内独特的介质环境

从现存的几种矿物组合中，每一种矿物都具有它本身特定的稳定域。褐铁矿是地表条件下最稳定的铁矿物，而在内生地质作用下将变得不稳定，脱水形成赤铁矿甚至磁铁矿。这就是说，褐铁矿的出现，代表某一段时间内曾出现过氧化环境，可作为氧化环境的指示矿物。石膏也有几种形成方式，与本文有关的是富含硫酸的水溶液对钙质岩石交代而形成，是氧化—弱氧化环境的指示矿物。铵基苯石是一种有机矿物，乃是在煤堆发生不完全燃烧过程中形成的，代表了弱氧化—

弱还原的形成环境。黄铁矿的形成更为复杂多样，但一定是形成于还原环境，如把它暴露地表将很快氧化而形成褐铁物。从以上分析可知，黄铁矿可以同石膏、铵基苯石共生，褐铁矿可以同石膏共生，而黄铁矿和褐铁矿是不能共生在一起的，因为，它们分别是两种绝然不同的物化条件的产物。

依据地球化学原理，兹将矿物之间的共生组合规律列表如下：

层次 矿物 地球 化学特征	涂料的内层 ——————————→ 涂料的表层		
	内层	过渡层	外层
矿物组合	褐铁矿、黏土矿物	铵基苯石、石膏（黄铁矿）	黄铁矿
矿物类型	氧化物、硅酸盐	有机矿物、硫酸盐（硫化物）	硫化物
形成环境	氧化环境	氧化—还原环境	还原环境

在仅有约1毫米厚的涂料中，却能见到褐铁矿、铵基苯石、石膏、黄铁矿、黏土矿物等组合在一起，这表明这是一种特殊的矿物组合。这种组合是不代表某一种地质条件下的稳定组合：如在地表氧化条件下，粒径1～16微米的黄铁矿很快（例如一月或数月内）全部氧化而残留褐铁矿；如在缺氧的酸性还原环境下，H_2S将同褐铁矿反应，生成黄铁矿。从铁的pH-Eh图（图二）可知，铁的氧化物和硫化物的稳定域是明显不同的。因而在2000年的漫长时间内，这两种矿物的共存，表明墓室内一直到挖掘出来之前，是处于缺氧、缺硫化氢的中性还原环境。

4.矿物组合及其相互关系所确定的矿物形成先后顺序

只要是结晶物质，都有自己特定的结晶形态。不同种类的结晶物质，其至同一种结晶物质形成条件不同，也可以出现不同的结晶形态，因而矿物的结晶习性也包含重要的成因矿物学信息。

现存涂料物质中，已知的几种矿物按是否具有自己的结晶习性，可分为这样两类：

（1）不具结晶形态的矿物：褐铁矿和黏土矿物；

（2）具有结晶形态的矿物：黄铁矿、石膏和铵基苯石。

为何涂料中的矿物，有的具有晶形有的不具晶形呢？这是因为：

（1）经研究确定，原始涂料物质为含褐铁矿的黏土，由于涂抹前，必须经过研磨和掺水，因而褐铁矿和黏土矿物的晶形已彻底破坏，而形成粉状。

（2）在墓室内，由于褐铁矿的溶蚀作用，其表面出现大量的溶蚀形貌，并在此基础上自由生长出晶形良好的黄铁矿、石膏和铵基苯石。

因而，结晶物质是否具有晶形，也可以确定是原始涂料物质，还是在墓室环

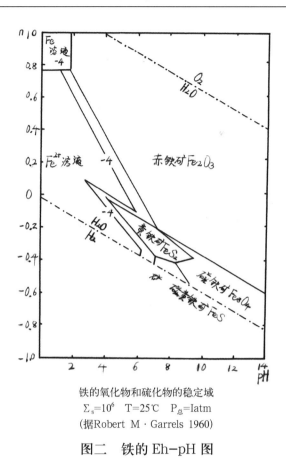

铁的氧化物和硫化物的稳定域

$\Sigma_s=10^6$　T=25℃　P_总=Iatm

(据Robert M·Garrels 1960)

图二　铁的 Eh-pH 图

境中自由生长的物质。

依据"题凑"涂料的物质组成、形成的先后顺序，古墓内介质条件依次经历以下四种环境的变化：

1.墓葬初期为氧化环境

墓坑挖好后，并把墓葬的一切材料、随葬品及尸体置于墓坑内，这些工作显然是暴露于大气之中完成的。下葬工作全部完成后，内部具有同大气组成一致的、一定量的空气。有限的氧气使墓穴内部分物体发生氧化作用，从铁器能够保存下来，而且有些仍然保存较好，可知大部分的氧气参与有机质的腐烂作用，从而引起墓穴内气体组成的明显变化，在这过程中，氨、甲烷、硫化氢、二氧化碳等组成增加，而氧气逐渐减少直至耗尽。

在这种环境下，"题凑"涂料主要组成褐铁矿和黏土矿物基本保持稳定，石膏和铵基苯石开始晶出。

2.墓葬主要时期为还原环境

由于墓室基本上是一个封闭体系，因而氧气的消耗得不到补充，介质将由原来的中性氧化环境转化成酸性还原环境。石膏晶体的晶出表明，在有机体腐烂过程中，有一部分硫转化成正六价的硫酸（H_2SO_4），当遇到钙质物时，而形成硫酸盐（石膏）沉淀下来。而另一部分硫转化成负二价的硫化氢，这时褐铁矿则不稳定，被溶解，并在溶蚀形貌的表面沉淀出黄铁矿的凝胶体，脱水老化而形成粒径达1～16微米的立方体或球状黄铁矿。

随着氧气的逐渐消耗，硫愈来愈不利于形成硫酸，因而终止石膏晶体的继续生长，而硫化氢的增加促使黄铁矿的晶出。从扫描电镜观察可知，黄铁矿的晶粒浮生于铵基苯石单晶之上，说明黄铁矿比铵基苯石和石膏晶出更迟。

由铁的pH-Eh图（图二）可知，黄铁矿形成于中酸性还原环境（Eh0～－0.4伏特，pH4～8），代表此期间墓穴内的介质性质。

晶体自由生长所需要的时间是不长的，费尔斯曼指出（6），有机化合物在氧气不足的情况下，经过复杂的分解作用就能形成黄铁矿结核。有一个矿物学家在粪堆里挖掘鼠尸时，就曾发现鼠尸的表面上都有微小闪亮的黄铁矿晶体。据此，我们可以认为，自由生长的黄铁矿晶体在下葬后数年内就能形成。

3. 盗墓时期曾一度转化为氧化环境

据考古发掘得知，盗墓者是从墓坑的顶端向下挖一个开口约25平方米的浅井，井深20米，后又重新封填起来。扫描电镜观察的初步意见是未发现强烈溶蚀的黄铁矿，这表明墓穴暴露于空气中的时间是不长的，最多数月之久。

4. 重新转入还原环境

盗墓后很快重新封填起来，这样使得墓坑同外界大气层隔离开，使之重新回到封闭体系。由于墓室内纵火，因而使燃烧的木料因缺氧而停止燃烧，从而使墓穴重新迅速转入还原环境。

盗墓活动破坏墓室内的封闭条件，盗走珍贵文物，而焚烧和重新封填又重建封闭体系，使遗留下来的文物，使涂料中的矿物组成得以保存下来。当然这次还原环境同前期的还原环境是不同的：这次仅仅是缺氧，而上一次是缺氧富硫化氢。

综上所述，墓室是一个同外界环境没有物质交换的封闭体系，这为古墓内文物的保存起了决定性的作用。墓室内主要时期是还原环境，墓葬初期及盗墓期间为短暂的氧化环境。

（三）研究涂料的意义

（1）查明原始涂料的物质组成，从而澄清一些事实。

（2）通过各种测试手段，对涂料的矿物组合和元素组成进行全面系统的研究，依据地球化学原理，推导出墓室内介质条件依次经历过四次转化过程。

（3）利用新的测试手段，穆斯堡尔谱、扫描电镜以及使用成因矿物学方面的信息为解决考古工作中的疑难问题提供了实例。

感谢:

本文仅是我们对此项研究工作的初步研究成果,由于我们水平有限,文中不妥和错误之处,请批评指正。

本文工作中的样品扫描电镜照片、化学分析数据及光谱半定量分析数据分别由南京地质矿产研究所黄关华同志、杨翼华同志及焦建权同志协助完成。穆斯堡尔谱的电算上机由江苏省计算所姚小康同志协助完成。成文后,陶奎元副研究员、杨锡庸、孙以谏等同志审阅了全文。我们一并表示谢意。

参考书目:

1. 王濮等:《系统矿物学》(上册),地质出版社,1982年。

2. 南京大学地质系编:《地球化学》,科学出版社,1961年。

3. 阿·格·别捷赫琴著、丁浩然译:《矿物学教程》,地质出版社,1956年。

4. 中国科学院地球化学研究所:《铁的地球化学》,科学出版社,1981年。

5. 穆德主编:《工业矿物与岩石》,地质出版社,1955年。

6. 费尔斯曼著、石英译:《趣味矿物学》,中国青年出版社,1960年。

7. Winchell·A·N and Winchell·H·1951 Elements of Optical Mineralogy part Ⅱ.

8. 中国科学院地质矿产所编著:《透明矿物显微镜鉴定表》,地质出版社,1977年。

9. Р·Гаррелс(1962): Минеральные равновесия.

(原载《核技术》1984年第4期;与蒋乃兴、蒋永才合作)

青铜"鸠杖"辨析

1984年7月，江苏丹徒北山顶春秋墓内出土十五件铸有铭文的青铜器，内容丰富，涉及春秋吴、徐（一说为舒）两国的历史，释文各家意见不一，引起了学术界的关注[1]。本文讨论的是同墓出土的一件定名为"鸠杖"的青铜器，原报告和时下一般认为"鸠杖应为权力杖，是一种至高无上权力的象征"[2]。笔者对此持不同的看法，以为此种"鸠杖"并非"权力杖"，而是配置于戎车上悬鼓的"鸠柱"。现加辨析，以求教于各位专家学者。

一

"鸠杖"出土时，杖部已朽，仅见杖首和杖镦两部分，杖首顶端站立鸠鸟，杖镦末端附着一跪坐的人像。迄今我国发现的类似的"鸠杖"共有四件，分别出土于江苏丹徒北山顶春秋墓、江苏丹徒甸岗青龙山春秋墓、浙江吴兴棣溪、浙江绍兴漓渚中庄村[3]。北山顶、中庄村杖首和杖镦俱全；青龙山春秋墓因早年被盗，仅出杖首，且顶端鸠鸟已缺失；棣溪仅出杖镦。

青铜"鸠杖"杖首由呈三角形边缘的凸棱和扁圆形箍界隔成三节，节间装饰纹样，顶端的鸠鸟造型，短喙翘尾，满身饰鳞片状羽毛。杖镦亦分成三节，纹样与杖首相同，唯其方向恰与杖首相反，末端跪坐的人像，双目平视半袖袒胸，双手平放膝部，衣着部位满饰各种几何云纹，胸前有璜形饰件，脑后两个发髻，中部为辫纹，人像底部不甚平整，无法直接稳固置放。北山顶"鸠杖"出土情形清晰，根据杖首与杖镦间距，可测得其全长为229.4厘米。四件"鸠杖"形制相同，尺寸大小稍有区别，列表于下：

（单位：厘米）

地点 \ 名称尺寸	杖首		杖镦	
	长	銎径	长	銎径
北山顶	21.2	3.4	19.2	3.4
青龙山	20			
棣溪			18.6	
中庄村	26.7	3.7	30.65	3.6

"鸠杖"表面装饰繁缛的图案形纹样，基本上是在方格框架内组成由变化的线条和点构成的图案，包括边缘纹带（或称界纹，辅助纹）和主体纹样。边缘纹带一种是上下锯齿相对的锯齿纹，中间"S"形或"X"形的横向变化的线条和云纹（图一）。

另一种是单元作横向或竖向的"S"形卷云纹（图二）。

个别还有连珠纹。

北山顶、青龙山、棣溪"鸠杖"扁圆箍上装饰网状加刺点的棘刺纹，作为主体纹样。

跪坐人像的衣着纹样以各样形式的卷云纹为主旋律，肩部是典型的刀形线条（图三）。

"鸠杖"上装饰的纹样，以往江南土墩墓出土的青铜器上较为常见[4]，尤其与江苏武进淹城，吴江九里湖出土的青铜尊，从纹样布局到具体图案几乎完全一致。

鸠鸟的造型与绍兴306号墓青铜房屋模型鸠柱上矗立的鸠鸟具有相同的风格[5]。

因此，青铜"鸠杖"的地域和时代风格十分明显，属于春秋晚期至战国早期具有吴越地域特色的典型器物。

图一 鸠杖装饰纹带图案

图二 鸠杖卷云图案

图三 跪坐人像扉部曲型线条图案

二

　　春秋时期，周王室急剧衰落，诸侯兼并，大国蜂起，霸主迭现，辟居东南的小国吴、越不甘"寂寞"亦北上争霸。"鸠杖"作为"权力杖""至高无上"在当时来说，应该属于君王所持有。春秋时期作为君王的礼乐重器，都镌刻有表示自己身份、地位和来龙去脉的铭文，即使王室成员和大臣亦是如此。北山顶春秋墓出土的重要礼乐器上亦都刻有铭文，而代表权力象征物的"鸠杖"唯独不刻铭文，于情理不合。有人根据镇江谏壁到丹徒大港一带长江沿岸25平方千米范围内，先后发现北山顶、青龙山、烟墩山等十余座大型墓葬，从形制和出土物推断此地是春秋时代吴国的王陵墓地区域，进而说明吴王墓葬内出现"鸠杖"，正是王权象征的反映。实际考古发现的四件"鸠杖"形制相同，纹饰特征基本相近，应该属于同时代同用途的器物。而它们分别出土于江、浙两省的墓葬或遗址内，并非专出于王陵的区域范围之内，恰恰说明它不是君王的专有物。

　　"鸠杖"到底作何用？只好到发掘现场去寻找答案。北山顶春秋墓是经过科学发掘的墓葬，早年主室虽经盗扰已被洗劫一空，所幸侧室完好地被保留，出土遗物十分丰富，共存关系清楚，编号自3～78号，包括青铜礼器、乐器、军乐器、车马器和工具。基本上按类别放置，东端乐器编钟、编镈和石磬；西端为礼器鼎、缶，兵器戈、矛、戟，军乐器錞于、丁宁；中间部位是车马器和"鸠杖"。值得注意的是"鸠杖"附近空间范围内发现一件悬鼓环和石鼓桴。悬鼓环的环箍为正方形座，环座可以任意旋转。环座四角各有一跪坐人，衣着亦满饰纹样，基本风格与"鸠杖"末端跪坐人像衣着相近。这套錞于、丁宁、悬鼓环、石鼓桴和"鸠杖"共出，说明它们之间有密切的关联。

　　无独有偶，在广西恭城秧家春秋墓出土的青铜尊的纹样上，出现了"鸠杖"的形象[6]。该尊边缘纹带为锯齿纹和横向"S"形线条，以及水波形纹带，主体纹饰是双蛇噬一蟾蜍，有蜥蜴和双蛇噬一蟾蜍，充满了神秘的争斗气氛，似一场激烈的水战场景。在主体纹饰的两侧各发现一"鸠杖"，顶端鸠鸟、突棱、圆箍十分清晰，其中一件中央有悬鼓，对照北山顶春秋墓"鸠杖"等遗物的共存关系分析，所谓"鸠杖"并非权力的象征，而应该是悬鼓的"鸠柱"。至于秧家鸠柱末端为何不见跪坐人像？一种可能是有的鸠柱下本身不附人像；另一种可能是从纹样图案观察，鸠柱下都出现凹弧状的"插座"，侧面看，鸠柱末端已被"插座"所遮掩，所以图像中未能出现跪坐人像。

　　春秋战国时期，战事频繁，古代指挥战争通常伴以军乐。《淮南子·兵略训》"两军相对、鼓锋相望。"《周礼·地官》"以金桴和鼓"。《国语·吴语》"王乃秉枹，亲就鸣钟鼓、丁宁、錞于、振铎、勇怯尽应，三军皆哗，扣以振旅，其声动天地"。"建旌提鼓，挟经秉枹"。可见各国都重视战鼓的作用。考古发现的战国刻纹铜器凡出现战争场面的画面，都可见到悬鼓的情形。河南汲县山彪镇出土的水陆攻战铜鉴[7]战争场面，船尾立一鼓架，上悬鼓，下置丁宁，鼓后立一人执枹击鼓，鼓架顶端插有旌旄。成都百花潭十号墓铜壶水陆战争场面[8]，鼓架顶端插载，中央悬鼓，近底有丁宁，鼓后踞坐一人，双手各执一枹，击打金和鼓。淮阴高庄战车上竖一悬鼓柱，中央悬鼓，顶端插旌旄，柱插在舆后以保持稳定[9]。以上材料都为我们推断"鸠杖"为悬鼓"鸠柱"提供了有力的佐证。

三

"鸠柱"顶端为何立鸠？《博物志》记载"越地深山有鸟如鸠，青色，名曰冶鸟……越人谓此鸟是越祝之祖也。"同样记载亦见于《搜神记》《酉阳杂俎》。《吴越备史》记载"罗平鸟，主越人祸福，敬则福，慢则祸，于是民间悉用其形以祷之。"上述两书虽成书较晚，但从中仍可看到越地相传沿袭的习俗。鸠，当是氏族图腾的孑遗，百越，东夷与鸟图腾有着千丝万缕的关系，最早可以上溯到新石器时代河姆渡发现的双头神鸟，青铜器中以鸟为饰的造型，丹徒大港荞麦山出土的一批青铜器，如飞鸟盖双耳壶，"鸳鸯"尊，鸟纽提梁卣等，而绍兴306号墓铜质房屋上的图腾柱鸠形神鸟最典型。鸠形"冶鸟"为"越祝之祖"，"罗平鸟"越人悉图其形以祷祸福，都与"鸠柱"房屋、"鸠柱"鼓架上所见鸠鸟一脉相通，性质相同，是越地祖先的象征，主祸福的神物。

"鸠柱"下的跪坐人像，是吴人，还是越人？吴越同族，吴国上层属于姬姓集团，此人像当是土著，其衣着纹饰华丽，胸前有璜形饰物，身份尚属高贵。整个形象面部表情安祥平稳，双手平放，一副虔诚的神态。如果将此与鸠鸟的性质联系起来考虑，跪坐人应是祈求神鸠使之战争中获胜的祈祷者，或许即是巫祝一类的人物，"鸠柱"上下是一种完整思想的体现。

直到汉代越人仍是如此，广州西汉南越王墓出土的一件战船纹提筒[10]，船首立一鹢鸠。《海物异名记》"越人习水战，有舟名海鹢，急流浴浪不溺。"正是祈求神鸠保佑的真实写照。

注释：

[1] 江苏省丹徒考古队：《江苏丹徒北山顶春秋墓发掘报告》，《东南文化》1988 年第 3、4 期合刊。曹锦炎：《𫗪邗编钟铭文释议》，《文物》1989 年第 4 期。商志𧍯、唐钰明：《江苏丹徒北山顶春秋墓出土钟鼎铭文释证》，《文物》1989 年第 4 期。吴聿明：《北山顶四

器铭释考存疑》,《东南文化》1990年第1、2期。

[2] 江苏省丹徒考古队:《江苏丹徒北山顶春秋墓发掘报告》,《东南文化》1988年第3、4期合刊。曹锦炎:《遱邟编钟铭文释议》,《文物》1989年第4期。商志䕶、唐钰明:《江苏丹徒背山顶春秋墓出土钟鼎铭文释证》,《文物》1989年第4期。吴聿明:《北山顶四器铭释考存疑》,《东南文化》1990年第1、2期。商志䕶:《"鸠杖"新考》,《中国文物报》1991年2月10日。

[3] 江苏省丹徒考古队:《江苏丹徒北山顶春秋墓发掘报告》,《东南文化》1988年第3、4期合刊。曹锦炎:《遱邟编钟铭文释议》,《文物》1989年第4期。商志䕶、唐钰明:《江苏丹徒背山顶春秋墓出土钟鼎铭文释证》,《文物》1989年第4期。吴聿明:《北山顶四器铭释考存疑》,《东南文化》1990年第1、2期。青龙山春秋墓、镇江博物馆资料:《浙江文物》,浙江人民出版社,1987年。沈作霖:《绍兴发现青铜鸠杖》,《中国文物报》1990年1月。

[4] 马承源:《长江下游土墩墓出土青铜器的研究》,《上海博物馆集刊》第4辑,上海古籍出版社,1987年。

[5] 浙江省文物管理委员会等:《绍兴306号战国墓发掘简报》,《文物》1984年第1期。

[6] 广西壮族自治区博物馆:《广西恭城县出土的青铜器》,《考古》1973年第1期。

[7] 郭宝钧:《山彪镇与琉璃阁》,科学出版社,1959年。

[8] 四川省博物馆:《成都百花潭中学十号墓发掘记》,《文物》1976年第3期。

[9] 淮阴市博物馆:《淮阴市高庄战国墓》,《考古学报》1988年第2期。

[10] 麦英豪:《广州西汉南越王墓及出土珍品小记》,《广州文博》1991年第1期。

（原载《吴越地区青铜器研究文集》，两木出版社，1997年）

徐州狮子山西汉墓的金扣腰带

徐州狮子山西汉墓外墓道耳室（W1）的兵器堆中出土了两副形式相同、重叠放置的金扣腰带[1]，兵器堆中出有"楚中尉印"封泥。这堆兵器连同金扣腰带应是楚中尉送给楚王的赙赗之物。金扣腰带通长约97、宽6厘米。带扣黄金铸成。每副带扣由一对形状相同、图案相对的金板构成。金板尺寸大致相同，长13.3、宽6厘米。厚度区别较大，一副带扣厚约0.3、另一副带扣厚约0.12厘米。同样，带扣重量区别也较大，一副带扣的两块带板的重量分别为390、358克，另一副带扣的两块带板的重量分别为280、275克。扣面浅浮雕图案，主体为猛兽咬斗纹，周边为勾喙鸟首纹。背面光素，四周具边框，中部为两个横向双环纽。每块带板的内下角有一略近三角形的小孔。上面一副腰带的一块带板的穿孔附近有金针一枚，下面一副腰带的一块带板的穿孔附近有银针一枚。金（银）针亚腰形，长度大致相同，约3.3厘米。重量较轻的两块带板边缘线刻篆文，内容分别为"一斤一两十八朱""一斤一两十四朱"。带身长约70、宽约6厘米。带身背面发现布纹状碎片，疑其以丝织物为地，上面编缀海贝三排，海贝中间杂以金花四朵。四朵金花间距大致相同，原应有规律地缀饰于腰带之上。带身与带扣连接部附近还发现数个算珠状银饰，也应为金扣腰带的构成部分，但连接方法和原状均不明（图一）。类似狮子山金扣腰带的带扣的长方形金属饰牌曾屡有发现与著录，一般认定为北方地区少数民族的用品，但带扣、带身像狮子山汉墓的金扣腰带这样完整精美的，是以往不曾见的。

带扣表面的猛兽咬斗画面中，倒地者为马，搏噬者一为熊，一为不知名兽（图二）。西安东郊三店村西汉王许墓出有与此图案几乎完全相同的鎏金铜带扣[2]，原报告作者推测不知名兽为熊，从狮子山汉墓带扣图案来看，恐不妥[3]。周边的勾喙鸟首为北方所习见，而且形象基本一致。阿鲁柴登发现的著名的匈奴金冠顶上的立鸟[4]（图三），与狮子山汉墓带扣上的鸟首为同一类鸟。《淮南子·主术训》说："赵武灵王贝带，鹬鹢而朝。"众所周知，赵武灵王是胡服骑射的领袖，所谓"鹬鹢"之鸟作为胡化的显著标志之一，应以胡鸟或即胡鸟为蓝本。所以，狮子山汉墓带扣周边的勾喙鸟首所代表的就是所谓的"鹬鹢"之鸟。《史记·佞幸列传》又说："故孝惠时，郎侍中皆冠鹬鸃，贝带。"则鹬鹢或又名

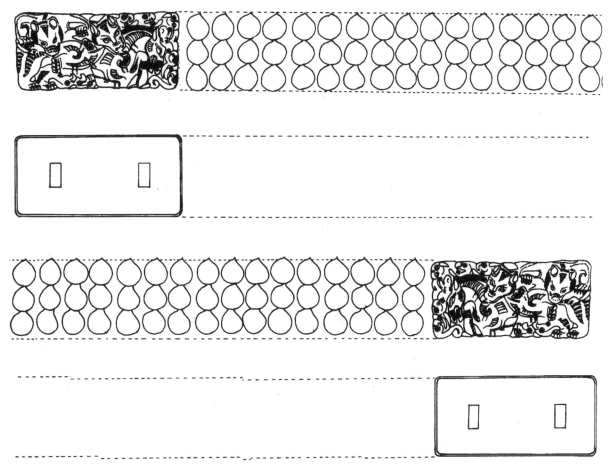

图一　狮子山汉墓出土金扣腰带复原图

图二　狮子山汉墓出土的金扣腰带带扣

图三　阿鲁柴登发现的鹰形金冠顶饰

"鵕鸃"。《汉书·司马相如传（上）》"撠翡翠，射鵕鸃"条颜师古注曰："鵕鸃，鷩鸟也，似山鸡而小冠，背毛黄，腹下赤，项绿色，其尾毛红赤，光彩鲜明。"1979年版《辞海》释"鷩鸟"为"赤雉"，即锦鸡。按此说不妥，锦鸡为中国西南地区特产，其形状、羽毛的色泽均与颜注不合。"鵔鸃"或"鵕鸃"之鸟为汉初一度流行的冠饰，贝带亦为当时的时尚。

　　"贝带"是我国古代文献中对胡式带具的称谓。上引《淮南子·主术训》条高诱注曰："赵武灵王出春秋后，以大贝饰带，胡服。"《战国策·赵策》载："（赵武灵王）赐周绍胡服衣冠、贝带、黄金师比。"《汉书·匈奴传（上）》载："孝文帝前六年（前174年），遗匈奴书曰：'……汉与匈奴约为兄弟，所以遗单于甚厚。……黄金饰具带一，黄金犀比一，绣十匹，锦二十匹，赤绨、绿缯各四十匹，使中大夫意、谒者令肩遗单于。"孟康注曰："要中大带也。"张晏注曰："鲜卑郭洛带，瑞兽名也，东胡好服之。"颜师古注曰："犀毗，胡带之钩也，亦曰鲜卑，亦曰师比，总一物也，语有轻重耳。"今人出于研究目的，作带钩与带扣的区别，往往对"犀毗""师比""鲜卑""胥纰"等名称不能把握[5]。以孝文帝前六年遗匈奴单于书度之，"黄金饰具带"指以黄金为饰的整副带具，"黄金犀比"单指一物，应即带钩。古代前者不便拆装，故连带而言之，后者可拆卸，故单独言之。《淮南子·说林训》说："满堂之坐，视钩各异，于环、带则一也。"正说明带钩不必与带身固定搭配。狮子山汉墓的这两副完全胡式的金扣腰带的正式名称应该就是所谓的"黄金饰具带"。又疑上引"具带"与"黄金饰具带"之"具"应为"贝"，二字以形近相讹。"具"作"贝"解，于两个名称的含义及与"犀毗"之区别均甚明了。

　　狮子山汉墓每副金扣腰带的带板的内下角具孔，每副腰带中一块带板穿孔附近又发现金或银针，因此，推测其结束方式为从两块带板背面的双环纽各引出一条窄带，其中一条窄带的端部穿系金针，两条窄带穿过带板的小孔后打结，结头用金（银）针导引塞入带板的后面。金针的主要功用是引导带结隐于带板之后。金属带扣附近发现金（银）针见之于报道的，另有徐州西汉宛朐侯刘埶墓[6]，但只在一块带板上留有穿孔，金针也是一枚。这类带扣的括约方式，孙机先生有详细的论述："而装Ⅰ型2式带扣（其中一枚带扣的一侧有穿孔。引者注）者，腰带一端的窄带可以通过另一枚带扣之穿孔，绕回来再系结。"[7]狮子山汉墓金扣腰带留有双孔，比只留一孔的要先进合理，其结束方式可视为对孙机先生的论述的补充。

　　华夏民族与北方少数民族的交往自古而然。从北方地区输入、仿制或掠取少数民族的物品是正常的现象。但我们能够确定的华夏民族主动制造少数民族样式物品的事实还得从赵武灵王算起。考虑到赵武灵王锐意胡服骑射时与林胡、楼烦民族对峙的局面，他以行政命令的方式推行胡化，所需的物品根本不可能完全由异族输入——必须基本由本国制造。汉初与匈奴或战或和，但孝惠帝时"郎侍中皆冠鵕鸃，贝带"，这个不小的需求量，恐怕也不可能完全由匈奴输入。至于孝文帝投匈奴所好赠送的黄金饰具（贝）带、犀毗与汉族传统的丝织品一同送去，必为汉地制造无疑。汉朝廷以胡式物品馈赠匈奴单于，既说明此类物品大概本非出自匈奴，也说明汉匈文化之间没有严格的界限，还说明汉地的金属带扣工艺必有独到之处。汉代中央政府极可能设有此类物品的宫廷作坊。狮子山汉墓的墓主如果确是刘戊的话，他恰好历惠帝、孝文二朝，其时正值胡风甚烈之时，徐州地区又远离汉朝北疆，所以这两副金扣腰带很可能是汉地而非匈奴的产品。金属带扣镌刻文字的，以往仅见于西沟畔战国匈奴墓。西沟畔战国匈奴墓虎豕咬斗纹金饰牌背面刻有"一斤五两四朱少半""一斤二两廿朱少半"和"故寺豕虎三"等字样，原报告作者推测可能为秦国所制（图四）[8]。狮子山汉墓的金扣腰带与西沟畔战国墓金饰牌在工艺上的一致性，进一步说明前者当为汉地所造。二者在整体上追求一种浮雕式的效果的同时，又非常注重细节的刻画，如猛兽的面部特征准确而逼真，身体上的花纹各不相同而又曲尽其妙，四肢屈曲遒劲、力透蹄爪。在工艺技法与装饰特点方面，狮子山汉墓带扣不知名兽与西沟畔战国墓饰牌猛虎耳部周围皆为细密的茸毛，前者熊与后者野猪身上的花纹皆以细线錾刻而成，透露出二者之间深刻的"血缘关系"。与阿鲁柴登战国墓的虎牛咬斗纹金饰牌（图五）相比，不同之处会更明显。阿鲁柴登战国墓的虎牛咬斗纹金饰牌表现了另一种艺术特色，它在整体上追求一种锤揲效果，动物形象不够逼真，反而近似图案化，面部、肢体的细部也不够细腻真实。这副饰牌与阿鲁柴登的鹰形金冠顶等金器的工艺特点与艺术风格完全一致。狮子山汉墓带扣与西沟畔金饰牌的整体风格可以说是相当精细、生动，阿鲁柴登战国墓的金饰牌则相对呆板、粗糙。阿鲁柴登金饰牌的风格正是绝大多数北方少数民族金器的风格，甚至连西沟畔战国墓虎豕咬斗纹金饰牌以外的金器也不例外。这种风格还表现在其他质料的器物上，如西沟畔西汉初年4号墓的玉舞人[9]（图六）。狮子山汉墓的带扣与西沟畔战国墓的金饰牌的共同特点使它们成为胡式带具中与众不同的器物，它们的构图虽然是北方风格的，但工艺特点暗示它们已脱离北方，当为汉地所出。

　　大约相当于中国的春秋战国和西汉时期，黑海北岸的斯基泰王国以其"野兽纹"的艺术风格著称于世。同一时期黑海北岸以北的森林草原地带及其以东的库班河、阿尔泰直至西伯利亚的广大地区的文化面貌与斯基泰王国颇为相近。它们共同形成了所谓的斯基泰风格。其显著标志，一是怪兽，一是后肢反转的野兽。因此，就艺术风格的渊源而言，狮子山汉墓带扣图案与斯基泰风格有着深刻的联系，这不仅表现在后肢反转的被噬马身，还表现在周边的勾喙鸟首纹。上文将勾喙鸟首纹追溯到阿鲁柴登的鹰形金冠顶，还远远不够，所谓的"鵁鵁"或"鵁鹣"也可能只是汉人对此类鸟的称谓，它的真实称谓未必如此。北方地区春秋战国之前鸟纹尚不多见，与此鸟纹的关系也不明显，我国其他地区丰富的鸟纹形象，尚无一例可视为它的前身，它的源头仍在斯基泰文化。它其实是斯基泰风格的鸟首怪兽（图七）头部的截略[10]。三者头部凭空而生的柳叶形双耳是与中国传

图四　西沟畔2号战国墓出土虎豕咬斗纹金饰牌

图五　阿鲁柴登发现的虎牛咬斗纹金饰牌

图六　西沟畔4号西汉墓出土玉舞人

图七　前苏联境内怪兽母题（斯基泰风格鸟首怪兽）
1. Biysk, Altiai　2. Tuektin

统鸟纹的根本区别之一。

　　有必要指出的是，非独狮子山汉墓带扣图案，本文一再提及的阿鲁柴登金饰牌的虎牛咬斗纹同样也可以追溯到斯基泰风格。图九：1为卢芹斋旧藏，"长方形带扣作猛狮咬住马身鹰嘴的怪兽，左右对称，中间一个山羊头。"图九：2为近年河北易县辛庄头M30所出带扣，"中间亦有一山羊头，左右对称，每边是两头怪兽搏噬一跪地不起的马。"[11]虽然我们无法知道这两副饰牌的具体年代，但图案中的怪兽是纯粹的斯基泰风格的，它们应是斯基泰风格的带扣初入中土时尚未发生变化的样式，或本身就是舶来品。怪兽母题不易为缺少斯基泰文化背景的东方人接受，所以在春秋战国时期一度流行，以后就不太常见了。但是，斯基泰风格的构图方式却被接受下来，并以中国北方民族所熟悉的动物形象如虎、牛、马等所代替。巧合的是，狮子山带扣马身上的花纹与易县辛庄头M30怪兽身上的花纹

图八　宁夏同心倒墩子 5 号西汉墓出土的双马怪兽咬斗纹鎏金青铜带扣

1

2

图九　中国境内的怪兽母题（斯基泰风格的怪兽）

1.卢芹斋旧藏　2.易县辛庄头M30出土

基本相同，这也是斯基泰式的。

斯基泰风格的向东传播有一个逐步中国化的过程[12]。战国晚期以前，中国境内基本不见斯基泰风格的踪迹。从战国晚期起，随着匈奴部落的日益联合与强大，它们以整体的有组织的方式，主要通过阿尔泰地区的古代部落，与斯基泰文化发生了强烈的联系。卢芹斋旧藏与易县辛庄头M30饰牌所代表的，是斯基泰风格尚未与中土传统发生融合的例证。狮子山、阿鲁柴登、西沟畔墓地所代表的阶段，斯基泰风格已悄然发生变化，形式被保留，内容已被替换。可以说，这一阶段正处于中国化的关键时期。狮子山汉墓带扣的生产时间与工艺特征表明，这一变化在西汉早期仍处于斯基泰风格的强烈影响之下，这也正是这两副带扣的文化方面的价值所在。同时，不仅由于带扣佩带者的身份差异带来的工艺上的精粗之别，而且由于对斯基泰图案的理解的偏差，一些带扣的动物形象已发生了变化。如在徐州宛朐侯刘埶墓出土的与狮子山汉墓带扣大约同时的金带扣上的二十只动物头部已鸟不象鸟、羊不象羊（图一〇）。江上波夫、水野清一所著《内蒙古·长城地带》收录的带扣图案的动物头部已正式变为羊头（图一一）。我们还看到，这种变化还在进一步向前发展，如西汉南越王墓出土的简化猛兽咬斗纹[13]（图一二）。更有甚者，则是出现了龙凤、龟蛇等中国传统动物主题图案的带扣

图一〇　徐州西汉宛朐侯刘埶墓出土金带扣

图一一　《内蒙古·长城地带》收录的青铜饰牌

图一二　广州西汉南越王墓出土的猛兽咬斗纹鎏金青铜带扣

牌饰。我们甚至还可以看到，斯基泰风格仍然不断地顽强东进，并保持其特征（参看图八），最典型的莫过于宁夏同心倒墩子西汉墓地中斯基泰、匈奴、中国传统风格的混合出现[14]。

注释：

[1] 狮子山楚王陵考古发掘队：《徐州狮子山西汉楚王陵发掘简报》，《文物》1998年第8期。

[2] 朱捷元、李域铮：《西安东郊三店村西汉墓》，《考古与文物》1983年第2期。另据陕西省博物馆材料，在西安附近还曾征集到形状、图案基本相同的鎏金金属带扣。

[3] 笔者就此动物形象请教了南京大学生物科学与技术系副教授、南京大学实验动物中心主任、江苏省动物学会副秘书长黄诚，他指出：具体为哪一种动物虽不清楚，但这个形象非常写实，其面部的骨骼特征与眼睛的形态皆具猫科动物的基本特征，与以熊为代表的熊科动物有着显著的区别。这一动物可能是一种现已绝灭的古代虎的形象。

[4] 田广金、郭素新：《内蒙古阿鲁柴登发现的匈奴遗物》，《考古》1980年第4期。

[5] 参见孙机：《先秦·汉·晋腰带用金银带扣》，《文物》1994年第1期。孙机：《中国古代的革带》，《中国古舆服论丛》，文物出版社，1993年。王仁湘：《带扣略论》，《考古》1986年第1期。

[6] 徐州市博物馆：《西汉宛朐侯刘埶墓》，《文物》1997年第2期。

[7] 孙机：《先秦·汉·晋腰带用金银带扣》，《文物》1994年第1期。

[8] 田广金、郭素新：《西沟畔匈奴墓》，《文物》1980年第7期。

[9] 伊克昭盟文物工作站、内蒙古文物工作站：《西沟畔汉代匈奴墓地》，《鄂尔多斯式青铜器》，文物出版社，1986年。

[10] 转自杜正胜：《欧亚草原动物文饰与中国古代北方民族之考察》，《史语所集刊》第六十四本第二份第340页。原图见 Serbei I.Rudenko 1970 *"Frozen Tombs of Siberia-*

the Pazyryk Burials of Iron Age Horsemen" (translated from Russian by M.W.Thompson), University of California Press(first published in Russian in 1958). Serbei I.Rudenko 1958 "*the Mythological Eagle, the Gryphon, the Winged Lion, and the Wolf in the Art of Nothern Nomads*", Artibus Asiae Vol.XXI,No.2.

[11] 同 [10]，第 344 页。原图见 A.Salmony 1933 *Sino-Siberian Art-in the collection of C.T.Loo*, Paris:C.T.Loo, publisher. Emma C.Bunker 1989 "*Dangerous scholarship:on Citing Unexcavated Artifacts from Inner Mongolia and China*",Orientations, June 1989.

[12] 这里牵涉到长方形饰牌的起源问题。虽然目前尚无资料对这个问题做出比较准确的回答，但中国境内早期长方形饰牌的构图与风格完全可以追溯到斯基泰文化，因此我们很怀疑这类饰牌起源于目前我们尚不清楚的中国以外的某个地方。至于田广金、郭素新先生在《鄂尔多斯式青铜器》，乌恩先生在《论我国古代动物纹饰的渊源》（《考古与文物》1984 年第 4 期）引用桃红巴拉 M5 和《内蒙古·长城地带》收录的马、鹿等排列式动物纹饰牌作为长方形饰牌的起点，以说明后者起源于中国境内，恐难成立。我们承认，作为一种特定形状的长方形饰牌确实始于春秋晚期，但战国晚期前后具有显著的差异，之前以形体狭小、动物纹成组有序排列的饰牌（片）为主，但我们无法肯定这种饰牌具带扣性质。西沟畔战国墓的 M2：47、M2：59、M2：61 卧马纹饰片的构图风格与桃红巴拉 M5 和《内蒙古·长城地带》收录的长方形饰牌基本一致，但西沟畔战国墓的 M2：47 对马纹饰片的中间有折叠痕迹，表明这种饰牌（片）是其他装饰而非带扣。战国晚期之后，以形体较大、动物相斗或相对纹的饰牌为主，现已基本肯定这类饰牌为带扣。退一步来说，即使承认田、郭、乌三先生的说法，仍然弥补不了两类饰牌形制上的差异及战国早中期两类牌饰几乎皆不见到这一空当。确切的事实是，受斯基泰风格影响的长方形牌饰在战国晚期才真正登上文化舞台，而且一开始就表现出力图改造异域风格的中国化特色。

[13] 广州市文管会等：《西汉南越王墓》，文物出版社，1991 年。

[14] 宁夏文物考古研究所等：《宁夏同心倒墩子匈奴墓地》，《考古学报》1988 年第 3 期。

（原载《文物》1998年第8期；与韦正合作）

东晋张镇墓碑志考释

　　张镇墓碑志1979年9月于吴县甪直镇南张陵山四号墓（张镇夫妇合葬墓）内出土，这是中华人民共和国成立以来，继南京、镇江、马鞍山等地出土的东晋墓志之后，又一次新的发现。

　　碑志青石制成，包括碑和座两个部分，有榫槽相接，原来竖于墓室甬道内。座（趺）作盝顶形式；碑圆首，额的正（阳）、反（阴）都有穿，但未刻透，徒具形式。碑志通高68.1厘米（碑高45.6、座高12.5），碑宽29.5、厚13.5、穿径4.7、座长34.5、宽19厘米。两面都用细线分横、竖各七格，格内刻碑志文，每面49个字（七行，每行七个字），共刻98个字，书体为楷隶（图一）。

　　正面碑志文：

　　晋故散骑常侍、建威将军、苍梧、吴二郡太守、奉车都尉、兴道县德侯，吴国吴张镇字义远之郭。夫人晋始安太守嘉兴徐庸之姊。

图一　张镇墓碑

背面碑志文：

太宁三年，太岁在乙酉，侯年八十薨。世为冠族，仁德隆茂，仕晋元明，朝野宗重，夫人贞贤，亦时良媛，千世邂逅。有见此者，牵愍焉。

现在碑额部位依然隐约可见一些经过磨平的字迹，石座底部道道凿痕的边缘亦残存一行字的偏旁。可能此碑志系利用旧碑凿磨镌刻，或者初刻不当又加工重刻而成的。这些字迹都与碑志的书体相同，估计即使是旧碑，年代与碑志的年代相距也不致太远。

下面就张镇墓碑志略加考释，提出一些粗浅的看法，不妥之处，请同志们批评指正。

一

碑志文内容包括两个方面：一是墓主官阶、爵位、籍贯、姓氏、卒年以及夫人郡望；二是四字一句共七句，铭德颂功的辞令。除去不载墓主先祖、考妣和子女外，大体接近一般所说的墓志铭格局。末尾"有见此者，牵愍焉"词句很特殊，为晋代碑刻中首次见到，似属祈求阴曹地府悯恤的意思。其形状圆首、带穿，应为碑，且保留了较多的汉碑作风。

迄今发现的两晋墓碑、墓志数量不多。西晋形式较多，有长方形、圭首、圭首圆穿、圆首四种[1]，个别有方趺。多数不刻名称，少数自名"碑""墓碑"。东晋，除本次发现外，墓志都作长方形（少数接近正方形），不刻名称[2]。综合看来，我国墓碑、墓志发展演变的历史，两晋时期正处于新旧交替，从不定型到趋于定型的阶段，到了南北朝墓志的格局基本定型了。正如马衡先生早就指出的："其以墓志或墓志铭称者，实始于南北朝，南朝以刘怀民墓志铭（大明八年）为最先，北朝以韩显宗墓志（太和二十三年）为最先"。[3]张镇卒于东晋初太宁三年（325年），离开西晋灭亡的时间不远，因此，其碑志的形式接近西晋风格，是符合碑志演变的时代特征的。据《宋书·礼志》："至（晋）元帝太兴元年，有司奏：'故骠骑府主簿故恩营葬旧君顾荣，求立碑。'诏特听立。自是后，禁又渐颓。大臣长吏人皆私立。"立碑之风，东晋初由吴郡顾家括起，同时、同乡的张家当然也是不会例外的。碑墓的形式保留先前的汉代遗风，也是容易理解的。

张镇墓碑志的名称，我们采用碑志的提法，是考虑了形式和内容两个因素，一方面肯定它是碑的形式；另一方面避免忽略它"藏之于椁"和志的基本内容。

值得提出的是《世说新语·排调篇》注（以下简称《世说》注）中曾经记录一块张苍梧碑，碑文："君讳镇，字义远，吴国吴人，忠恕竟明，简正贞粹。泰安中除苍梧守，守讨王含有功，封兴道县侯。"将这节碑文与碑志内容相比较，籍贯、官职、爵位基本一致，也有内容详略或不尽相同处。看来，《世说》注中的张苍梧碑肯定不是现在出土的碑志，而是属于梁代刘孝标作《世说》注时，保留在地面或史籍中尚能见到的碑刻。如果这样分析不错的话，张氏宗庙或张镇墓前享堂，当时可能有一块碑刻（即张苍梧碑）。

二

张镇，史书无传，除《世说》注张苍梧碑以外，其他材料散见《晋书·张凭传》《苏州府志·文学传》《梧州府志·职官志》，前两者大体上照抄《世说》，后者亦仅载："（苍梧太守）张镇，吴郡人，元帝时任。"因此，碑志字数不多，材料却比史籍丰富，可以补史书的阙略。

张镇字羲远，《世说》注作"义远"，应以碑志为是。籍贯碑志与《世说》注同"吴国吴（人）"，《晋书·刘惔传》与《梧州府志》作吴郡（人），按东晋初吴郡曾改称吴国，南朝又恢复郡名[4]。"吴国"与"吴郡"实际上一回事，"吴（人）"即是吴国属县吴地方人，《晋书》有类似记载，如孙惠即称吴国富阳人。

"世为冠族""仕晋元明"，东汉、三国、两晋时期，东南地区吴郡朱、张、顾、陆四姓为名门豪族，东汉已"世有高位"，孙吴时四姓仕郡很多，形成了所谓"张文、朱武、陆忠、顾厚"的独特门风。张镇家族即是吴郡张家的一支。307年司马睿移镇建康，建立东晋政权，完全依靠了北方门阀王氏家族和江南世家豪族的支持和合作，继顾荣、贺循之后，江南豪族相继出来拥护东晋政权，出任官宦，"仕晋元明"正是东晋初年（元帝、明帝）吴郡士族支持司马氏帝室的一个真实反映。

张镇的官阶，碑志称："散骑常侍、建威将军、苍梧、吴二郡太守、奉车都尉"。"散骑常侍"虽属"显职"，《晋书》列传记载官吏死后追赠、加赠"散骑常侍"的例子不少，可知其不一定是实际官职；"奉车都尉"亦是"奉朝会请召而已"，两者当是一种虚衔。"建威将军"，晋时的将军，《晋书·职官志》可分四级，征、镇、安、平，东西南北都有，"建威将军"肯定不是固定职称，所以《文献通考》将其列为"杂号将军"，并称："晋郡守皆加将军，无者为耻"。苍梧太守加建威将军符合当时的风尚。张镇碑志、张苍梧碑和史籍都称"苍梧太守"，可见其主要政治生涯任苍梧太守。张苍梧碑："太安中，除苍梧守"，"太安"，西晋惠帝年号，前后两年（302～303年）。《梧州府志》："元帝时任"，元帝即东晋元帝，在位时间前后六年（317～323年），两者相距十五年以上，按碑志张镇八十薨，卒年太宁三年（325年）推算，"太安"时其年龄52～53岁，"元帝"时则已达70岁左右，似以前者为正，后者或许为强调辅佐本朝皇室之事，而先朝已经任职之事不提罢了。至于离任的时间《梧州府志》排列在张镇以后的苍梧太守是杜晏，"太宁中任"，《苍梧志》明确记"明帝太宁二年以杜晏守苍梧"。张苍梧碑记讨王含事，史载正是太宁二年，因此，张镇在太宁二年离苍梧守任的可能是很大的。"吴郡太守"是实际的官职，按理史书应有记载，失载的原因有两种可能：一是任期很短，无业迹可载；二是官职虽已被命，然未到任，即卒。看来，在太宁二年到三年的这段空白时间里，张镇有被委任吴郡太守的可能，所以碑志载入而史籍未记。

"兴道县德侯""兴道县侯"为张镇封爵，县侯汉魏封爵中以县为侯邑者称县侯，晋承魏制。"德"为谥号，其意所谓"执义扬善""绥柔士民"[5]。"兴道县德侯"即是爵与谥。类似的例子如南朝梁代肖景封吴平县侯，谥曰忠，在其神道石柱刻"吴平忠侯"，即是省县加谥[6]。

关于东晋明帝太宁二年讨平王含以后，论功行赏的事，历史有记载。"丁酉，帝还宫，大赦，惟敦党不原。于是分遣诸将追其党与，悉平之。封司徒王导为始兴郡公，尚书卞壶建兴县公…其余封赏各有差。"张镇碑志所载为"其余封赏各有差"作了注解，可补正史之阙。三国、两晋时期崇尚门阀之风，士族为了维护其统治地位和经济利益，通婚必须严格按照门第的高低匹配，士族不能与寒门庶族通婚，吴郡张氏是"世为冠族"，与其联婚的亦应是高门大族，碑志载张镇夫人是"始安太守徐庸之姊"，从徐庸的官职以及"亦时良媛"来看，嘉兴徐氏决非寒门庶族，它是符合封建门阀制度下的通婚原则的。

三

张镇碑志的书体，笔划方折，笔道清晰，起落有序，结构严谨，属于楷隶。以往出土的东晋墓志中，王兴之夫妇墓志（永和四年，348年）的书体与其十分接近，然而它书写的时间较王兴之夫妇墓志早二十三年，因此，迄今为止，张镇碑志是我国最早的楷隶书体艺术珍品，它反映了当时世家豪族对于书体的爱好和风尚也是研究从汉隶到楷书发展和演变过程的一件重要资料。

注释：

[1] 赵万里：《汉魏南北朝墓志集释》，河南省文化局文物工作队第二队：《洛阳晋墓的发掘》，《考古学报》1957年第1期。

[2] 南京市文物保管委员会：《南京人台山东晋王兴之夫妇墓发掘报告》，《文物》1965年第6期。

《南京戚家山东晋谢鲲墓简报》，《文物》1965 年第 6 期。南京市博物馆：《南京象山 5 号、

　　6 号、7 号墓清理简报》，《文物》1972 年第 11 期。

[3]马衡：《凡将斋金石丛编·中国金石学概要下》，中华书局，1977 年。

[4]《苏州府志·沿革详节》，康熙三十年刊本。

[5]（清）沈蕙纕：《谥法考》。

[6]《南史》列传第四十一"梁宗室上"。朱希祖等：《六朝陵墓石刻调查报告》。

（原载《文博通讯》1979年第27期）

国宝大观——概述（青铜器）

　　青铜，是指红铜和其他化学元素的合金，最常见的是铜与锡、铜与铅的合金，颜色呈青灰，因而得名。在发明青铜以前，先有一个使用红铜（纯铜）的时期，红铜质软，还不如石器坚硬与锋利，青铜比红铜有三大优点，一是熔点低，易于铸造；二是硬度大，可根据需要加减锡（铅）的比重，得到不同的硬度；三是溶液流畅，少气泡，善铸锐利的锋刃和细密的花纹。所以青铜的发明是一个划时代的创造。我国古文献中常称商周时代的青铜为金或吉金，吉金就是指精纯美好的青铜。

　　如果说以彩陶为代表的新石器时代艺术，与世界其他处于社会发展阶段相同的一些地区的文化艺术，还有相似之处的话，那么，我国古代的青铜文化艺术，则是独具特色和传统，尤其是商周青铜器，以其雄伟的造型、古朴的纹饰、丰富的铭文著称于世，是属于中国文物宝库中的瑰宝，世界美术史上的一颗灿烂明珠。

　　本书所遴选的74件青铜器，包括传世品和考古发掘品，代表了我国青铜艺术史上各个时期的菁华。

　　新的考古成果证明，我国青铜器源远流长，其起源至少可上溯到公元前三千年左右，甘肃东乡林家马家窑文化遗址出土的一件单范铸造的青铜刀，是目前公认的我国最古老的青铜制品。早期青铜器绝大多数是小件实用工具，极少装饰，青海贵南尕马台距今约四千年的齐家文化墓葬出土的铜镜，表面有简单线条组成的三角纹和七角星图案，当属早期青铜器装饰花纹的风格，反映出人们纯朴的审美意识。

　　大致相当于夏代的二里头文化时期，青铜器已从铸造简单的工具、兵器，发展到比较复杂的空体容器青铜爵和铃。爵是目前仅见的青铜礼器，但传世青铜器中有一种与二里头文化近似的铜盉和带流角形器，推测当时的礼器不止爵一种。爵经化验含铜量92%、含锡量7%，属标准锡青铜，模仿陶爵形状铸造，虽然略显粗糙，然其制作规整，器壁厚薄均匀，已经采用复合范铸造，所饰的弦纹和凸起的乳丁，当是青铜初兴的花纹模式。还在一件圆形铜片上，发现四边用61块长方形绿松石镶嵌，中间则用绿松石块嵌出两圈十字形图案，每圈13块，这是我国最早的"铜镶玉（石）"工艺的代表作品。这些情况，说明二里头文化时期青铜工艺已经达到一定水平。

商周时代，约从公元前18世纪到公元前221年秦始皇统一天下止，历经商、西周、春秋、战国1500年之久，是中国青铜发展史上波澜壮阔、光彩夺目的时期。当时青铜铸造业全部被王室、贵族所占有，权贵们用吉金作鼎以盛肉，作簋（或敦）以盛黍稷稻粱，作盘、匜以盛水，作爵、尊以盛酒，作戈、剑以利兵戎。他们用一批批吉金制品"以蒸以尝""以食以享"，演绎为权力的象征。相传禹铸九鼎，以象九州，以后成为传国的重器，国家政权的象征。历史上有名的"问鼎"故事，公元前606年楚庄王问周王朝特派大臣王孙满，周九鼎的"大小轻重"，王孙满回答"周德虽衰，天命未改，鼎之轻重，未可问也"，后来以此比喻阴谋篡政夺权。吉金亦是身份地位的标志、富贵的代表。当时，集中体现在"礼器"上，所谓"礼器"，就是王室贵族在进行祭祀、宴享或朝会、歃盟等活动时，举行礼仪使用的器物，具有浓重的宗教巫术色彩。青铜器铭文中常自铭为"彝"器，"彝"字像用双手捧一缚翅的鸡，鸡脚很长，鸡头前洒落血点，比喻古代致祭时，用杀鸡洒血作牺牲敬奉鬼神的形象，是来源于祭祀场面，引申为祭祀的器物群。晋杜预解释为指钟、鼎之类宗庙经常使用的宝器。由于这样，很自然将这些彝器当成了祈求实现神灵世界的器物，充满神秘怪异的气氛，通过彝器形态的变化和花纹，来表现其思想意识。

至今见诸于著录的商周青铜器，据统计单是作为礼器的食器、酒器、水器和乐器四类总数就有2万件以上，其中鼎数量最多，簋其次，酒器爵占第三位。商周青铜器的断代分期标准都是从器物形制、组合、花纹、铭文和铸造方法的演变加以划分，目前考古界通常从时间概念上，将青铜器划分为：商前期（二里冈期），商后期（殷墟期），西周，春秋，战国五大阶段，每段还可细分。20世纪30年代郭沫若从青铜艺术史角度分为滥觞期、勃古期、开放期、新式期，至今仍被美学界所承认，继续沿袭使用。还有一种瑞典人高本汉的古典式、中周式、淮式分期法，但国内极少有人采用。

商代前期（二里冈期），与二里头文化的青铜器相比较，不论是造型设计、花纹刻镂、或铸造技术都有明显发展。礼器的种类增多，除爵以外，鼎、鬲、斝、盉、觚都较常见，还有甗、罍、瓿、壶、盘、卣、尊等，礼器"重酒组合"以酒器觚、爵为核心，配以鼎，或尊、盘。工具、兵器除二里头文化原有的外，新出现了锛、斧、锯、镢、凿、戈、矛、钺等，几乎商代晚期常见的器类，这时都已齐备。造型特征三足器盛行锥形空足和扁锥足；爵、斝平底；觚体粗壮；尊、盘圈足有十字镂孔；戈援窄，无胡无穿；罍、尊小口折肩。花纹结构粗犷，多平雕，浮雕少见，高浮雕的牺首装饰亦已出现。饕餮纹（兽面纹）是常见的主体花纹，装饰作宽带状分布，边缘配以弦纹、联珠纹（圆圈纹）。云雷纹已经行用，不作地纹，用于勾勒主体花纹。其他有夔纹、龙纹、虎纹等。青铜器多无铭文，习见族徽，笔道刚劲，一般不作波磔，传世品中曾见有一个"亘"字和"父甲"的铭文，为我国青铜器已知的最早铭文。1974年郑州市杜岭出土的两件大鼎，一件高1米、另一件高0.78米，是二里冈期发现的最大青铜器，形制庄重，花纹质朴，无凸出的雕刻，也无地纹，代表了当时的铸造技艺和作风，该器当属王室、贵族拥有的重器。

商代晚期（殷墟期）是我国古代青铜器发展史上第一个高峰，渊源于二里头文化期和二里冈期，而质量和数量都得到空前的发展和提高。1976年在安阳小屯西北发掘的妇好墓，墓主妇好是商代第二十三代王武丁的配偶，随葬品既多又精，器类齐全，这座保存完整的王室成员墓葬，出土的青铜器可以作为这一时期的代表。随葬铜器共460件，礼器210件，其次为武器、杂器、工具、乐器。礼器有20多个器类，包括方鼎、圆鼎、偶方彝、三联甗、簋、尊、方罍、壶、瓿、缶、觥、斝、盉、爵、觚、盘等。有不少是前所未见和少见的重器。有些铜器两两成对，数件成套。当时，礼器仍以酒器觚、爵为轴心，但食器簋已被引进礼器行列，并且首次出现了乐器编铙，因此，可以这样认为，到武丁时期商代的礼乐制度在青铜器中已完全能够反映出来。

商代晚期青铜器制作精良，一般胎壁都较厚实，给人以凝重、庄严的感受。如司母戊大方鼎，型体恢宏，堪称当时的代表作，鼎高133厘米，重达875千克，是至今发现的最大青铜器。铸造这样的重器，需要高度的技艺和组织劳动的经验。

在商代晚期青铜器中，有一类象生铜器，形状奇特，如兕觥、象尊、羊尊、犀尊、虎尊、猪尊、鸳鸯尊、凤尊、牛尊、鸮尊等等，构思精巧，造型逼真，制作工艺也都极其精湛。然而，在当时这些艺术杰作并非仅限于美的追求和美的享受，也是商人所信仰的精神世界及其对神灵向往的反映。

商代晚期青铜器的纹饰图案丰富多彩，作风繁缛，显示了处于发展鼎盛阶段上的华美富丽、雍荣堂皇的气派。花纹种类，大致可分三类，一种是几何纹样，以点、线、圆形、方形、三角形为基本要素构成，包括弦纹、云雷纹、涡纹等；一种是象生动物纹样，有着浓厚的生活气息，尽管有时高度抽象、概括、简化、变形，但仍可辨认原来的形态，有牛、羊、象、虎、马、鸟、鸮、蛇、蚕、蝉等；还有一种是怪异动物纹样，现实生活中并不存在，而是用古代神话中的动物名称来命名的，形象却十分生动，主要是以饕餮纹、夔纹为代表，龙纹也有一定的数量。在《吕氏春秋》《庄子》《说文》中，都描绘古神怪性的动物，象征"协上下""承天休"的祥瑞意义，具有一种神秘的威力。李泽厚称之为"狞厉的美"，显然是与商人崇迷信、尚鬼神的宗教意识有关。纹样的装饰手法，不但流行通体满花，而且已经出现重叠加花的三层花，即地纹、主纹、再在主纹上加饰花纹。一般运用主纹和地纹相结合的表现方法，即以饕餮纹为主题，以云雷纹为陪衬，形成主次效果。有的图案组织多用头尾相接连续展示，富有一种规律性的节奏感；或者左右对称成双成对，即以铜器的角棱为中轴，两侧纹样对称相同，达到稳定性的效果。同时，又广泛使用浮雕装饰，而浮雕纹样与器形的立体造型之间适合协调，遂使整个器物有血有肉，耐人观赏。

商代晚期铜器铭文还较简单，一般只记载作器者名、族氏和祭祀对象等，叙事性的记录极少，据统计，有较长叙事铭文的器物不过二三十件，都属商末帝乙、帝辛时代的作品。书体为"画中肥而首尾出锋"的波磔体，族氏铭文尚未脱离图形文字的形态。

这一时期青铜器的出土地点非常广泛，各地表现了较明显的地方特色，晋北、陕北多马首、鹿首的削，蛇首附环的匕。湖南多大型铸造精细的容器和铙，宁乡的四羊尊为其典型代表。

西周青铜器的数量，比商代有了明显的增长，分布范围已大大超过了商代。商代集中于黄河中下游腹地，到了西周，除周王朝统治中心的丰、镐，成周地区以外，各大小封国乃至一些边缘地区，都拥有自己的青铜铸造作坊，以致形成了各地区不同风格的青铜器。西周虽然到目前为止，还没有发现像商代司母戊鼎那样的巨型铜器，最重的大盂鼎也重达153.5千克。在周人统治的中心区陕西周原扶风、岐山和宝鸡，经常有数量惊人的窖藏或随葬铜器群出土，一窖十几件、几十件乃至数百件，如光绪十六年（1890年），岐山县任村一次出土大克鼎等120余件；1976年扶风法门白家村微史家族窖藏一次出土103件；中国青铜器史上几件有名的重器，如大丰簋、大小盂鼎、何尊、毛公鼎等都出自这个地区。

西周早期的青铜器，大体继承了商制，没有多少变化，就种类而言，常见的仍是鼎、鬲、簋、甗、豆、觚、爵、角、斝、盉、尊、觯、卣、方彝、觥、罍、壶、盘、俎、禁等。同一类的器形较商代稍有变化。西周青铜礼品是以鼎、簋为核心的"重食组合"，《尚书·酒诰》篇，《大盂鼎》铭，都把殷的灭亡看成酗酒所致，西周初周公禁酒，估计其约束不会太大，不能认为从商代"重酒组合"到周代"重食组合"仅仅是禁酒的缘故，事实上考古发现仍不乏西周初的精湛酒器，而是用殷周礼制的区别来解释更为妥当。

西周早期，青铜器的装饰作风仍然比较繁缛，纹样仍以饕餮纹为主，其次为夔纹、云雷纹，新增了长鸟纹。

西周早期的铭文，比商代有了显著的发展，长篇铭文不断出现，《大丰簋》8行76字，《大盂鼎》长达19行291字，《小盂鼎》竟达20行将近400字。当时铭文书体一般都用肥笔，笔道波磔比较明显。

按照郭沫若的分期法，商代后期到西周早期是青铜器的"勃古期"。

真正开始表现西周青铜器特征的，大约是昭穆以后的事，从那时起，以往复杂恢宏的器物和充满古代神秘色彩的花纹相继隐没，而定型化、程式化的倾向日趋显著。新出现的品种，有食器簋、盨和盆，水器匜，乐器编钟，武器剑、戟。

这个时期最流行的花纹是窃曲纹和瓦纹，稍后还有重环纹、环带纹和双头兽纹（顾龙纹），早期常见的蝉纹、蚕纹、象纹等象生动物花纹已经绝迹，饕餮纹退居装饰次要部位。

铭文在这一时期得到了高度发展，中国铜器和世界其他地区的铜器相比，铭文独具特色，铭文亦称"金文""钟鼎文"，是中国书法艺术史中重要的篇章，上与甲骨文密切衔接，下启篆、隶、楷的先河，每篇铭文韵律清晰，笔道工细典雅，锋露圆润，都是书法艺术的杰作。每篇铭文，以歌颂周王美德或记述对贵族功绩赏赐，或交换、买卖、诉讼及记事祭祖，给我们保存下一批重要的典籍。有人称誉毛公鼎有铭文499字，简直可以比美《尚书》一篇，是人世间最早、最美的庙堂典章文学。称有357字的西周散氏盘，是我国存世最早的外交和约文件。称有284字的共王时代史墙盘，是微氏家史的叙事诗。

但是，西周青铜器在器形和花纹上虽有许多创造，然而大体来说还是相当保守的，艺术上没有很大的突破。郭沫若称之为"开放期"。

西周覆亡，王室东迁，进入春秋战国时代，王朝力量衰弱，名存实亡，诸侯争霸，那个以"礼制"为轴心的古典世界已不复存在，王室之器减少，诸侯国器增加，作为陪嫁的媵器类逐渐增加。青铜器的器形和花纹也一改过去的设计，大胆突破商周以来宗教神秘的色彩，体现出强烈的地方性和清新感。中国古代青铜器进入了第二个高潮，也就是郭沫若称的"新式期"。北方诸国器多雄浑凝重，保持古老的技艺传统，南方诸国器多秀丽轻新，几种艺术风格争妍竞秀，交织成一幅光彩流离的瑰丽图景。青铜器的种类和造型都有许多新的变化，鼎已采取部件分铸和焊接方法，增加器盖；甗由上下合体，变为上下分铸；豆有盖，深腹；新出现了体盖合为球形的敦，酒器和水器的式样中，壶的变化最复杂，有圆形、方形、扁形、瓿形等；铜镜也开始流行，还有实用的铜灯、带钩，剑、戈则是南方吴越制作的最精。

春战青铜器的花纹，已从过去奔放的粗花一变为工整的细花，最常见的是蟠螭纹。所谓蟠螭纹，指以两条或更多小螭龙相互纠结在一起，连续反复穿插盘旋，具有华美繁缛的艺术效果，纤细生动地浮现在器物表面，代表了时代的潮流。与之相配的有几何形纹、贝纹、垂叶纹和绹索纹，极具规律，它们向图案化方向发展，再也不具有神秘意义。

同时，铜器铭文内容极为简单，说明日常用器铭文和记录婚媾媵器的铭文很是普遍，笔道变成细长，南方还流行一种铭文字体加以禽鸟形的装饰即所谓"鸟篆"。战国以降，铭文内容多为"物勒工名"记载铸器年月、监造处所和工官名称而已。

当时最突出的工艺是错金银、错红铜、包金银、鎏金和细线刻镂等新技术的发明和应用。花纹设计出现了表现社会生活的新题材，如宴饮、舞乐、采桑、大搜礼、渔猎、攻战等，斑驳陆离，多彩多姿，具浓厚的生活气息。

近年来，河北平山中山王墓和湖北随县擂鼓墩曾侯乙墓出土的大量富有地方特色的青铜器作品，都具有极高的工艺水平，是当时的代表作。不论是中山王墓出土的四龙四凤铜方案、十五连盏铜灯和曾侯乙墓出土的盘尊，制作精巧，构思奇特，令人惊叹不止。当然，往日端庄、神怪、凝神的意味已失却，表明一个新的活跃的时代诞生了。

秦始皇统一中国，青铜器仍是秦代一个重要工艺部门，代表秦代最高水平的，当推始皇陵出土的两组铜车马。它们由三千多个部件用嵌铸、铆接、焊接、销钉等方法组装而成，大小是实用车的二分之一，结构异常复杂，车盖华丽，窗户镂孔雕饰，鞍辔金银错，通体彩绘，云气缭绕，四马驾车，御者踞坐，一派"戎车既驾，四牡业业"的情景。

两汉铜器崇尚实用，更趋朴素轻巧，华贵的则施以鎏金或金银错，设计取材与现实生活紧密相联，形象上既写实，又富想象力。甘肃武威雷台出土的铜奔马，汉代艺术匠师抓住了"马踏飞燕"光电般的一闪间，以超绝的意境，塑造了中国青铜艺术史上脍炙人口的杰作。汉代是铜灯铸造的鼎盛阶段，无论是灯、锭，式样繁多，无不将功能与美观巧妙结合。长信宫灯、错银牛灯原理一致，"灯隐"以调节光线的强弱，"灯管"作烟炱的通路，座内贮放清水，烟炱下降溶于水中。"灯隐"柔和灯光，保证睡眠，"灯管""灯座"保证室内清洁安全。充分体现出匠师们的智慧。被称为"魔镜"的透光镜，则是利用铸造过程中镜面花纹和厚薄的不同，形成相应曲率，而引出透光效应，它们从另一个角度反映汉代的科学技术的发展水平。

至于边缘地区少数民族的青铜器，北方游牧民族多表现力与美的作品，南方滇王族墓葬则表现极强的社会习俗生活场景。

汉以后，青铜器的制作主要是一些小型的生活用具，如铜镜、带钩之属，大型铜器基本绝迹，而且逐步为新兴的瓷器所代替。

（原载《国宝大观》，上海文化出版社，1990年）

春秋乘舆装饰构件——车釭

　　"金根照耀以炯晃兮"，是古人用来形容贵族出行乘坐的车舆装饰十分华丽，在太阳光的照射下，发出耀眼的光芒。"金根"，是秦汉时期高级车舆的名称，皇帝、太皇太后、皇太后出行"皆御金根"。金根，文献记载即"以金为饰"，也就是用青铜构件来装饰车舆，具体情况汉代人蔡邕所著《独断》中说："金根箱轮，皆金缚，正黄，两臂前后刻金，以作龙虎鸟龟形……。"说明青铜构件上铸刻各种花纹，或者直接铸出各种动物形象。金根车，是秦代的制度，汉承秦制。据西晋人崔豹《古今注》的说法，这种车舆是秦始皇参阅了三代的车舆改进而制造的。

　　夏代有"奚仲作车"的传说，车舆的实物还没有发现，不过从夏文化遗址出土遗物的手工业发展水平，以及商代车辆之完善程度看，当时能制造车辆应该是不成问题的。殷代有瑞山车，一曰金根。考古发现安阳小屯20号墓出土的马车，沿轸一周都装青铜饰件。西周青铜器铭文中，常常记载关于周天子任命官吏仪式时，赏赐马、马车或马具的记录，"毛公鼎""吴方彝""师兑簋""牧簋"都有"金车"的记载。《周礼》按照贵族等级的不同规定车舆用何质料装饰，有"玉路""金路""象路""革路""木路"之分，路即车。"金路"就是用青铜构件装饰车子各个部位。陕西宝鸡茹家庄西周中期墓葬中曾经出土过车轸的饰件，包括中轸、边轸、后轸。春秋、战国这方面的考古材料比较丰富。安徽舒城九女墩春秋墓的车零件、虎头形饰；安徽淮南蔡家岗赵家孤堆战国墓的管形饰、拱管形座饰、方形片饰；江苏丹徒辛丰下湖战国铸件；河南淮阳城东马鞍冢战国车马坑的兵车镶有铜甲板，是一辆指挥车，二号车马坑的铜鹿扶手；江苏淮阴高庄战国墓出土的大批各种各样的青铜饰件，发现时均在墓葬的一侧，附近还有车書、车辖，最令人瞩目的一部分饰件拼接起来正是车舆的外廓，"较"的部位，长170、宽117厘米，其他可定名的有轸、轵，按形状定有边板、拐角、虎头等。

　　这里介绍一件江苏沙洲鹿苑出土的青铜饰件，形状与淮阴高庄出的个别零件十分接近。外形好像斗拱、曲臂，前端是镂空方斗，后端有锯齿7个，两侧均饰纠结的蟠虺纹，蟠虺中央蜷曲，细部刻羽状纹。方斗镂空为蟠龙，龙身细部刻云纹、三角纹、羽状纹。中銮长方形，可箍套木材，长方銮长18、宽8厘米。一侧中

图一　战国雕花车釭

部有径3.5厘米的圆孔，起固定孔作用。方斗斗面18、斗底12厘米。整个饰件通长62、高38厘米（图一）。这种饰件除了装饰美化车舆，表示乘坐者高贵身份外，箍套饰件后，可以使车舆木材不致弯曲变形，开裂或起翘。

现场清理并未发现丰富的文化层和遗迹，从出土的陶片特征判断，时代约当春秋战国之际。

鹿苑地处长江岗身之内，距离江岸只有10里左右。《常昭合志》记载，鹿苑为春秋末年吴王夫差驱车打猎捕鹿的苑囿，因此得名。实物可与志书相互印证。

有一种意见认为这种青铜饰件，是汉代所谓的"金釭"，为宫殿高宅建筑中壁柱和壁带之类配置的铜饰件，突出的发现是1973年陕西凤翔春秋秦都雍城遗址出土的64件青铜釭。

《释名·释车》论釭曰："空也，其中空也。"《广雅·释器》"凡铁之中空而受枘者，谓之釭"。显然，釭就是中空可穿木构件的金属部件而已，是一个笼统的名称，并非单纯为建筑构件。因此，鹿苑的青铜饰件广义而言可称车釭。1973年湖北当阳季家湖楚城遗址出土1件铜构件，伴出铜钟，发掘者疑是木质钟架上的构件，说明釭是有多种用途的。

（原载《南京博物院藏宝录》，上海文艺出版社，1992年）

西周凤凰于飞青铜盘

　　1930年12月江苏仪征县破山口出土一批青铜器，传闻约40余件，大多已经散失。1949年后，苏北历史文物保管委员会征集到其中12件，包括鼎、甗、鬲、釜、尊、镐、四凤盘、龙纹盘、小盘、铲等，由江苏省博物馆收藏，后转藏于南京博物院。嗣后又征集到铜盉一件。1959年南京博物院在原来出土铜器的地点做过清理，发现墓坑和一些兵器，肯定为一座西周墓葬。

　　四凤盘、体积庞大，厚沿、浅盘，附耳，圈足，腹部堆有一周绚纹，沿口站立四只凤鸟。高20.4、口径纵84、横78、圈足纵64.2、横59.5厘米（图一）。

　　青铜盘，历来各家铜器分类法，都将其列入水器类。商代盘皆无耳，器内多装饰鱼、龙、龟等动物纹样，隐有"鱼得水，龙潜渊"的寓意，取吉祥的意思。有的还在边沿铸立鸟。西周至春秋的盘多有附耳，南方还有假耳，圈足或三足，个别圜底。据盘自铭有"盥盘""沐盘""鉴"看，其用途为盛水、盛冰或沐浴之用。宗周时期无论祭祀祖先神灵，抑或宴飨宾客，都要进行沃盥之礼，"以昭其洁，以示敬呈。"沃是浇水，盥是洗手洗脸，即是用匜浇水于手，用盘承接。《礼记》详细记载了沃盥的仪礼过程。这种仪式实际上是原始居民接待宾客，表示坦诚相见无伤害之意仪式的一种孑遗，不过渗入了宗法政治的色彩。这种盘的口径一般30厘米左右。其他用途的盘，形制较盥盘大得多。四凤盘当是盛冰的冰盘，或是盛水的"鉴"。

　　口沿加铸立体的鸟兽形象，是商代青铜器的特征之一。单就凤鸟而言，有陕西歧山贺家的凤柱斝；北京平谷刘家河的鸟柱盘；湖南湘潭猪尊、凤鸟盖等。传世品中有双鸟柱斝；六鸟蟠龙纹盘等。类似的装饰作风延续到西周中期，但已不如商代流行。

　　细视四凤盘上所立的四只凤鸟，两两相对，仔细比较，其冠、耳、眼、嘴、胸、背、翅、尾都有差别，与以往所见不同，我们分为甲、乙两组加以记述：

　　甲组：短冠，双耳明显，眼在上角，勾嘴，胸部方角，刻肋形弧线，背刻龟纹，尖圆翅，分尾（图二）。

　　乙组：长冠，耳不明显，眼在中央，尖嘴，胸部圆角，刻锯齿形线，背无龟纹，方角翅，燕式尾（图二）。

图一　西周四凤盘

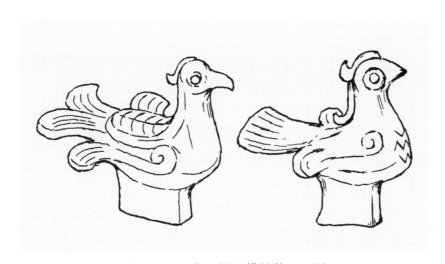

图二　四凤盘口沿上模铸的凤、凰

　　四凤从各方面的特征看，应该是两对，即古文献中所称的凤凰。凤凰，亦作"凤皇"，传说中的鸟王，《初学记》《韵会》均载雄曰凤，雌曰凰，两者通称"凤"或"凤凰"。

　　凤凰的形象怎样？传说中黄帝在位的时候，天下安宁，风调雨顺，黄帝以为是凤凰出现的缘故，但是凤凰是什么样子？他没有见到过，于是，召见一位很有学问的天老，问他凤凰是什么样子的？天老回答凤凰是前面看像鸿雁，后面看像麒麟，蛇颈、鱼尾、龟身、龙纹、燕颔、鸡喙。这段故事见于《韩诗外传》。《说文》《尔雅·释鸟》郭璞注都有雷同的记载。很遗憾，前人对凤凰的形象，只是作了总体描述，并没有给我们具体指点凤与凰的异同。但用以上的记载对照四凤盘上甲、乙两组凤鸟，可以说与文献所述基本上是相符的。

　　凤的形象从考古发现来看，具有很强烈的时代特征。

　　新石器时代已经出现凤的纹样，但那时造型简朴、自然、天真，只是象征性的

"鸟"的简化图案，浙江余姚河姆渡遗址出土骨匕上刻的双头"鸟"最为典型。

商、西周时期任何装饰或纹样都涂上了一层浓重的宗教神秘色彩，凤鸟都昂首凝视，规矩严谨，使人见之，神秘莫测，主要体现奴隶主统治的威严和神圣的意志。

春秋战国时期，是社会发生急剧变革的阶段，意识形态从禁锢走向开放，凤鸟亦赋有时代气息。楚国帛画上的凤鸟线条流畅，翱翔飞舞，婉转自如。河北平山中山王墓的错金银龙凤方案中，凤自由奔放，风格清新。

秦汉时期社会政治经济稳定，统一意识的逐步确立，凤的形象开始从活泼奔放向图案化发展，漆器、铜镜、画像石（砖）上大量出现，立体形象锐减，多作朱雀形。

六朝隋唐时期我国从处于政治局势分裂、经济文化不稳定局面的低潮中，走向封建经济繁荣、社会安定的盛世。凤的形象前期大体仍继承汉代风格，新出现佛教内容的忍冬草配在凤鸟形象上，后期则从古拙向浓郁的生活气息发展，以敦煌佛窟中的图案、铜镜上图案、青釉凤头龙柄壶最典型。

宋元时期商品经济高度发展，凤的形象走上程序化、规范化的道路，双凤明显分雌雄合在一个图案上，基本造型一致，仅以头上有无"胜"来辨别。

明清时期沿袭宋元，"团凤"广为流行，并分别向装饰化和宫廷化发展。

四凤盘上不同形象的出现打破了以往认为宋代以后双凤才分雌雄的说法。凤凰作为"祯祥"的标志，加以神化，最早见之于甲骨文，《卜辞通纂》引398片"于帝史凤"，郭沫若先生注释为"视凤为天帝之使"。从春秋、战国及后代的文献中看出，古人视凤凰为神鸟，最为吉祥，见到它就大吉大福，阴阳调和，国无灾殃，子孙盛昌。凤凰不出现，就会降临灾祸，或者表明国无贤圣，行将"覆巢破卵"。青铜盘上铸两对凤凰，正是表明"凤凰于蜚，和鸣锵锵"，和乐吉祥的意思，作为奴隶主的陪葬品是有着阶级内容的。

那么，甲、乙两组哪是凤？哪是凰？凤凰是人们对现实存在的飞禽的抽象和高度概括，赋有神秘的宗教色彩。考古界对凤的来源有三种解释，一是玄鸟、燕；二是孔雀；三是鸡或雉。不管是何种飞禽，一般以为雄性性格凶猛好斗，羽毛丰满鲜艳，雌性性格温和柔顺，羽色暗淡。按此标准判别，甲组的嘴、耳、背、胸等较乙组更接近雄性特征。由于凤凰是抽象的概括，前人也讲得含糊不清，加上商周考古发现迄今仅此一例，明确分清凤与凰的形象，目前尚难下结论。

（原载《南京博物院藏宝录》，上海文艺出版社，1992年）

凤鸟纹兕觥

在我国灿烂夺目的商周青铜艺术宝库中，近年来人们发现，长江以南的皖南、宁（南京）镇（镇江）一带土墩墓中出土的一批周代青铜器，具有鲜明的地域特色。这里介绍一件南京博物院收藏的凤鸟纹兕觥（si寺gōng工），该器1954年6月由江苏丹徒烟墩山一座墓葬内出土，同出一对，通高21.2、长21.8厘米（图一）。

此觥器、盖合为一体，形似四足兽。兽首与身相连，吻部方正，耳、目、歧角成双；兽身圆角长方形，身后附龙形鋬；兽背负盖，弧脊翘尾，上立兽状小纽；兽腹下四扁蹄足。其造型显得首大、身肥、足矮，给人以敦实拙朴的感觉。周身由一条较宽的纹带环绕，两层花纹，云雷纹衬地，主题花纹是两侧对称的大凤鸟纹，其后各随一长尾凤鸟，两鸟大小相差悬殊，构成明显的主从关系。颈下饰四组简化夔纹，属于辅助补空的花纹。兽蹄足的跟部饰有象纹。

觥，也作觵，是一种饮酒和盛酒的器皿。觥无自名，宋人将其列入匜类，近人王国维曾作《说觥篇》，列举匜、觥形制的异同，阐述宋人分类的不妥，而认为此类器当是《诗经》中所称的"兕觥"，现此定名已被学者所广泛采用，至于王说是否恰当，尚待新的考古材料加以证实。

觥，中原地区盛行于商末西周初，西周中叶以后已经很少见到。商周时期觥的形象，多作兕形，通称"兕觥"。兕，我国古代一种犀牛，今已绝迹。觥的早期形态，有人推测大概像一只横放的牛角，实物未见，山西石楼曾出土过一件角状铜觥，属于商器，虽然周身刻镂精细的龙、蛇、夔和鼍（tuó驼）等纹饰，绝非早期实物，但仍可以借此推定觥的原始形态。

图一　西周凤鸟纹兕觥

觥的形制，中原有四足兽形觥和圈足兽形觥两种，前者少见，后者常见。具体形状大都作兽首形器盖，椭圆腹，前有流，后有鋬。凤鸟纹兕觥与中原器相比较，安阳殷墟妇好墓出土的司母辛觥和传世品商代晚期器鸟兽纹觥都作四足兽形，与之相近，然而这两件觥形象威严庄重，神秘诡怪，纹饰精美华丽，铸工极其成熟，为凤鸟纹兕觥所不及；与陕西扶风庄白微氏家族铜器群中西周早期器折觥比较，形和神都无法比拟；与传世品西周早期器守宫作父辛觥和贲弘觥比较，则形象一样，均无狰狞怪异相，尤其是与守宫父辛觥同属兽首连身，除器盖外，全器作封闭形式，都无法当作饮器，应该仅作盛酒之用。当然，两者也有相异之处，守宫父辛觥腹内分室，且中藏长柄勺，底为圈足座。凤鸟纹兕觥则无圈足和附长柄勺。

此觥的纹饰大凤鸟纹、长尾凤鸟纹、夔纹和象纹，在中原青铜器上都能见到，仔细考察，基本构图接近，具体细节则迥然相异。

凤鸟纹，甲骨文中已见凤鸟形象，青铜器上为顶有高冠，后曳长尾的形象，最早出现于商代殷墟时期，盛行于西周中期，衰落于西周后期。殷墟期凤鸟单体简洁，很少华丽的装饰，形制也较小，常饰于次要的部位。西周中期的凤鸟羽尾丰满，装饰绚丽多彩，形象大都作回顾式，昂首引颈，姿态少见，尖喙卷曲，华冠垂于胸前，双翅上扬，尖端成叉，尾端向后伸展，脚趾粗壮锐利，饰于器物主要部位。表面粗看此觥所饰凤鸟近于西周中期风格，然而细审起来，此觥凤鸟钩喙，鸟首向前，昂首引颈，华冠飘于头后，翅上翘卷曲，尾羽双股，下股卷曲呈云纹状，脚趾仅作弯钩向两侧张开，遗留一些早期凤鸟作风。最奇特的是此凤鸟领部颈毛飘逸，为以往凤鸟纹所不见（图二）。

长尾凤鸟纹，商末西周初出现，延续到西周晚期。西周时期长尾凤鸟翅部上翘，尾羽分成双股，上股连接鸟体，下股与鸟体分离，卷曲状态已近窃曲纹样。此觥长尾凤鸟亦与西周中晚期近，唯其不见翅部，尾羽与鸟体相连，两股尾羽等粗，仅在尾端卷曲，比较简单，甚至找不到鸟眼（见图二）。

夔纹：商末周初常见，西周中期已少见。其形象张口、独角、单足、卷体，此觥所饰夔纹仅能辨其大体形象，张口、瞪目、耸鼻、躯干卷曲，不见角、足，实际上是简化了的夔纹。

象纹：商周青铜器中不多见，此象纹是勾勒简易清晰的轮廓，使之粗具形象。

从上述简单类比中，可以看出，凤鸟纹兕觥的纹饰母题来源于中原同类纹饰，而在模仿铸造过程中，经过改造，改变了旧有的面貌，形成了这个地区自己的风格。

最后谈谈凤鸟纹兕觥的时代，必须涉及同墓出土的一群青铜器，该墓出土青铜器十二件，除一对凤鸟纹兕觥外，尚有一件鼎、一件鬲、一件盉、二件盘、

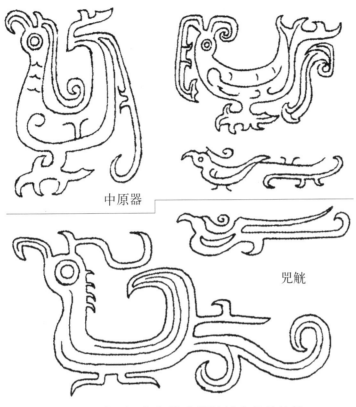

中原器

兕觥

图二　中原器与烟墩山兕觥凤鸟纹的比较

一对盉、一对角状器以及一件"宜侯矢簋"。"宜侯矢簋"是中华人民共和国成立以来出土最重要的铜器之一，120余字的铭文，详细记述了周王册命矢为宜侯的分封情况，"宜侯矢簋"公认为中原所铸重器，其年代虽有成王、康王和昭王三说，但学者大多倾向为西周康王时器。同墓出土的青铜器能否早到与"矢簋"同时呢？学者看法不一致，这批青铜器包含着两种类型：一种是中原式典型西周铜器，如圆鼎、"矢簋"；另一种是器型和纹饰不同于中原形式的代表当地文化特征的铜器。若按前者断代，则这批器物早到西周康王之际。有一部分学者持此意见，也有人据后者铜器形制与纹饰对比中原器物，主张是春秋时期的墓葬，保存着西周流传下来的重器；还有一种意见认为两种类型铜器，前者有早晚，"矢簋"康王器，圆鼎西周中期器，后者纹饰多仿自中原，最典型的是这里常见的所谓"纠结草叶纹"，从其主体单元S形，结体卷叶刀形来看，除缺首、尾外，跟中原西周中期以后，回旋式S形夔纹很近，由其演变而成带地域特点的纹饰。作为文化因素的相互影响，虽然一地与另一地甚至出现完全相同或相似的因素，但两者时间既不一定会完全同时，也不至于相距时间很遥远。因此，这批带地方特色的青铜器其时代大概在西周中期以后，当然也包含这件凤鸟纹兕觥了。

（原载《南京博物院藏宝录》，上海文艺出版社，1992年）

二千五百年前的汲水罐

　　水，有人譬喻它是人类"生命的摇篮"。人离不开水，饮用、洗濯、种庄稼……都需要水。那么，先民用什么器皿来提取水呢？在远古陶器尚未发明以前。人们曾用木、竹、皮制的容器和植物果壳取水，这样的实物今天已经无法找到，但从民族学材料中还能得到一些启示。从考古材料看，距今五六千年前，新石器时代仰韶文化、马家窑文化的尖底瓶；大汶口文化的背水壶（图一）；都是我国早期的汲水器。

　　近年来，在太湖平原不少地方的河、湖、塘沿岸、古遗址附近，陆续发现很多早年的水井，上起新石器时代崧泽文化和良渚文化，历经商、周、汉、唐，止于宋代。这些井内常常发现沉积的汲水容器，有陶罐、贯耳壶、印纹硬陶罐等。其提取的手段，罐内常横置一截木棒，棒上系绳；贯耳壶、印纹硬陶罐则在器外罩一个以竹丝或绳索编制的网络；大多数器侧附加双系（或四系），有的系上还残留有绳痕。太湖地区汲水器的编年，按时代先后排列，从新石器时代双耳陶罐、黑陶贯耳壶；商、周印纹硬陶罐；汉代双牛鼻系绳纹陶罐；六朝、隋、唐青瓷四系罐；五代、宋釉陶四系瓶（俗称"韩瓶"或"军持瓶"）（图一）。宋井中还发现一些木制吊桶。这里介绍的春秋时期几何印纹硬陶罐，便是一件汲水罐。

　　这件汲水罐，于1972年江苏吴江同里镇九里湖畔古井出土。颜色灰褐，敛口，弧形长腹，平底。腹侧堆贴对称的龙耳，表面拍印折线纹（亦称曲尺纹）。内壁泥条盘筑的痕迹十分清晰，龙耳是手捏后再黏结到器腹上的，由于过烧，器表

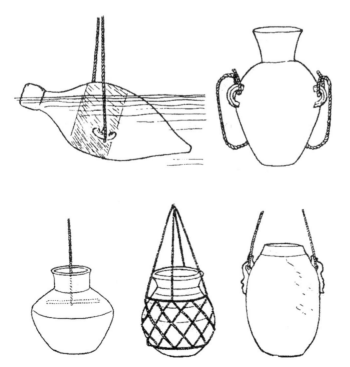

图一　尖底瓶及背水壶（上）及汲水器吊系形式图示（下）

有的地方起泡。高21.7、口径8.1、腹径16、底径11.7厘米，容积2.77千克（图二）。

图二　春秋印纹硬陶双系罐

几何印纹硬陶，在我国陶瓷艺术发展的历史长河中，属于一个重要的分支。考古发现表明：最早出现于江南新石器时代晚期，西周时发展到鼎盛阶段，战国以降逐渐衰退，以至后来销声匿迹，其盛衰几乎与我国青铜器的盛衰史相一致。盛行于长江以南的粤、闽、赣、苏、浙、沪、皖南。黄河流域尽管也有发现，但其在陶器中所占比例，器形、纹样的繁缛程度都无法与江南相比。

几何印纹硬陶的原料是含铁量较高的黏土。烧成温度在1100℃以上，比一般陶器高200℃～300℃。已接近烧结或烧结。胎质细腻，吸水性弱，坚硬，扣击铿锵有声。由于原料中含铁量的高低有异，烧成后表面呈色不同，主要有紫红色和灰褐色两种，从与吴江相邻无锡出土的标本化验数据看，含铁量在4.77%至7.99%范围内，4.77%呈紫红色，7.99%呈灰褐色。器形常见的有坛、瓮、罐、瓶、盆、钵，均为盛器，不是食器。几何印纹即是由各种各样的曲线、直线、圆圈组合的图案形花纹。通常为方格纹、席纹、回纹、云雷纹、菱形纹、折线纹、叶脉纹、圈点纹等。有时由两种或三种纹样并合的图案，习称"组合印纹"。关于几何印纹的渊源，至今考古界与美学界都存在不同的看法，归纳为两种意见：一种认为源于先民崇拜的图腾，即所谓"有意味的形式"；另一种认为源于先民对生活祸福直接发生利害关系的自然形态的模拟。我们认为应对纹样的内涵作具体分析，两者在同一时间内可以平行发展，当人们征服自然能力增强的时候，模拟将起主要的作用。

这件汲水罐造型在几何印纹硬陶器皿中比较特殊，器身线条匀称，长而不瘦，鼓而不肥，两侧的龙形系，使其造型更加具有对称平衡的感觉。堆龙身躯匍匐拱屈，尾巴长迤，又使简朴的造型增添了几分变化，给人以静中见动的感受。器表拍印的折线纹，一般认为是模仿粼粼水波的流动。水与龙的结合，体现了古文献所载"龙潜渊""水以龙"的寓意，表明这是一件水器。从实用角度看，简洁的造型，特征明显，口部微敛，盛水后可不致外溢；腹部瘦长，能保证有一定的容量；龙形空间，可以穿缚提携的绳索。足见先民烧造这件陶罐颇具匠心，美的外形赋有实用价值，因此，它既是一件实用器皿，也是一件难得的2500年前的工艺品。

（原载《南京博物院藏宝录》，上海文艺出版社，1992年）

三羊罍

在南京博物院所收藏的青铜器中，三羊罍是一件典型的商器，该器通高29、口径23.5、腹径31、足径19.3厘米（图一）。

商周时期，罍是常见的一种贮盛鬯酒的容器，西周以降，贵族酗酒之风较前有所收敛，除重大的祭祀、燕礼场合继续用罍装酒外，那时也用来盛水，《仪礼·少牢馈食礼》所载："司空罍水于洗东，有枓。"即是叙述用罍盛水状况，罍内附有水勺。罍有方形和圆形两种，方形罍多为商器，圆形罍在商和西周，乃至东周都有。

此器厚唇、短颈、折肩、腹下敛、矮直圈足，足上有方形孔，肩、腹、足均有对应的三道扉棱。颈饰两道弦纹；肩部突出三个卷角羊首，两侧饰相背的夔纹；腹饰兽面纹，兽面闭口，吻部宽阔，口缝微露几个弯钩，似表现龇出的牙齿，侧加倒夔纹；足饰目雷纹。此器的造型和装饰手法充分体现了商代青铜工艺的特征，主要表现在：

（一）运用立体（羊首）和平面（兽面）结合的表现手段，使全器层次分明，敦厚稳重。

图一 商三羊罍

图二　三羊罍铜器花纹及其构图骨架

（二）全器纹饰呈宽带状满花分布，衬地不明显，以羊首和扉棱为分隔，将整周纹带作三等分，每等分一幅图案。这个特点正适合铸造工艺分范的安排。

（三）纹饰的排列注意了顺列反复和对称格局。肩部的夔纹和圈足的目雷纹，组成顺列反复的二方连续图案。腹部兽面正中一个突脊作为对称轴，两侧以云纹组合耳、目、鼻，纹样相同，均衡对称，显得整个兽面庄严神秘，空间铺垫夔纹，组成一个完整的画面。

（四）兽面构图的基本骨架形式，属于对称的平行四边形。横线接近水平，在对称轴两侧的竖线其下端分别向轴倾斜，轴两侧呈对称的横向平行四边形（图二）。

商人崇尚祭祀祖先鬼神，文献和甲骨文中均可见到，常以牛、豕、羊、犬作祭祀的"用牲"。商代盛酒容器尊、罍、瓿的肩部常塑以羊首、牛首和兽头，大概都是表示此器所盛鬯酒用于祭祀的意思。

雷同的三羊罍北京市平谷县刘家河、河北省藁城县台西村商代墓葬内均发现过，传世品中也能见到，唯此形制只见于商器。

值得提出的是此器发现在南京市附近的江宁县，据征集者称，为当地出土。有人对此持异议，长江以南能出商器吗？从近年考古发现看，商文化分布范围北至辽西、南达湘赣、东及海滨、西到泾渭。长江沿岸商器发现地点，远至湖南省华容县、宁乡县一带出土的三羊饕餮纹尊、瓿，制作精致华丽，沿江而下，湖北省黄陂县盘龙城，江西省清江县吴城遗址，都发现过典型的商器，近闻安徽铜陵市亦出商器，可见，商人势力南下到达长江两岸，考古发现已经得到证明，以此推之，南京附近出土商器的可能性，应该是毋庸置疑的。实际上，南京附近"湖熟文化"下层中的陶器特征，已具商文化的因素。至于当地能否铸造出与商代中心地区同样的青铜器似可探讨，但至少可以说商代高度发达的青铜艺术品，当时已经传布到江南是肯定的，这也给商史研究提供了一条小材料。

（原载《南京博物院藏宝录》，上海文艺出版社，1992年）

云纹兽面铙

　　铙，是我国古代军阵中，配合战鼓指挥调度军队的打击乐器之一，其他还有淳于、镯、铎等。《周礼·地官·鼓人》云："以金淳和鼓、以金镯节鼓、以金铙止鼓、以金铎通鼓"。金铙即铜铙，明言用作退兵时敲击的。《左传》记载春秋吴齐艾陵之战，战争起始，齐国人陈书认为，两国兵力悬殊，齐国必败，"此行也，吾闻鼓而已，不闻金矣"。这里"金"即指铙，言下之意，如果齐国出兵的话，进军容易退兵难，有遭全军覆没的可能。陈书把不闻铙声视为此行必败的代名词，足见铙在军阵中的地位是相当重要的。

　　1974年7月，江苏省江宁县横溪乡塘东村出土一件西周早期青铜铙，形制、花纹与传安徽潜山所出的铙十分相近，现场经清理未发现其他遗物（图一）。

图一　西周兽面纹铙

　　该铙重32千克，由铙体和长圆柄两部分组成，柄与铙体内腔相通，总高46厘米。体表铸印粗细卷云纹和连珠纹（圆圈纹）组成的兽面图案，双目突出，满地连珠纹。整体花纹平雕为主，极其清晰。卷云纹在商末西周初的青铜器上常见，一般用来勾勒兽面、夔龙形象，或者衬地，而此处作为主体花纹单独出现很特殊，所构成的兽面，应脱胎于商代的兽面（饕餮）纹。连珠纹在商末西周初的青铜器上都分布于主体花纹的上、下方，作为界纹出现，而此处作为衬底的地纹，属于地方特点的装饰手法。江苏南部春秋青铜器上较常见的圈点纹可能来源于此。铙体鼓部还平雕一个小兽面。

　　铙的敲击方法，以往学者都认为是将圆柄插入器座之中，敲（撞）击鼓部使其发声。近来，有学者考证，有长杆自圆柄穿出超过铙体，顶端有横档，档木下用细绳系两小球，连续摇转，撞击发声，可备一说。由于铙体内腔空间宽广，共鸣振动，声音宏亮清越，可以想见当时配合战鼓其雄宏的声响所能产生的威慑力量。

　　铙的名称，历来各家说法不一，著录中有铙、钲、镛等不同称谓。铙都不著器名，钲春秋战国多具器名，如铭"钲墜""钲镂""钲铁"。《国语》"战以錞于、丁宁，儆其民也"。注："丁宁，钲也"。《说文解字》"铙，小钲也"。段注"钲铙一物，《周礼》言铙不言钲。《诗》言钲不言铙"。《玉篇》"钲，铙也，钲以静之，鼓以动之"。说明铙、钲功能完全相同，只是大小不同而已，许慎当年已经钲、铙互训，看来汉代人已经分不清它们的区别了。镛，《尔雅》："大钟谓之镛"。铙、钟形近，使用方法则完全不同，文献中铙用于军旅，钟用于祭祀燕飨，两者功能亦不同。

　　考古发现表明，铜铙有两个系统。中原商代晚期有一种小铙，三五成组，属于比较成熟的作品，显然它产生的时代要更早，有人以为它是编钟的前身。南方长江中、下游湖南、湖北、江西、福建、浙江、江苏都发现一种大铙，花纹有兽面、夔纹、虎纹、象纹等，其时代商末至西周早期，有人以为西周中期以后的甬钟由此发展而来。本文介绍的即是大铙。

　　对于大铙的用途，有人根据其常出于丘陵、山坡、川泽河滨，且多单个埋藏，很少与其他器物共存的特点，结合文献记载商周崇尚祭祀迷信，自然崇拜，推断这些大铙可能是祭祀山川、湖泊、风雨、星辰的遗物。

　　铙何时绝迹？目前尚不清楚。至少湖南马王堆三号墓的汉初遣策上，还记载有击屯（錞）、铙、铎各一人的墨书，或许汉初南方尚有铙，但实物迄今没有发现。

（原载《南京博物院藏宝录》，上海文艺出版社，1992年）

戕（臧）孙钟

1964年6月，在江苏省六合县程桥镇东，一座东周墓葬内，出土由九枚组合的铜编钟一套，据铭文定名"戕（臧）孙钟"。是一组春秋晚期较为典型的编钟。同墓还出铜、铁、陶等60余件器物。

钟，在先秦时期是高级贵族用于祭祀祖先、神灵和宴飨宾客时的重要打击乐器之一。它有两类，一类是单独悬挂的大型钟，即所谓特钟，秦始皇"建千石之钟，万石之虡（jù巨）。"就是这一类特钟。在早期铜器铭文里，乐器的钟可以写成鐘或鍾，此"鍾"并非指汉代的一种壶形容器；另一类是多枚铜鐘，依其大小和音高次序成组悬挂，称其为编钟，古文献记载中"燕礼"和"飨礼"场合的"金奏之乐"，就是指敲击编钟，演奏出复杂高雅的曲调。

钟的形式，有筒形柄的甬钟；半圆环形柄的纽钟和蟠兽形柄平口的镈钟（亦可单称镈）。钟体各个位置的名称，《考工记》凫氏为钟一章记得比较详细，清代程瑶田，近人唐兰先生和夏鼐先生等都曾作过考订，大家对于铣、于、钲、篆、枚、甬、衡、舞等名称所指部位看法一致，但对旋、旋蟲（干）、隧、鼓所指部位意见分歧，常是旋、旋蟲（干）互混，隧、鼓相换，目前，学者对钟的部位名称都采纳夏鼐先生的意见（图一）。

钟上经常刻的自名有"和钟""行钟""从钟""歌钟"和"林钟"等等，各有含意。"和钟"取其音律调和之意；"行钟"和"从钟"指此钟为贵族外出征行所用；"歌钟"指宴飨时伴以女乐歌舞所用；"林钟"取其悬挂林立之意。

编钟的悬挂方式，据河南省信阳长台关一号墓和湖北省随县曾侯乙墓考古发现看到，钟架是曲尺形的铜木结构，其横木即文献中所称的簨（即筍），竖木即文献中所称的虡，两木相接处

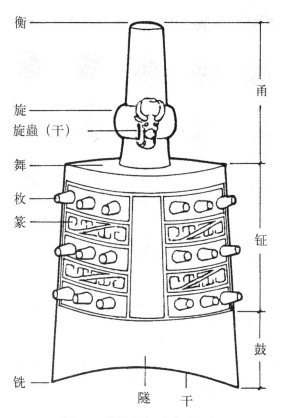

图一　甬钟各部分名称图解

衡
甬
旋
旋蟲（干）
舞
枚
篆
钲
鼓
铣
隧　干

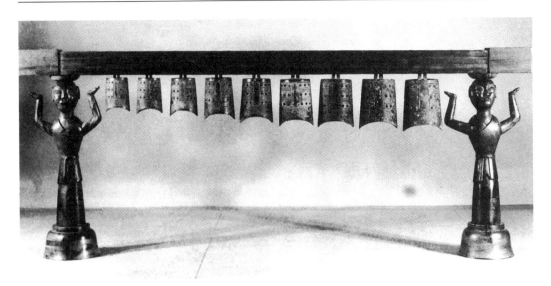

图二　春秋编钟——戕（臧）孙钟

包镶铜的构件。甬钟侧悬，纽钟和镈钟直悬，有钟勾或销钉悬挂，演奏时用木槌或木棒敲击。

编钟的每一枚钟，隧部和鼓部（左或右）各有一个音高，任何振动物体都很难有两套基本振动方式，而编钟的每一枚钟却能够发出相隔一个小三度和大三度的音高，令现代中外物理学家感到震惊。值得指出的战国早期曾侯乙墓8组64枚钟，每钟两音，都镌刻有定位和定音的标音铭文，加上楚惠王赠送的一枚镈，包含5个8度音阶，可以演奏十二律齐全的乐曲，其音域之广，是现代任何一种乐器所无法比拟的，这套乐器是我国古代丰富多彩的音乐百花园中的一枝奇葩（图二）。

钟和磬一样，大概都渊源于上古时期，先民狂欢歌舞，随手敲击生活器皿或生产工具，圆形空心容器声音共鸣和谐，长条形石制工具声音清越响亮，它们可能是钟和磬的前身。考古界通常认为钟由铙、钲或执钟发展而来（铙、钲和执钟，不同称谓，同一种器物），口朝上，柄朝下，以手敲击。河南安阳殷墟商代墓葬中已发现3枚1套、5枚1套的铙。西周以后，为更好地控制音响效果，加强其稳定性，由铙发展到钟，口朝下，柄朝上悬挂槌击，开始出现3枚1套、5枚1套的编钟，陕西周原西周中期的墓葬或窖藏中，编钟已增加到8枚1套，东周王室衰微，诸侯竞相僭越以示国力，编钟数目增多，常见9枚1套或13枚1套的编钟，尤其在南方得到高度发展。有这样一个故事：晋国上卿郤至，应邀到楚国作客，当时楚国贵族司马子反建造了一座地下音乐厅，楚王设宴款待，郤至走到地下音乐厅门口，听到里面传出的编钟齐鸣、鼓声震耳的宏大声响，吓得他扭头就跑，因为他从来没有经历过这种场合。可见，当时楚国编钟音乐已经发展到登峰造极的地步。

戕（臧）孙钟，共9枚，形制、花纹都一致，通高15.3～23.5厘米，尺寸大小依次递增成编。钟身作合瓦形，钟口较大而舞部较小。舞部半环形，纽饰三角雷纹；篆、舞和鼓部都饰蟠螭纹。钲间内壁都有穿透或不穿透的细长形凹槽孔，乃是浇铸过程中，用以固定内外范，确保钟壁厚度而设置的泥樺的痕迹。其中4枚钟的鼓部内壁有明显高于壁面的4条音脊，音脊可以改变振动系统的刚度和质量分布，定音准确。此外，还有两枚钟的铣部内缘附着细长条块，估计也是为调音而加铸的（图三）。

戕（臧）孙钟保存基本完好，锈蚀甚少，大部分至今音量仍很清亮，经中国艺术研究院音乐研究所测音，自大而小依次数据如下：

（1）#G3+12

（2）#A3+10

（3）#C4+20

（4）#D4+45

（5）F4+15

（6）A4+80

　　　（B4-20）

（7）E5+20

（8）B+25

（9）#C5-55

此钟正面都铸有铭文，多为反文，由右鼓起读，次及钲，左鼓，行款除个别钟外，大体相同，少数钟铭有缺佚。铭文内容基本一致，隶定为：

唯王正月，初吉丁亥，攻敔仲终圍之外孙，坪之子戕（臧）孙，择其吉金，自作和钟，子子孙孙，永保是从。

大意是：在周王正月第一个吉利的日子，攻敔仲终圍的外孙，坪的儿子，叫戕（臧）孙的选择精良的金属，自铸这些音律调和的钟，冀求后世子孙，永远保护珍爱使用。

"攻敔"即是勾吴、勾敔、攻吴、工戲，亦即吴。现传世吴国铜器作"攻敔"的有元剑、光戈、大差鉴、夫差剑等，发掘品有安徽南陵和山西平原出土的攻敔王光剑，河南辉县和湖北襄阳出土的攻敔王夫差剑，安徽淮南的攻敔王夫差戈。据考证元为诸樊、光为阖闾、大差即夫差。吴自太伯建国至夫差灭亡，前后凡二十五世，而诸樊、阖闾、夫差三王在位时间约当公元前500年。此钟铭文字体纤细瘦长，结构精妙。从其字体、纹饰到文例风格来看，均与沇儿钟（徐器）、楚王领钟（楚器）、子璋钟（许器）十分接近，同属于南方文化系统，具有鲜明的地方特色和时代特征。

图三　戕（臧）孙钟（九枚）纹饰、铭文拓片

　　春秋青铜器习见铸器人自述家世的铭文，文献中也有同样的记载，一般体例称作某某王之孙某某之子，或者某公之孙某某之子，以此标榜其高贵身份。戕（臧）孙钟铭"攻敔仲终嚣之外孙，坪之子，"以其外祖父冠首，在铜器铭文中，尚属首见。

　　此钟所属国别，学术界认为器铭"攻敔"，出土地点吴地棠邑（今六合县），同墓遗物多具吴地特色，此器当为吴器，戕（臧）孙系吴国王族。近来，有人对此说提出商榷，认为并非吴器。其理由：一是铭文所称"唯王正月初吉丁亥"实属通例，此"王"指宗周王朝，与今见吴器"者减钟"铭直称"工𠩺王皮䄷之子者减"明显不同，"皮䄷"马承源先生考释就是毕轸，即句卑，"者减"与去齐为兄弟行，则此器铸于史载寿梦称王以前，既然早年器铭已自称王，就不可能到寿梦以后反而铭首尊奉宗周王朝；二是外孙，《尔雅·释亲》"女子之子为外孙"，戕（臧）孙其母为吴女，"仲终圌"经考订为吴太子终纍，终纍，阖闾子，夫差兄，未登王位，故铭文只称"攻敔仲终圌"，在等级名分制度十分森严的春秋社会中，太子之女似乎不可能下嫁，而文献和铜器铭文中，均留下不少吴与各国联姻的记载，有齐、鲁、徐、蔡、宋等国，看来，此器为上述诸侯国之一所铸，具体国别尚待今后更多的考古发现来加以确认。

（原载《南京博物院藏宝录》，上海文艺出版社，1992年）

螭龙玉饰

　　1995年在徐州狮子山楚王墓发掘出土的文物中，玉器独占200余件，至为大宗。礼玉、瑞玉、葬玉、陈设玉品类齐全，玉质精良，雕琢技艺纯熟高超。这批精美绝伦的西汉诸侯王国用玉的出土是继西汉南越王墓之后又一次重大的发现，受到全国专家学者的极大关注。呈梯形状的透雕螭龙玉饰是这批玉器中的精品之一。

　　梯形透雕螭龙玉饰，通高（从云头尖顶至插榫尾部）21.5、外廓上宽7.2、下宽4.2、榫宽2.6、厚0.5～0.6厘米，重165克。玉料选自新疆和阗上等青玉，温润细腻、透有光泽，局部有褐色浸痕。琢玉匠师将全器分成梯形外廓、中心图案和附属装饰三部分，采用透雕、浅浮雕和细线阴刻相结合的制玉技艺加工完成。琢磨精细，抛光珠润，刀法纯熟，线条洗练；结构布局，匠心独运，纹饰造型，妙思横溢，真可谓"汉玉"之中的上乘之作（图一）。

　　梯形外廓底边双角内收，低中部又外伸插榫。廓上装饰一周阴刻双线S纹补白，繁而不乱。同样，在附属装饰的云头空间，则用阴线网格和花蕾形网格纹加以补白。可见琢玉匠师注重每一个细微末节、犹如琴师操琴，将每一个细微的颤音都融入了高山流水般的主旋律中，以使作品保持整体与细节的和谐统一，臻以完美的境界。插榫正面阴刻兽面、线条简练、流畅，须眉清晰，神态威严。背面仅刻写意的S形线多道，尚未形成完整的圆像。插榫下方有一用来纳鞘的小孔，

图一　螭龙玉饰

图二　其首、爪的处理都打破了传统规矩的构图程式，螭首伸出廓外，前爪攀着廓沿

不在平面兽纹的中心线上，有可能是先琢刻纹饰再施钻孔所致。所有阴线刻的线条细如毫发，婉转流动，正如明代高濂所称"俨如游丝白描，毫无滞迹"，通常称之为"游丝纹"。仔细审察个别"游丝纹"尚留一段一段连接的茬口，看来，琢刻游丝纹工具是小型的斩砣。

主要图案是位于廓中心的螭龙。双目凝视，S形曲身，势欲飞动，背有双短翼，臀呈蹲踞状，绞绳状长卷尾，蜷曲中有挺拔之势。螭龙的眼、鼻、爪、翼、臀部皆用减地浅浮雕勾勒、既富立体感又含蓄、洗练地刻划出螭龙饱满、刚健的内在的生命力量，所表达的"虎踞龙蟠"的精神风貌正是西汉帝国沉雄博大的时代特征（图二）。

螭龙是汉代很常见的纹饰题材，作虎头长颈，大约脱胎于战国时期的圆首龙，经两汉，至南北朝，是区别战国玉器与汉、南北朝玉器的标准纹饰。历来对此种动物说法不一。《说文》称："若龙而黄""无角曰螭"。各种注释有称"螭是龙子""螭是雌龙""水神"或"山神"，元明以来古玩家称之为"螭虎"，近代文物鉴定家称"螭龙"。今所见螭龙，都有角，仅短、长有别而已，明显与《说文》记载有异。数百年的约定俗成，现在一般仍沿用原名。看来，随着考古发现的增多，正名之日在即。此玉饰中螭龙形象与众不同，独具特色。一是虎须；二是顶角作花萼形状，萼冠相通。冠是帝王的象征。楚王国是刘氏宗室中地位最高的一支，分封于刘氏故地，螭龙带冠也许隐寓着楚王的特殊地位和身份。

从结构布局上看，梯形外廓是框架，中心图案是呈S形的螭龙，如果没有一边和顶角的附属装饰，螭龙萼冠之顶尖与梯形外廓插榫之孔则是一条布局中轴线。三部分的结构布局中，螭龙属于中心图案，其余两部分均是为这中心图案服务，衬托出中心图案所要表达的主题思想，增强艺术效果。梯形外廓的方正规矩与螭龙的S形曲身造型是一对"直线"与"曲线""框架"与"打破框架""动"与"静"的矛盾组合。梯形框架的"抑"是为了表现螭龙的"扬"。螭龙正是在挣脱束缚的矛盾运动中腾挪上升，更添生机，更显矫健，更具力量。附属装饰于欹斜中起着烘云托月的装饰效果，使主题纹饰——螭龙更显威猛。三部分的结合，浑然一体，正是匠心独运之处（图三）。

在中国玉雕史上，汉代基本承袭了战国的风格。1983年前，明确属于汉初的玉雕发掘品较为少见，往往传世的战国与汉初的作品难于加以区别。广州南越王墓一批精美绝伦的玉器的发现填补了玉雕史上的空白段。与偏居岭南的南越王墓相比，徐州狮子山所在的楚王国是西汉刘氏嫡裔，备受皇室信赖和重视，与中央王朝有着密切的联系。与透雕螭龙玉饰同出的还有200余件玉器，其中玉卮、高足杯、耳杯、刻纹玉璜、双龙玉佩、龙凤纹玉戈、玉枕和玉具剑等均为不可多得的上乘佳作。广州南越王墓与徐州狮子山楚王墓两批材料，互为补充，相得益彰，足以说明汉初玉器的概貌。汉初玉雕承上启下，已从战国时代的自由奔放、豪放精丽的格调走向成熟和稳定；纹饰注重表达神韵，雕琢风格典雅圆润，从而形成浑厚雄健的"汉玉"风格。

图三　廊外的附属装饰，分别置于外廊和顶角，一边饰有简化凤纹，惜凤首已残，顶角为竖起的卷云云头，高出螭首

螭龙玉饰一侧为凤纹，同出的玉戈上也有。在狮子山楚王墓这批玉器中，多将凤纹作为螭龙、龙纹的附属纹饰加以表现。动物纹的肢节、羽翼上阴刻竹节线纹，多用方格网纹作为装饰性图案也是楚玉雕的特征。这批玉器与安徽长丰杨公战国墓出土玉器的风格一致。推测这批具有楚风遗韵的玉器珍品出自原来楚国的治玉工匠或其后裔之手。

（原载《鉴赏家》，上海译文出版社，1995年11月）

灯具

  灯，作为照明用具，是人们日常生活中不可或缺的。然而，我国灯具起源于何时，尚难做出确切的回答。先秦古籍"三礼"中已经多次提到"烛"字。不过那时所谓"烛"，并非后来的蜡烛，而是指点燃了的火把。当时根据火把燃烧的程度和放置的位置，有着不同的名称：没有燃烧起来的称"燋"，拿在手中点燃的称"烛"，置于地上点燃的称"燎"。目前已知考古发现的真正灯具，当推河北平山战国早期中山国王墓出土的十五连枝灯和银首人俑灯。但从其优美的造型，奇巧的结构，功能完善的程度看，显然不是最初的灯具，而是已经相当成熟的灯具了。因此，灯的发明应该更早。

  我国古代，人们称灯为"镫""锭"或"豆"，都是谐音和假借字，通常认为最早是用盛羹的陶豆来点灯。东汉的郑玄说："瓦豆谓之镫。"瓦豆，就是陶豆。镫、登、燈，都有一个豆字，因此，说灯起源于豆。

  灯具，战国秦汉时期高度发展，种类繁多。主要有油灯和烛灯两种，大多由青铜制作，造型多种多样，丰富多彩，可归纳为两大类：一类取像生的形状，另一类取像于日常使用的器皿。魏晋南北朝由于青瓷的发展，青瓷制作的灯具占据重要的位置。隋唐的瓷灯不少是当时瓷器的精品。五代至两宋时期，金属灯具极少见，民用瓷灯占主导地位，还出现了一种民间使用的省油灯盏。这种灯称为夹瓷灯或清凉灯。元代灯具仍以瓷制的为主，开始出现木制的烛台。明、清青瓷烛台大量出现，并有木烛台、珐琅烛台和玻璃烛台。本章介绍的80余件灯具是我国古代灯具的一个缩影，通过它可以了解我国古代灯具的大概面貌。

  隋唐以后，灯具中派生出一支观赏性的灯具，在小说、笔记等文学作品中常见这方面的记载。当时王公贵族、富家大豪常以灯来装饰自己的宫廷苑囿，不仅"火树""烛龙"，还搞"灯婢""烛奴"。朱门官宦，富商大贾均争奇斗妍，竞尚新奇，所谓"流风所及至于间巷"，以显示自己的华贵。唐代灯节一般三天，宋代五天，属于所谓"金吾不禁"的节日，唐、宋"上元观灯"的习俗，至今仍然是民间重要的日子，当然，观赏性的"宫灯""彩灯"并不是生活中实用的灯具，但它毕竟折射出灯具发展的历史。

  我国古代灯具以油、烛为燃料，战国秦汉时油灯所燃的油，应是植物油和凝固点较低的动物油，烛灯中的烛，属于动物脂类。根据云南昭通东汉墓出土的行灯中的烛渣和烛心分析，烛心是用八九根细竹条外面缠上一层约3毫米厚的细纤维物质做成的，尖端略为收缩，直径约1.4厘米，当时就是以这种烛心浸于油内，待渗透饱和后再在外面挂上牛油之类动物脂。文献记载东汉以前，多以脂膏为烛。蜡烛源于何时？《世说新语·汰侈》记载石崇"用蜡烛作炊"，考古发掘品中，魏晋以降带烟管的"虹烛灯"消失，烛台却大量出现，反映出蜡烛的盛行，其起源早于魏晋。从灯具发展的历史看，战国秦汉以膏脂为烛，熔点比较低，所以当时的烛比较粗短，画像石中可见到这方面的实例。而唐以后壁画墓中所描绘的烛则都比较细长，其原料是蜂蜡和石蜡。

　　总之，我国古代各种造型灯具的发明和使用，以及燃料的利用，无不凝聚着人民群众的智慧和才能。

（原载《国宝大观》，梁白泉主编，上海文化出版社，1990年）

江苏考古的回顾与思考

　　江苏考古肇始于20世纪30年代，主要进行过六朝陵墓和吴越文化遗存的调查。1934年9月至1935年5月，由南京中央大学教授朱希祖发起，滕固、罗香林、黄文弼、侯绍文、朱偰和裴善文等学者参加，断断续续地对南京附近与丹阳28处六朝陵墓进行14次调查，并简单测绘。调查结束，中央古物管理委员会正式出版《六朝陵墓调查报告》专辑，包括报告与考订文章计7篇。1935年至1936年由卫聚贤、陈志良等调查武进淹城和苏州吴城、越城遗址，采集一批几何印纹陶片，引起社会各界重视。由此引发蔡元培、于右任、叶恭绰和卫聚贤等发起成立吴越史地研究会，著名文物考古学者郑振铎、梁思永、林惠祥、李济、董作宾、王献唐和陈万里等分别就任评议和理事。此外，还有零星的古墓葬和古遗址调查。以后，由于抗日战争爆发，江苏考古中断。

　　20世纪三四十年代江苏考古基本处于考古调查资料证实文献史料的阶段，尚未采用现代考古学的手段和科学方法，参与者大多为文化教育界人士和社会名流，工作范围亦比较狭窄。因此，从学科建设角度严格地讲，尚是一片空白。虽然如此，其中《六朝陵墓调查报告》和《淹城访古记》至今仍不失为有较高学术参考价值的著作。

　　中华人民共和国成立后，江苏考古与其他各项事业一样，取得了巨大的变化。本文主要以近50年来的进展为主，就江苏考古的成就加以概述。

一

中华人民共和国成立以来，江苏考古学发展的历程大体经过三个阶段。

第一阶段：20世纪50年代到60年代中叶，这一时期又可分前、后两个时期。

前期：50年代，属于初创时期。由老一辈考古学家曾昭燏、尹焕章、赵青芳和中华人民共和国考古训练班培养的学者，配合基本建设展开田野考古调查与发掘，并对南京北阴阳营、淮安青莲岗、新沂花厅等新石器时代遗址，南京附近湖熟文化遗址，宜兴晋周处及其家族墓地，江宁牛首山南唐二陵等采用现代考古学方法进行清理和发掘，使江苏考古的起步有一良好的开端。

后期：50年代末至60年代中叶，以全面普查作为重点，掌握全省古文化遗址分布规律和基本文化面貌。主要对徐海地区、宁镇地区、仪六地区以及几个大湖泊（太湖、洪泽湖、射阳湖）周围进行考古调查，在较全面掌握资料的基础上，结合前一时期的成果，提出了"青莲岗文化"和"湖熟文化"的命名，将江苏考古纳入系统研究范畴，为后来更广泛深入地对本地域考古学文化的研究开创了局面。但这种研究尚属初期阶段，受到工作广度和深度的局限，对所论文化的内涵、特征、分布范围和分期的分析定位较为简单、笼统，今天看来，仍需要不断地修正、重新认识或加以补充完善。同时期，一些重点遗址和墓葬的发掘，在我国考古学界产生了一定的反响，如邳县大墩子、刘林新石器时代墓地的发掘，铜山丘湾商代祭祀遗迹，东晋砖印壁画《竹林七贤及荣启期》，东晋王氏家族墓地王兴之、王闽之等墓志的发现。这个阶段学科发展曾掀起了一个高潮，但后来，由于众所周知的原因，被迫停顿。

第二阶段：70年代至80年代，也可分前、后两个时期。

前期：70年代，随着中国考古学学科发展的重要转折，考古研究基本方法地层学与类型学的运用得到了进一步明确，区、系、类型框架结构的提出，使江苏考古学研究在复苏中前进。如吴县草鞋山遗址的发掘，确立了太湖地区古文化的发展序列，提供年代标尺。

后期：80年代，全省各地考古队伍充实壮大，基础研究逐步活跃。从旧石器时代到唐宋时期各段考古蓬勃展开，涉及遗址、墓地、矿冶、窖藏、城址等多方面内容。尤其是对扬州唐城进行了全面勘察与发掘，使扬州唐城考古进入了新的发展时期。

第三阶段：90年代，是以重点研究课题为导向的学科发展时期。顺应学术发展趋向，各阶段在深化重点课题的同时，补充各阶段的空白区。新石器时代考古在继续研究良渚文化的同时，又开展江淮之间文化面貌的探讨；开展了汉代诸侯王陵综合研究；六朝考古突破以墓葬为主的格局，进行了建邺—建康城的调查。

二

几十年来，江苏各阶段考古学在综合研究和学科建设上都有不同程度的收获和进展。前40年的成果已见于《江苏文物考古工作三十年》和《近十年来江苏考古的新成果》二文[1]，这里主要结合近十年来的收获，加以介绍。

（一）旧石器时代考古

南京直立人化石的发现，使江苏的旧石器时代考古取得了突破性进展。1993

年在南京汤山葫芦洞南侧支洞内发现2具头骨化石和1枚人牙化石，被命名为"南京人"。其头骨较具原始性，骨壁厚，眉骨嵴粗壮，并左右相连，额骨低平而后倾，枕骨中部转折，头骨最宽处与北京直立人相似。根据古人类演化序列看以上特征，当属直立人范畴。地质年代为中更新世中期，铀系法测定年代距今约35万年，与北京直立人年代相当。同层位出土的大量古脊椎动物化石，经鉴定，绝大部分为周口店动物群中的典型种属，只有少数几种属南方动物。

关于南京直立人与周口店动物群为何共存，曾有两种假设：一是两者由华北迁徙而来，但必须解答如何渡过宽阔的长江。二是两者原来就生活在长江下游江南地区，但为什么目前其中的典型动物很少在江南发现。因此，这些假设对古人类学、古脊椎动物学等学科提出了新课题，意义十分深远[2]。

江苏境内还发现过属更新世晚期的智人化石地点，如泗洪下草湾人，丹徒莲花洞人，溧水神仙洞人。

旧石器时代晚期文化遗存地点有苏北马陵山地区的大贤庄和爪墩及苏南吴县三山岛，其中大贤庄所出的225件细石器标本，多间接打制而成，器类有石核、刮削器、砍砸器、尖状器，以船底形石核最为典型。爪墩出土的2000余件标本，以间接压制法制成，器类有石核、刮削器（圆头与拇指盖状）、尖状器、锥、钻，尤以楔形石核最典型。两地与鲁东南沂沭河流域关系密切，其细石器遗存，无论器类、器形，还是制法和质地均基本一致，应属同一文化系统[3]。其年代为距今约1万年至3万年，可能就是该地有陶新石器的源头。吴县三山岛出土石制品5263件，加工方法主要是锤击法，器类有砍斫器、刮削器、尖状器、雕刻器等。使用石片工具，以小型为主，具有较强地方特点。其年代为距今约1万年。

（二）新石器时代考古

新石器时代考古多年来是我省工作重点，迄今已发现遗址近300处，其中有50多处作过发掘。初步建立了考古学文化区、系、类型框架结构。

太湖平原工作开展最多，成果显著。所发掘的吴县张陵山、草鞋山，昆山赵陵、绰墩、少卿山，常熟罗墩，吴江梅堰、龙南，武进寺墩和常州圩墩等遗址，均可归入马家浜文化→崧泽文化→良渚文化的文化发展序列，脉络清晰，被学术界所共识。近年发掘的张家港市东山村遗址，根据地层叠压关系、器物特征变化，参考碳-14测定年代数据，将马家浜文化分为四期，并提出马家浜文化沿江类型[4]。

宁镇丘陵区经发掘的南京北阴阳营、营盘山，江宁前岗、昝庙，句容丁沙地、城头山，高淳薛城、朝墩头，镇江左湖等遗址的文化面貌比较复杂，以往按丁沙地早期文化遗存→北阴阳营文化→昝庙下层文化遗存的发展序列归纳其时间先后关系，似无问题，然各段的文化面貌却差距甚大，没有直接的承袭关系。因此，能否按现有三段模式将其定为相对独立的文化区，似可讨论。丁沙地早期文化遗存比较单纯，其陶系以夹砂红陶为主，泥质红陶次之，另有少量彩陶，器形有鸡冠耳釜、罐、钵、盆和支座。石器有斧、锛和四足磨盘。文化特征明显不同于周邻地区的考古学文化。本区迄今少见北阴阳营文化遗存。昝庙下层文化遗存则表现出崧泽文化晚期和良渚文化早期的特点[5]。同样朝墩头遗存既受到太湖地区良渚文化的影响，又受到来自河南龙山文化的影响，表现出复杂的文化面貌[6]。薛城遗址上层为氏族墓地，年代约相当北阴阳营文化；下层为居住址，时代约相当于马家浜文化中、晚期。该遗址位于皖南青弋江、水阳江泄入长江口的"古芜湖"之滨，所含遗存颇具特色，可能代表了苏、浙、皖交汇地带山地与沼泽地交界区的一个新文化类型[7]。

金坛三星村遗址地处太湖平原与宁镇丘陵交界区域，文化内涵虽较复杂，但自身特点也很明显。目前已清理墓葬1000余座，出土文物4000余件。对其文化内涵、生态环境及与邻境文化的比较研究，必将推动文化交汇地带文化面貌研究的深入[8]。

徐海地区经发掘的邳州大墩子、刘林、梁王城、新沂花厅等遗址均可归入大汶口文化，即大汶口文化刘林期（大汶口文化早期）→大汶口文化花厅期→龙山文化的发展序列，属海岱文化区。

新沂花厅墓地发掘了10座大墓，墓内随葬品丰富，殉人现象普遍。随葬品中陶器可分甲、乙两组，分别具有大汶口文化和良渚文化系统特征；玉器皆属良渚文化系统。该墓地最突出的两个问题是：第一是人殉现象，人殉是从死还是杀殉？殉人是氏族内成员还是氏族外的战俘或奴隶？为什么殉人以青少年与儿童为主？第二是大汶口文化墓葬内为什么随葬良渚文化因素的器物？尤其是如此众多的玉器。有学者解释太湖地区良渚文化一支武装力量向北征服了大汶口文化的先民，征服者在埋葬阵亡者时，为缅怀过去的传统，随葬本族的玉器、陶器和战利品，甚至将敌方的妇女、儿童同猪、狗一起为之殉葬[9]。但这种解释引起了不少争论[10]。

江淮平原处在海岱文化区与太湖文化区的中介地带，目前有两种意见：一种是以淮河三角洲为中心，文化发展序列为青莲岗文化→大汶口文化→龙山文化→岳石文化。青莲岗文化之后，因海侵影响，文化产生中断，后来海岱区大汶口文化南下，在此居主导位置，同时太湖区文化势力北上在此交汇，到龙山文化崛起时，这里已不再是南北文化交汇地带[11]。另一种将其界定在江淮东部，即里下河平原，其文化发展序列为龙虬庄文化→文化空白→文化走廊，文化走廊先后留下了良渚文化、龙山文化王油坊类型和岳石文化遗存[12]。

青莲岗文化是命名时间较早且长期引起广泛关注的学术课题。根据淮河下游的发现，青莲岗文化目前可分为侯家寨、双墩和青莲岗三个地方类型。其中侯家寨类型分布在淮河中、下游；双墩类型分布在淮河中游，其边缘延伸至宁镇区；青莲岗类型则分布于淮河下游。三者可能在时间上有先后关系。青莲岗文化之后，江淮平原唯有皖南、江淮西部和宁镇区仍保持着自身文化特征，其后先秦时期淮夷势力的增长的底蕴即根于此[13]。另外，《龙虬庄》发掘报告中，根据该遗址早期遗存文化特征的稳定性、文化序列的完整性和遗址本身属江淮东部中心聚落等多方面因素，首次提出"龙虬庄文化"的命名，以替代青莲岗文化[14]。而江淮平原兴化南荡、高邮周邶墩和阜宁陆庄等地考古发掘资料反映出距今4000～3600年间几支先民迁徙的轨迹，进一步说明当时江淮东部作为江南和淮北的文化走廊和活动的历史舞台[15]。

良渚文化是研究我国文明起源的热点。1996年是良渚文化发现60周年，南京博物院为此编辑了《东方文明之光》大型纪念文集，发表了大量发掘报告和研究论文[16]。太湖地区先后发掘了昆山赵陵、少卿山，常熟罗墩良渚文化墓地和吴江龙南遗址[17]。其中赵陵遗址发现了规模宏大的人工砌筑土台，土台上埋葬一定规格的墓葬，墓内普遍有葬具，并随葬大量陶器、石器和玉器。土台外围发现被捆绑、砍头或砍足的殉人墓葬，无墓坑。属于等级分化十分明显的墓地。少卿山、罗墩人工堆筑的土台规模不大，但土台上均埋葬有出土玉器的墓葬。

1992～1995年南京博物院等单位与日本宫崎大学合作，对吴县草鞋山遗址进行了古稻田的发掘研究，发现马家浜文化时期分三种时间先后形成的水田。早期利用不规则自然洼地，稍加改造，在两侧种植；中期为小面积带状分布畦田，田间有水口相通，专设水沟与蓄水坑；晚期由畦田、水口和浅水槽组成基本单元，所在单元均围绕一个大塘分布，大塘可起蓄排兼容作用，反映本区域的农业已由自然种植向人工的有一定模式的耕种方式演进。经科学鉴定，种植的水稻属粳稻。这是我国首例发现的古稻田，也是目前世界上发现的最古老的水田遗迹[18]。

另外，近年来在生态自然环境考古和科技考古等方面也取得了重要成果。新石器时代遗址的分布与环境、海岸线变迁的关系极为密切[19]。有关良渚文化自然环境的研究表明，环境决定良渚文化先民的生活方式和发展与衰退[20]。利用岩相和X射线定量法对花厅遗址的良渚文化特征陶器所进行的测试分析证明，该陶器非本地烧制，可能是来源于太湖流域良渚文化区[21]。

（三）商周考古

江苏商周考古也大致可以勾画出一个时空轮廓。

太湖平原夏商时期为马桥文化，已发现遗址20余处，主要分布于太湖以东吴县、吴江、无锡、常熟一带。至春秋战国时期，应为吴越文化分布的中心区域，现已发现较多墓葬和石室土墩遗迹。

宁镇丘陵区发现了以点将台下层为代表的文化遗存，被命名为"点将台文化"，填补了新石器时代文化与湖熟文化之间的缺环。湖熟文化是具有地域特色的青铜文化，并内含浓郁的中原商周文化因素，说明它们之间存在着交流与影响。距今3000年左右，在吴越文化发展过程中，文化面貌逐渐与太湖平原趋于一致。

徐淮地区岳石文化分布广泛，但正式发掘的地点不多。商代文化遗存以铜山丘湾、邳州梁王城和盐城龙岗[22]为代表，其中铜山丘湾遗址揭露出的商代以人狗祭祀社神的遗迹，是我国迄今发现唯一典型的社祭遗迹，但它属于商代方国还是东夷族，尚有不同看法。西周文化遗址已发掘的地点有新沂三里墩、东海焦庄和盱眙六郎墩等遗址。另外，在淮阴高庄、邳州梁王城等地曾清理过春秋战国时期墓葬。这一地区商周文化面貌与中原比较接近，春秋时期则与吴越文化接近。

经过多年普查和对南京北阴阳营、丹徒团山、断山墩及句容城头山遗址的发掘，对湖熟文化的来源、内涵、分布范围和分期都有了较为一致的看法。该文化的器物特征与点将台文化有承袭关系，分布范围主要在宁镇丘陵地区和皖南东部地区，现在一般分为早、中、晚三期，分别内含二里冈文化、西周早期文化和战国楚文化等文化因素。由于年代跨度较长，早中晚三期文化特征有较明显的区别，因此，对于湖熟文化命名虽分歧意见不大，但对该文化的界定却看法不一：有的认为属于一脉相承的文化；有的认为一统到底过于庞杂，应重新界定，倾向早期称湖熟文化，中晚期属吴越文化范畴或另行定名。

土墩墓是宁镇地区青铜时代的一种特殊葬俗。通过运用遥感技术对镇江及其周围地区进行普查，共查出土墩墓3千余座，分布范围广且密集，为土墩墓分布的中心区。70年代对土墩墓的葬俗、形制、分类、时代特征、分期及分布规律曾作过一些总结。近年来，经过对丹徒南岗山[23]、横山、华山[24]、金坛连山[25]、丹阳导士[26]、河阳[27]、溧水和凤[28]等土墩墓群的发掘，对其营造方法、文化内涵、性质与年代又有了新的认识。丹徒南岗山、金坛连山土墩墓墓葬位于土墩中心位置，一墩一墓，每层封土之间分布着多处器物群，分析其并非一墩多墓现象，而可能属于祭祀性器物群。溧水和凤土墩墓顶部发现圆形石砌祭台。丹徒华山大笆斗土墩墓形制最特殊，墓坑中央有形似棺床的生土台，台的两侧填熟土，并有五组对称的柱洞，洞内垫有石块，随葬品置于台上，说明墓坑经过精心营建，台上有简易的建筑，分析其可能属于敛葬时的"墓祭"设施。随葬品中有大型原始瓷尊，当是显示墓主身份和地位的象征。

丹徒大港沿江山脉周代墓葬的发掘，是江苏商周考古的重要收获。自1954

年发现出有"宜侯夨簋"的烟墩山一号墓之后，又发掘清理了荞麦山母子墩、磨盘墩、王家山和烟墩山二号墓等。墓葬一般营建在山顶，背山面江，一山多为一墓，并有高大的封土堆。这批墓葬大多有墓坑，深浅不一，最深的王家山墓坑深达5米以上，与宁镇区平地起封、浅坑的土墩墓形制有别。北山顶与青龙山墓发现有人殉和人祭现象，又与土墩墓葬式有明显的差异。关于这批墓葬的年代，有人认为年代跨度可从西周至春秋晚期；有人认为时间上虽稍有先后，但基本上属春秋墓葬。墓主身份与国别亦意见不一，一种意见认为这一带是吴国贵族或王室墓地，并按世系对号入座，东早西晚；另一种意见主要针对北山顶墓，认为并非是吴国王室墓而是春秋晚期舒人或徐人之墓，进而推定是舒国王室贵族受西方楚人势力挤压，逃至吴国寄人篱下，死后埋在该地。

在邳州九女墩墓地发掘了3座土墩墓，其中二号墩为春秋战国之际的土坑木椁墓[29]。墓内随葬品主要出在前室内，种类有铜礼乐器、容器、石编磬、陶容器、几何印纹硬陶器。前室两侧的侧室内殉人5具。铭文自命"攻王之玄孙"。从该墓形制、器物特征看明显具有两种风格，陶鼎与豆属楚风，麻布纹硬陶罐、三乳丁足壶属吴越风格，据铭文铜器应为吴器，却又漏刻"吴"字。因此该墓反映了本地当时复杂的政治背景。

苏州真山主峰发现的大墓[30]，凿山为穴，斜坡墓道，墓坑四周有不规则二层台。墓室棺床早年被盗，仅剩重叠的漆皮9层，疑为重椁重棺。棺内发现玉面饰、玉贝、玉牌饰和大量的串珠，分析其即文献所载的"珠襦玉柙"。据墓葬规模和随葬品推定墓主可能是吴国王室成员。

此外，吴县龙桥新塘战国墓地已发掘10座，系竖穴土坑墓，独木棺具，随葬陶器和木器。从葬俗和陶器特征看，应是越灭吴后分布于该地的越人墓[31]。

在太湖和长江的主要干流、河道入口处，现地面仍保存不少春秋古城。经发掘的武进淹城，为子城、内城、外城三重城垣，均用泥土堆积而成，不挖基槽，未经版筑，不见夯窝，城外均有护城河。城内地层堆积较为纯净，反映出当时城内居住人口较少，时间亦短；子城发现的水井有竹编的方圈，城外有土墩墓群。武进淹城的发掘对进一步研究江南同类古城提供了较为珍贵的资料。

（四）秦汉考古

江苏两汉时期的遗存十分丰富，迄今已发现遗址200余处，分布于大江南北，苏北较苏南更为密集。盱眙东阳城是经勘察保存比较完整的城址，土筑城垣，内外城东西相连，总面积达1.5平方千米。始建于秦，两汉延用。城内曾出土丰富的秦汉时期遗物，如刻秦始皇廿六年诏书的铜权、半两钱、五铢钱、花纹方砖、卷云纹瓦当、兽面纹瓦当、板瓦以及大量的陶制器皿。城址周围遍布同时期的墓地，非常密集。反映出当时该城址的繁华程度。高邮邵家沟是一处典型的村落遗址，地窖、水井、农具、种籽、瓜果的发现反映出东汉农村自给自足自然经济的特征。

除东部沿海少数地区外，两汉墓葬几乎遍及全省，其结构形式有土坑墓、木椁墓、砖室墓、崖洞墓、石室墓、画像石墓等。苏北多石材墓葬，尤以徐州附近为盛；苏南多木椁墓葬，应与就地取材有关。各地基本上掌握了本区域汉墓的形制和分期规律。墓葬规模尽管悬殊，包括诸侯王、列侯、官吏和平民墓葬，但考古发现所展示的资料均与中原地区文化面貌一致，显示出封建大一统帝国的经济、文化特征。

诸侯王陵墓的发掘成果最引人瞩目。文献记载两汉时期现江苏境内被分封的诸侯王，其墓地不少已被考古发现所印证。

西汉楚王国分封领域包括以今徐州为中心的几十个县，徐州当时名彭城，为其首府。徐州经发掘的楚王陵有小龟山、东洞山、北洞山、驮篮山和狮子山。陵墓均"凿山为藏"，即在山体中心穿凿成多室制的结构，规模宏大。早期异穴合葬，晚期同穴合葬。这批陵墓虽早年被盗，但仍出土大批珍贵文物，反映了地方王国强盛的实力和经济发达程度。如狮子山楚王陵，陵墓外西侧有兵马俑坑，藏兵马俑4000个以上，揭示了汉代军队建制和兵种配备情况。该陵墓坐北朝南，总长117米，总面积851平方米。墓内共出土玉器、金银器、青铜器、铜铁兵器、印章封泥、钱币、陶器等文物2000余件。玉器质地细腻、晶莹，其中戈、蟠龙形饰、卮等均为工艺珍品。金银器中金扣缀贝带应是文献所载黄金饰贝带的首次完整发现。铜兵器戟、铍、殳、戈等填补了汉初兵器的空白。印章封泥依内容分为楚王廷官吏、军队武官、地方职官三类，为研究西汉早期楚王国官制、区域地理、印信制度、王国与地方行政关系等问题提供了翔实的材料[32]。小龟山是唯一能明确确定墓主的陵墓，据出土银印证实其为楚第六代襄王刘注。其他陵墓的墓主问题尚在探讨之中。

列侯皇族或官吏墓葬有徐州簸箕山刘埶墓[33]、韩山刘婼墓[34]、火山刘和墓[35]、后楼山汉墓[36]等。其中簸箕山刘埶墓，出有宛朐侯埶金印、黄金饰贝带、人物画像镜等文物300件。刘埶曾参与过吴楚七国之乱，该墓对研究西汉中央对皇族参与叛乱者的后事处理方式提供了材料。刘和墓出土的银缕玉衣，是迄今我国玉衣中时代最早的一套，也是西汉时期唯一完整的一件银缕玉衣。后楼山汉墓应为北洞山楚王陵的陪葬墓，规格极高，出有玉枕、面罩等随葬品。

高邮神居山一、二号墓为西汉广陵王刘胥夫妇陵墓，揭示了"黄肠题凑"的完整结构。"题凑"内平面布局有（东西）厢、中椁、内外回廊、内椁。内椁位于正中，分前堂、后寝，当是文献所记便房与梓宫。棺木置梓宫内。该墓的发掘对研究"黄肠题凑"葬制提供了极为重要的实物材料。

东汉诸侯王陵墓都是砖室结构，如出土银缕玉衣的徐州土山彭城王及其家族墓，出土"广陵王玺"金印的邗江双山广陵王刘荆夫妇墓，出土青铜牛灯的睢宁刘楼下邳王家族墓等。

地方官吏的墓葬以扬州、连云港附近发现较多，其中以1993年发现的东海县尹湾汉墓群最为重要[37]。现已发掘6座，其中六号墓主人为曾任东海郡卒史、五官掾、功曹史的师饶。该墓出土文物最为珍贵的是一批简牍，共157枚，近4万字，依内容分为集薄，郡属县乡吏员定薄，长吏迁除薄，吏员考绩薄，武库永始四年（公元前13年）兵车器集簿，礼钱薄，六甲阴阳书，历谱，遣策，谒，元延二年（公元前10年）起居记，行道吉凶，刑德行时，神乌傅（赋）等，为研究西汉中晚期历史、社会生活、东海郡建置及区域地理等问题提供了翔实的史料。

江苏汉画像石墓集中发现于徐州附近，画像内容丰富多彩，有生活、生产、乐舞等多种内容，是我国汉画像石发现的重要地区之一。淮阴、扬州、苏州等地也有发现。画像石墓的时代从西汉晚期经新莽到东汉晚期。

（五）六朝考古

六朝时期政治、经济和文化中心在南京，因此江苏成为六朝考古的重要地区。

镇江铁瓮城[38]、晋陵罗城、扬州晋广陵城曾进行过小规模试掘。其中铁瓮城南北长340、东西宽200米，总面积7.5万平方米。筑城时将铁瓮山外侧略加修整成台阶状，依山堆筑城垣，"因山为垒，依江为屏"，使铁瓮城与山浑然一体。铁瓮城的发现，使对六朝京城、京口城的研究不再局限于文献。

经清理发掘的六朝墓葬，绝大部分集中在南京及其附近地区，约在1千座以上，其中纪年墓百余座。到目前为止，经考古发掘的六朝帝陵有10处，如南京大学北园东晋帝陵（元、明、成）之一；南京幕府山东晋穆帝永平陵；南京富贵山东晋恭帝冲平陵（也有认为是安帝休平陵）；南京西善桥宫山宋孝武帝景宁陵；南京郭家山宋明帝高宁陵；丹阳胡桥仙塘湾齐景帝修安陵；丹阳胡桥吴家村齐帝陵（宣、高）之一；丹阳建山齐废帝（或和帝）陵；南京西善桥油坊村陈宣帝显宁陵；南京灵山陈文帝永宁陵。王侯墓有5处，如南京甘家巷梁安成康王萧秀墓；南京张家库梁桂阳简王萧融墓；南京刘家塘梁桂阳王萧象墓；南京白龙山梁临川王萧宏墓。六朝陵墓多选择"背倚山峰，面临平原"即通常所说"山冲"之地，聚族而葬，不起陵冢，开凿墓坑（劈山营造），墓前设长排水沟，地宫单室，甬道设两道门槽，墓门石砌，门额半圆形，浮雕人字拱。南朝陵墓墓壁砌砖印壁画，内容为"竹林七贤""羽人戏虎""羽人戏龙""骑马侍从""执戟侍卫""执扇侍从"。墓前神道设石兽、石柱、石碑，陵前石刻与地宫有较长的距离，且多不在中轴线上。由于陵墓均经盗扰，葬具及随葬制度目前尚不清楚。

经发掘的世家大族墓地，有北方世族的南京老虎山东晋颜氏家族墓地，象山东晋王氏家族墓地，戚家山和铁心桥东晋谢氏家族墓地；江东世族的南京杨梅山东晋高氏家族墓地[39]，宜兴西晋周氏家族墓地，吴县张林山东晋张氏家族墓地。家族墓地均聚族而葬，以辈分长幼排列，如象山东晋王氏家族墓地最具代表性。该墓地为东晋初尚书仆射王彬家族的墓地，已发掘墓葬10座[40]，分相对集中的四个埋葬区，墓地范围总面积约数万平方米，依次有7号墓、1~5号墓、8~10号及6号墓，大部分墓葬皆出土墓志。因此，该墓地的聚族排葬现象对进一步研究东晋北方世家大族墓地的选择和墓室排列规律具有重要价值。另外，吴县、镇江、建湖、金坛、扬州、连云港等地都发现过六朝墓葬。

宜兴南山（均山）发现了4处青瓷窑址，年代为西晋。从窑具、窑炉和产品看，均与浙江同时代窑址相近，应为同一系统，唯其产品、造型、色泽反映出烧造技术略逊一筹。随着六朝城址、墓葬及各种文物发现的增多，六朝考古的研究也将提高到一个新的高度[41]。

（六）唐、五代考古

扬州唐城考古是江苏考古重要收获之一。唐代扬州"富庶甲天下，时人称扬一益二"，可见其繁荣景象。唐扬州城的范围和平面布局，经过20世纪70年代以来的勘探和发掘，以往颇多的争论现已大体得出明确的答案[42]。

唐扬州城址平面分大、小两城，紧密相连。蜀岗之上为小城，亦称子城。子城是在汉吴王濞城，东晋、刘宋时期广陵城和隋江都宫基础上修建的，平面呈不规则多边形，墙体周长约7千米，四面各开一门。城内设十字通衢大道，南门是子城的主要城门，为一门三洞结构，门洞铺石，是唯一与罗城联通的城门。北城和东城各有一水门。蜀岗之下为大城，即罗城。罗城修筑于唐代中期，为长方形，南北长约4300、东西宽约3100米，城内交通有水、陆两系统。陆路南北主干道3条，每条间距650米；东西主干道4条，每道间距1000米，主干道贯通城门。干道之间有小道，南北干道与东西干道相汇的中间地带即为里坊范围。城内发现多道纵横交叉的河道，应是文献所载"官河""漕河""市河""柴河"及其支流。现已探明横跨河道上的著名的24桥桥址，如考古发现的一座五跨木桥桥址，桥面宽7、长约30米。城内河道同时是供水的水源与排水的明渠。罗城城门靠近蜀岗的三个门均为三门洞；东西墙各有四门，均为一门洞；南城墙三个门，均为一门洞；正南门与西北隅门建有瓮城。罗城范围内发现有密集的民居建筑以及排水设施，已揭露的排水沟长35、宽2、深1.5米，沟两侧用厚3厘米的杉木板作驳岸，上下两块，外侧紧贴木板用楠木桩固定。唐代扬州城的发展演变过程，以蜀岗之上的小城到唐中期以后蜀岗之下的罗城，不仅仅是城市规模扩大，关键是城市性质的变化，由地方行政性的城市发展成为人口密集程度很高的重要商贸城市和对外港口。唐扬州城的研究成果，对我国中古时期城市发展及其模式研究提供极为丰富的科学资料。

唐代墓葬遍及全省，迄今发现均为小型墓。其中扬州五台山、镇江唐墓群出土的唐人墓志、买地券，涉及当时社会政治、官制和地望等方面。

1982年丹徒丁卯桥发现了1处大型唐代银器窖藏，所出的涂金龟负"论语玉烛"酒令筹及令旗是一组宴集行令的专用器具，属首次发现，是研究唐代宴饮生活的珍贵资料。

五代墓虽然发现较少，但是扬州七里甸五代墓、苏州七子山五代墓和南唐二陵都是当时高规格的墓葬。七里甸五代墓棺椁前置木屋模型，结构都仿真制作安装，是研究当时葬制和建筑史的重要资料；出土的乐器琵琶等文物，都具一定历史艺术价值；墓主当为杨吴皇室成员。七子山五代墓结构保存完整，分前、中、后三室，中室西侧附耳室，全长14.34米。出土的越窑青瓷金扣边碗、金银器、青瓷器均为少见精品。墓主应为与吴越国钱氏关系极密的贵族。南唐二陵是五代帝陵的典型，其建筑彩绘、雕塑风格具有南方特征。

（七）宋元明考古

扬州市宋三城的勘探与宋大城西门的发掘[43]，探明了宋大城、宝佑城、夹城的位置、范围和布局。三城的出现与两次增筑及特有的布局特点，充分反映了当时复杂的政治、军事形势。

苏州大石头巷宋代坊市遗址，出土文物包括泥质陶范、熔铸坩埚、骨器半成品、钱币、博具等，是宋代平江城坊市商品经济的一个缩影。另外，苏州瑞光塔塔心窖藏文物真珠舍利宝幢和四天王木函及所出经卷都是宗教文物的精品。

宋代墓葬各地均有发现，除一般的土坑墓、砖室券顶墓外，砖室仿木结构继承前期传统，砖室木板顶或石板室则具有地方特点。淮安扬庙、宜兴和桥等宋墓出土的漆器，镇江北宋章岷墓出土的瓷器，金坛南宋周瑀墓出土的大量纺织品，溧阳竹箦宋墓出土釉陶家具，江阴宋代葛闳夫妇墓出土的夹钢剑，溧阳小平桥发现的银器等都反映出宋元时期手工工艺技术具有极高的水平，在各类工艺技术发展史中有其突出的地位。

南京是明初建都的地方，地下保留有较丰富的文化遗存。如南京中华门外聚宝山琉璃窑，曾清理出一批造型优美、色泽鲜艳的建筑构件，著名的报恩寺塔即取材于此。南京三汊河明代宝船厂遗址出土过不少大型船舵杆和盘状绞关木等航船构件。明初功臣汪兴祖、沐英、沐晟等墓葬中出土金银器、瓷器也弥足珍贵。

三

20世纪的江苏考古学取得了巨大的成就，但仍存在着不足。在新的世纪中，不少方面有待进一步加强探讨和研究，使学科建设迈上新台阶。

1.考古学文化命名问题是科学的、严肃的课题，江苏考古关于"青莲岗文化""湖熟文化""点将台文化"等命名的提出和讨论，对推动学科建设曾起过积极的作用。但由于先期的发掘选点不典型，文化内涵包容量过大，对其分布范围、特征、分期等研究过于笼统，以致文化属性定位不准。因此，需要有一个"正名"的过程。这就需要从两方面着手：一是选择典型遗址，采用科学的、先进的考古发掘方法和手段，获取新的丰富资料；二是深入全面分析研究，掌握规律性东西，补充或修正以往的不足，使"文化"定位确切，解决好东西南北文化交汇地带文化内涵的认识问题。

2.旧石器时代考古要采用适合本区域的发掘调查方法，继续寻找早期人类（直立人与智人）活动的地点和文化遗存。掌握本区域旧石器时代文化的规律，拓展研究我国旧石器的空间，使有更充足的理由说明长江下游是我国古人类生活的重要地区之一。加强对马陵山地区和太湖三山岛细石器地点出土遗物、生态环境的研究并深入讨论，解决好江苏古文化的渊源问题。

3.新石器时代考古，首先要完善区、系、类型框架结构，尤以宁镇地区与江淮之间为重点。江苏是我国南北自然环境区划分界的中间地域，需认真考虑东西南北文化交汇地带的特点，解决好文化交汇带的文化归属问题。对学术界公认的新石器时代各个文化，应重视对社会经济生活（农业、饲养业、手工业）、聚落结构和生态环境深入的分析，使研究工作由静态向动态发展。尤其对良渚文化与龙山文化遗址群分布特点、房屋建筑、大型墓地和礼制，应着重探讨，分析早期文明的起源。

4.商周时期，文献记载大江南北存在着不同的族属，如东夷、徐淮夷、吴越，反映在古文化面貌上有较大的差异。首先，应参照区、系、类型考古学研究方法对太湖地区、宁镇地区和徐淮地区文化序列，包括对岳石文化、点将台文化、马桥文化、湖熟文化及其与中原夏商周文化的关系进行基础研究，深入分析江南土墩墓、石室土墩、镇江大港墓地、六合程桥墓地等有关资料，与历史研究更好地结合起来。

5.秦汉六朝隋唐考古，应根据不同时期有不同的侧重。两汉诸侯王陵墓、六朝陵墓、南唐二陵墓是中国陵寝制度转折时期较为丰富的研究资料。通过出土文物研究可以进一步了解当时的物质文化发展水平，同时也是中国陶瓷史、冶金史、工艺美术史、漆器史、纺织史研究的重要资料。

6.古代城市研究，首选课题是良渚文化、龙山文化时代城址及其相关问题的考察，探讨江苏古代城市的起源；江南春秋城堡式古城、两汉地方性城址、南京六朝都城、扬州唐宋城址，均在中国古代城市性质及其功能发展史研究中占有重要的地位。

此外，推进现代科学技术在考古学科中的应用，开展跨学科的综合研究，将现代意识和科学方法引入研究工作中，跟上时代的步伐。

注释：

[1] 南京博物院：《江苏文物考古三十年》，《文物考古工作三十年（1949～1979）》，文物出版社，1979年。《近十年来江苏考古的新成果》，《文物考古工作十年（1979～1989）》，文物出版社，1991年。凡本文中所涉及的材料，以上二文中已有注释者，本文不再重复。

[2] 南京市博物馆、北京大学考古学系、汤山考古发掘队：《南京人化石地点》，文物出版社，1996年。

[3] 张学海：《论四十年来山东先秦考古的基本收获》，《海岱考古》第一辑，山东大学出版社，1989年。

[4] 苏州博物馆、张家港市文物管理委员会：《江苏张家港东山村遗址发掘报告》，《考古学报》，待刊。

[5] 《江苏省文物志·遗址》，江苏省古籍出版社，1998年。

[6] 谷建祥：《高淳县朝墩头新石器时代至周代遗址》，《中国考古学年鉴·1990》，文物出版社，1991年。

[7] 薛城考古队：《南京薛城新石器时代遗址发掘获重大成果》，《中国文物报》1998年1月28日。

[8] 王根富等：《金坛三星村遗址考古喜获重大成果》，《中国文物报》1998年9月13日。

[9] 严文明：《碰撞与征服——花厅墓地埋葬制度的思考》，《文物天地》1990年第6期。

[10] 车广锦：《海岱地区文明起源初探》，《东南文化》1994年第4期。

[11] 邹厚本、谷建祥：《淮河下游三角洲新石器时代文化初论》，《迎接二十一世纪的中国考古学国际学术讨论会论文集》，科学出版社，1998年。

[12] 龙虬庄遗址考古队：《龙虬庄》，科学出版社，1999年。

[13] 邹厚本、谷建祥：《青莲岗文化再研究》，《东南文化》1992年第1期。

[14] 龙虬庄遗址考古队：《龙虬庄》，科学出版社，1999年。

[15] 南京博物院考古研究所、扬州博物馆等：《江苏兴化戴家舍南荡遗址》，《文物》1995年第4期。南京博物院考古研究所等：《江苏高邮周邶墩遗址发掘报告》，《考古学报》1997年第4期。南京博物院考古研究所、盐城市文管会等：《江苏阜宁陆庄遗址》，《东方文明之光——良渚文化发现60周年纪念文集》，海南国际新闻出版中心，1996年。

[16] 南京博物院：《东方文明之光——良渚文化发现60周年纪念文集》，海南国际新闻出版中心，

1996 年。

[17] 钱公麟：《苏州文物考古工作四十年》，《苏州博物馆建馆四十周年纪念文集》，《东南文化》2000 年增刊。

[18] 谷建祥等：《对草鞋山遗址马家浜文化时期稻作农业的初步认识》，《东南文化》1998 年第 3 期。

[19] 吴建民、孙世英：《江苏新石器时代遗址分布与环境、海岸线变迁关系》，《第四纪沉积与环境变迁》，《东南文化》1991 年增刊。

[20] 王富葆等：《太湖流域良渚文化时期的自然环境》，《东方文明之光——良渚文化发现 60 周年纪念文集》，海南国际新闻出版中心，1996 年。陈杰、吴建民：《太湖地区良渚文化时期的古环境》，《东方文明之光——良渚文化发现 60 周年纪念文集》，海南国际新闻出版中心，1996 年。

[21] 义锦祺、王昌燧等：《中国新沂市新石器时期古陶器的产地分析研究》，《东方文明之光——良渚文化发现 60 周年纪念文集》，海南国际新闻出版中心，1996 年。

[22] 王爱东：《盐城首次出土一批商代文物》，《中国文物报》1996 年 9 月 29 日。

[23] 南京博物院：《江苏丹徒南岗山土墩墓》，《考古学报》1993 年第 2 期。

[24] 镇江博物馆：《丹徒县馒尔墩、大小笆斗墩周代墓》，《中国考古学年鉴·1991》，文物出版社，1992 年。

[25] 南京博物院等：《江苏金坛连山上墩墓发掘报告》，《考古学集刊·10》，地质出版社，1996 年。

[26] 南京博物院资料。

[27] 大夫墩考古队：《丹阳市河阳大夫墩发掘报告》，见《通古达今之路——宁沪高速公路（江苏段）考古发掘报告文集》，《东南文化》1994 年增刊。

[28] 王志高：《溧水县和凤乡土墩墓》，《中国考古学年鉴·1992》，文物出版社，1994 年。

[29] 南京博物院等：《江苏邳州市九女墩二号墩发掘简报》，《考古》1999 年第 11 期。

[30] 谷建祥等：《对草鞋山遗址马家浜文化时期稻作农业的初步认识》，《东南文化》1998 年第 3 期。

[31] 谷建祥等：《对草鞋山遗址马家浜文化时期稻作农业的初步认识》，《东南文化》1998 年第 3 期。

[32] 狮子山楚王陵考古发掘队：《徐州狮子山西汉楚王陵发掘简报》，《文物》1998 年第 8 期。

[33] 徐州博物馆：《徐州西汉宛朐侯刘埶墓》，《文物》1997 年第 2 期。

[34] 徐州博物馆：《徐州韩山西汉墓》，《文物》1997 年第 2 期。

[35] 耿建军、盛储彬：《徐州汉代考古又有重大发现——徐州汉皇族墓出土银缕玉衣等文物》，《中国文物报》1996 年 10 月 20 日。

[36] 徐州博物馆：《徐州后楼山西汉墓发掘报告》，《文物》1993 年第 4 期。

[37] 连云港市博物馆等：《尹湾汉墓简牍》，中华书局，1997 年。

[38] 郑诚：《镇江铁瓮城考古取得重要成果》，《中国文物报》1995 年 4 月 16 日。

[39] 南京市博物馆资料。

[40] 南京市博物馆资料。

[41] 罗宗真：《六朝考古》，南京大学出版社，1994 年。

[42] 扬州唐城考古队资料。

[43] 扬州唐城考古队资料。

（原载《考古》2000年第4期）

江苏考古 60 年

江苏考古60年，无论是史前时期还是历史时期不断有新的发现和研究成果，取得了令人瞩目的成就。20世纪50～60年代，以全面普查和发掘所得的重要材料，提出了"青莲岗文化"和"湖熟文化"的命名，将江苏区域考古纳入到系统研究的范畴。同时期，一些重要考古发现在我国考古学界产生了一定的反响，如邳州四户大墩子新石器时代墓地、铜山丘湾商代祭祀遗迹、南京象山王氏家族墓地及出土墓志、南京宫山砖印壁画"竹林七贤"以及南唐二陵等。70～90年代，地层学和类型学方法的进一步发展和区、系、类型理论的提出，有力地推动了江苏考古学的健康发展，工作重心着力于构建史前和商周时期文化序列的框架，尤其是太湖平原史前时期文化发展序列和宁镇地区商周时期文化发展序列。同时，启动了具有江苏地区特色的江南土墩墓和六朝陵寝制度等研究课题。90年代以后，随着江苏考古队伍不断充实壮大，配合建设的新发现遍及大江南北，使研究领域不断拓展，从旧石器时代到元、明时期的考古学研究均得到蓬勃展开，顺应学科发展要求，结合考古工作实际，以多学科合作，综合研究的手段，提炼并明确重点课题，在良渚文化与古代文明进程、江淮之间史前文化面貌、西汉诸侯王丧葬制度和扬州唐宋城址课题领域，都取得了初步研究成果。进入21世纪，环太湖流域史前文化和吴、越文化，六朝建康宫城布局等研究课题，由于它在我国考古学研究领域占有重要地位，受到学术界的充分关注，江苏考古又迈上了新的台阶。

一　旧石器时代

旧石器时代分早、中、晚三期。

旧石器早期包括南京汤山葫芦洞人类化石地点，茅山旧石器地点群和位于南京长江两岸的高淳江浦的一些零星旧石器地点。

南京直立人1993年发现于南京市江宁汤山镇，包括2具颅骨和1枚人类右上第三臼齿。总体上看南京直立人2件颅骨的形制特征有许多重要的一致性。如穹隆顶在矢状方向上显得十分低平，而且较长。颅骨骨壁较厚。额、顶骨有矢状嵴存

在。顶结节不发育，顶后外侧部角圆枕十分发育。枕骨圆枕比较发育，枕外隆凸
突出，表面显得圆钝。颞鳞低，其上缘呈缓弧状。2件颅骨也有一些不同之处。
如颅骨的大小厚重，矢状嵴形状及发育程度，枕骨圆枕及枕外隆凸的粗壮程度等
有很大区别，许多测量数值也不一致，作为同一地点同一层位出土的标本，它们
之间的差异可能主要和性别、年龄以及个体的变异有关。牙齿齿冠的长、宽、
高都在北京人臼齿的测量值范围内。齿根的高度小于北京人，长度在北京人范
围内，宽度接近北京人的下限，不及北京人粗壮发达。根据2个方解石和4个牙齿
的铀系法和5个牙齿的电子自旋共振法（ESR）测定，南京人的年代为距今约35万
年，与动物群反映的时代基本一致。但根据热电离质谱仪（TIMS）法测定，南京
猿人的时代大于距今50万年。

南京汤山溶洞古人类化石地点头盖骨

金坛和尚墩旧石器时代遗址

茅山旧石器地点群分布在宁镇山脉以东，太湖以西，溧阳、石臼湖以北广大地域，包括12处遗址、地点，是江苏目前发现最早的旧石器文化，也是长江下游地区继安徽水阳江旧石器地点群发现后找到的另一个区域性旧石器文化，展示了江苏南部数十万年前古人类生产生活的场景，主要代表为和尚墩遗址。

和尚墩位于金坛市薛埠镇附近，2002年和2005年两次发掘，面积500平方米。地层划分为12层，石制品出自第4～12层，文化层最大厚度6.2米。地层中发现面积150平方米的石器制造场，6个砾石堆和391件石制品。对石制品的初步观察表明，在原料素材、制作工艺、工具器形等方面与中国南方的砾石石器、砍砸器工业接近，但在工具尺寸、打片方法和器形组合方面又略有不同。

遗址属露天原地埋藏类型，丰富的遗迹和石制品表明，和尚墩是茅山旧石器地点群的中心遗址。茅山东南麓很可能是旧石器时代早期人类在江苏南部活动的主要区域。综合黄土地层和古地磁法等年代测定结果分析，遗址形成的地质时代从中更新世延续到晚更新世，含旧石器的文化层绝对年龄为13万～60万年。

放牛山位于句容市春城，1999年发掘，面积300平方米。发掘和采集共获石制品54件，包括石核、石片、砍砸器、刮削器、石球、镐、薄刃斧、雕刻器等。文化面貌属于中国南方砾石石器工业。石制品分别出自第2、4、6～9层，根据修正后的ESR法测年结果，从上至下的石制品年龄为21万～45万年，相当于中更新世中晚期。放牛山地点的堆积物属下蜀黄土。埋藏其中的绝大多数石制品保持了锐利的棱角或锋利的刃缘，说明放牛山地点的文化遗存属于原生堆积，应该是远古人类的一处临时停留地。

旧石器中期目前仅有莲花洞人类化石地点一处。

莲花洞位于镇江市蒋乔镇檀山村，1981年第一次发掘。出土人类下第二臼齿1枚，形制与现代人相同，时代最初判断为晚更新世晚期。2001年南京博物院和镇江市博物馆对莲花洞进行了第二次考古发掘，首次从洞内获7件石制品，包括5件石核和2件刮削器。根据对第2、3堆积层间的新生碳酸盐岩并参考动物化石的铀系年代测定，主要含化石的第2层的年代应在10万～30万年之间，相当于中更新世晚期到晚更新世早期。由地层堆积、出土石制品和动物化石等埋藏情况分析，莲花洞不是人类的长期居址，很可能只是一处临时停留地。根据这一结果，莲花洞人的时代改放在旧石器中期或稍早比较合适。

旧石器晚期包括将军崖、神仙洞、三山岛遗址和沂沭河流域的多处石器地点。

将军崖遗址位于连云港市锦屏山下，分为西区（将军崖地点）和东区（桃花涧地点）两部分，已探明遗址面积近20000平方米。2002～2006年三次发掘，主要收获有人类石铺生活面和可能属于灶坑的遗迹，以及1500余件石制品。工具以小型刮削器为主，石片石器和细石器各占一定比例。早期石器工业面貌与华北地区的石片石器工业接近，晚期以细石器为主。主要文化层的地质年代为晚更新世至全新世早期。

将军崖遗址是江苏北部和山东南部地区目前发现的最好的一处旧石器时代晚期遗址。由于将军崖遗址具有较厚的原生文化层，多数石制品出自地层，为解决苏北地区打制石器的时代难题提供了地层证据，也有助于解决苏北鲁南多年存疑的打制石器时代问题，促进我们对该地区从旧石器时代晚期到全新世早期文化发展面貌的认识。

沂沭河流域旧石器地点，20世纪70年代发现，零星分布于江苏北部的沂河和沭河流域。总体看来已采集的打制石器有些混杂，似应属于不同时代文化的区分。但由于该区石制品普遍脱离原生地层，一直未能获得石器地点的可信年代，目前只能将它们笼统归为旧石器晚期。90年代后还调查发现有赣榆县于岭旧石器地点、新沂市桥北地点等。

神仙洞位于溧水县回峰山。出土的一块人类颞骨化石在形制上与现代人无显著差异，应属晚期智人。对神仙洞人类颞骨进行了详细研究，从数据看，大部分测量值及形态特征均与我国晚期智人材料及现代人近似，而与直立人有明显差别。结论是神仙洞人最有可能属晚期智人。根据神仙洞绝灭动物的比例仅占4.3%，上部堆积中"炭屑"的碳-14年代结果约为距今1.1万年。一些研究者认为应将神仙洞人类化石改划为新石器时代早期。

三山岛位于苏州太湖中。石器地点处在一洞口前。1985年发现并发掘，获石制品5263件。石制品均出自砾石层，以小型为主，打片主要用锤击法，少数用砸击法。工具组合以刮削器为主，尖状器具有特色。发掘者推断石制品的时代为晚更新世后期的后一阶段到全新世。由于缺乏综合性的年代判断手段，也有人对此提出怀疑，认为三山岛石制品可能已进入新石器时代。

二　新石器时代

江苏位于淮河、长江两大河流的下游，是中国新石器时代文化的重要分布区域，迄今已发现遗址300余处，大致分为太湖地区、黄淮地区、宁镇地区、江淮地区四个区系。

太湖地区的文化发展顺序列为马家浜文化→崧泽文化→良渚文化。

马家浜文化距今约7000～5800年，早年集中在太湖以东地区发掘，典型遗址有苏州草鞋山、张家港东山村和常州圩墩等遗址。2000年以来先后发掘了江阴祁头山、无锡彭祖墩、宜兴骆驼墩、西溪、溧阳神墩遗址，填补了太湖以西区域的空白，根据研究太湖以东与太湖以西马家浜文化内涵中有一定的差异，比较明显的陶器组合中为平底釜与圆底釜的差别；埋葬习俗的头向差别为东部朝北，西部朝东。学术界比较倾向于认为太湖以东马家浜文化可定"草鞋山类型"，太湖以西为"骆驼墩类型"。至于两者时空上的关系，乃至文化性质的区别等，尚未得到共识。

崧泽文化距今约5800～5000年，典型遗址有苏州张陵山、昆山赵陵山、张家港东山村和江阴南楼遗址等。目前发现的大多为墓地，其他遗迹现象较少。

良渚文化距今约5000～4000年，典型遗址有苏州草鞋山、常熟罗墩、昆山少卿山、绰墩、吴江梅堰、武进寺墩、江阴高城墩等。良渚文化聚落群的一个重要特征是每个聚落群中都有一个作为政治中心的中心聚落。同时已有专门的贵族大型墓地，一般位于大型祭台之上。其他墓葬的等级差异亦非常明显，说明其社会生产力较崧泽文化有了很大的发展，剩余产品，复杂劳动、社会分工和商品交换已普遍存在。此外，良渚文化的玉器种类、组合，纹样，功能中已初现"礼"制社会的雏形，可以认为良渚文化已步入文明时代的门槛。

吴江龙南良渚聚落遗址，以古河道为中心，两岸屋舍隔河相望，河岸有踏步和防止水浸溢的护墙，共发现房址11座，木骨泥墙，有半地穴和浅穴两种，户外有碎陶片铺砌的小道。别有水乡特色。

黄淮地区的文化发展序列为北辛文化→大汶口文化→龙山文化。

北辛文化距今约7000～6200年。典型遗址有邳州大墩子、连云港大村、朝阳、灌云大伊山遗址等。大伊山遗址发现有石棺葬墓地。

大汶口文化距今约6200～4800年。典型遗址有邳州大墩子、新沂花厅、梁王城、刘林、小徐庄、泗洪赵庄遗址等。

新沂花厅墓地发掘的10座大墓随葬器物丰富，殉人现象普遍。出土的陶器有甲、乙两组，甲组属大汶口文化系统特征，乙组具南方良渚文化系统特征。玉器全属后者系统。

宜兴骆驼墩遗址出土陶釜

苏州赵陵山新石器时代遗址出土良渚文化玉琮

邳州梁王城遗址大汶口文化晚期作坊遗址

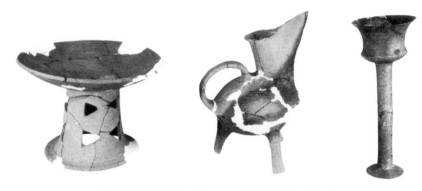

邳州梁王城遗址大汶口文化墓地出土陶器

高邮龙虬庄遗址

金坛三星村遗址出土刻纹骨器

梁王城遗址，墓地范围约南北长90、东西宽30米，共发现墓葬142座。整个墓地可以分为四区，每区内可分若干组，每组墓葬均呈南北向排列，当是家族关系在墓地中的反映。共出土随葬器物约1100件，陶器主要有鼎、鬶、豆、背壶、壶、盉、罐、盆、筒形杯、圈足杯、高柄杯等；骨角器有獐牙、蚌刀、蚌镰、骨镞、骨簪、骨针、骨匕等；玉石器有玉环、玉佩、玉坠、玉蝉、玉珠、石斧、石锛等。墓地出土的实足鬶丰富多样，有自身发展演变序列，且与薄胎高柄杯形成别有特色的组合，而所有墓葬中几乎不见袋足鬶出现，具有明显的区域特征。墓地的年代处于大汶口文化晚期阶段，填补了苏北地区大汶口文化晚期及其向龙山文化过渡阶段考古学文化空白，对研究黄淮地区大汶口文化谱系和类型提供了新资料。

龙山文化距今约5000～4000年，以往只在徐州、赣榆等地有些零星发现，并不典型。20世纪90年代末期，连云港市藤花落遗址的发掘，使徐海地区龙山文化研究取得了重要收获，藤花落古城平面呈回字形，由内、外两道城垣组成，面积约1.4万平方米。外城平面呈圆角长方形，由城墙、城壕、城门等组成。内城呈圆角方形，所有房址都在内城之中。

宁镇地区经发掘的南京北阴阳营，营盘山，江宁前岗，昝庙，句容丁沙地、城头山、高淳薛城、朝墩头、镇江左湖等遗址，文化面貌比较复杂。目前仅大致排列出不同文化遗存的相对早晚序列。从早至晚分别为：具马家浜文化因素的丁沙地遗存，带有鲜明地方特色的北阴阳营文化，具良渚文化因素的昝庙遗存，朝墩头遗存既受到太湖地区良渚文化的影响，又受到来自河南龙山文化的影响，表现了多元文化面貌。薛城遗址上层为氏族墓地，其年代约当北阴阳营文化。下层为居住址，其时代约当马家浜文化中、晚期。遗址位于皖南青弋江，水阳江泄入长江口的"古芜湖"之滨，丰富的遗存颇具有特色，可能代表了苏、浙、皖交汇

江阴高城墩遗址

地带，山地与沼泽地交界区的一个新文化类型。

金坛三星村遗址地处太湖平原与宁镇丘陵交界区域，文化内涵具有双重性，自身特点也很明显，已清理墓葬1000余座，出土文物4000余件。对其文化内涵，生态环境与邻境文化的比较研究，必将推动交汇地带文化面貌的研究深入。

江淮地区经发掘的淮安青莲岗，高邮龙虬庄、海安青墩、东台开庄、兴化南荡、高邮周邶墩、阜宁陆庄、施庄等遗址，文化面貌也较复杂，脉络尚不清晰。从早至晚大致为：带有强烈地域色彩的青莲岗文化和龙虬庄类型，具崧泽文化因素的青墩类型，具良渚因素的陆庄类型，具龙山文化晚期王油坊类型因素的周邶墩类型。上述情况说明宁镇地区及江淮地区自古就是中国沿海文化与内陆文化、长江文化与黄河文化交流的走廊，为史前文化的交融发挥了重要作用。

《龙虬庄》发掘报告根据该遗址早期遗存文化特征的稳定性，文化序列的完整性，遗址本身属江淮东部中心聚落等多方面因素考虑，首次提出命名"龙虬庄文化"以替代青莲岗文化。该报告就遗址新石器时代遗存的性质、年代、源流，与周边地区原始文化关系，古环境变迁、稻作农业的江淮东部演化与发展诸方面问题都进行了探讨。

苏州草鞋山遗址和昆山绰墩遗址先后发现了马家浜文化时期的水田结构。三种时间先后的水田90块，早期利用不规则自然洼地，稍加改造，在两侧种植；中期小面积带状分布畦田，田间有水口相通，专设水沟与蓄水坑；晚期由畦田、水口和浅水槽组成基本单元，所在单元均围绕一个大塘分布。大塘可起蓄、排兼容作用，反映本区域的农业已处在由自然种植向人工的有一定模式的耕种方式演进过程，经鉴定种植的水稻为粳型。这是我国首例发现的古稻田，也是目前世界上发现的最古老水田遗迹。

苏州澄湖遗址崧泽文化晚期也发现了水田结构，是以池塘为水源的灌溉系统，基本上与马家浜文化时期晚段的结构相同，唯有低田、高田之分，田块面积也有所扩大。

近年来，在生态自然环境考古和科技考古等方面也取得了重要成果。新石器时代遗址的分布与环境、海岸线变迁关系极为密切。良渚文化自然环境的研究表明，环境决定良渚文化先民的生活方式和发展与衰退。利用岩相和X射线定量法对花厅遗址的良渚特征陶器所进行的测试分析证明，该陶器非本地烧制，可能是来源于太湖流域良渚文化区。

三　夏商周时期

夏商周三代属于中国历史上的青铜时代，也是中国各区域文化互相融合的时代。这一时期江苏大致分为太湖、宁镇、徐淮三个文化区域。

太湖平原夏商时期为马桥文化，已发现遗址20余处，主要分布于太湖以东苏州吴中区、吴江、无锡、江阴、常熟一带。江阴佘城和常熟钱底巷遗址的发掘对太湖地区周代文化与马桥文化的关系提供了线索。至春秋战国时期，应为吴越文化分布的中心区域。

宁镇丘陵区发现了以点将台下层为代表的文化遗存，命名为“点将台文化”，填补了新石器时代文化与湖熟文化之间的缺环。湖熟文化是具地域特色的青铜文化，又有浓郁的中原商周文化因素，说明它们之间的交流影响。距今约3000年，在吴越文化发展过程中，文化面貌逐渐与太湖平原趋于一致。

湖熟文化经过多年普查和南京北阴阳营、丹徒团山、断山墩，句容城头山、姜堰天目山遗址的发掘，对其来源、内涵、分布范围和分期都有了较为一致的看法。湖熟文化的器物特征与点将台文化有承袭关系，分布范围主要在宁镇丘陵地区、长江北岸和皖南东部地区，湖熟文化遗址大多地层堆积较厚，早晚叠压关系清晰，已经具备建立该考古学文化发展演变的序列条件。现在一般分为早、中、晚三期，分别表现出二里冈文化因素，沣西西周早期文化因素和战国楚文化因素。由于年代跨度较长，早、中、晚三期文化特征有较明显的区别，因此，对于湖熟文化命名虽分歧意见不大，而对该文化的界定却看法不一，有的认为属于一脉相承的文化，有的认为一统到底过于庞杂，应重新界定，倾向早期称湖熟文化，中、晚期属吴文化范畴或另行定名。

徐淮地区岳石文化分布广泛，正式发掘的地点不多。商代文化遗存以铜山丘湾、邳州梁王城、盐城龙岗和沭阳万北遗址为代表。

铜山丘湾遗址发现了商代社祭遗迹，在大约75平方米的范围内，发现了20具人骨架、2个头骨和12具狗骨架。人骨架的头向都朝向竖立于中心的4块大石，人骨架皆俯身屈膝、双手反缚，经鉴定均为中壮年男女，他们都属于祭社的牺牲品。

万北遗址发掘了11座商代晚期竖穴土坑墓，墓葬皆东西向，骨架保存完好，为仰身直肢葬、头朝东。随葬品中陶器有鬲、罐、簋、豆、瓿等，另有青铜戈、矛等兵器以及铲、锛等生产工具，个别墓葬发现殉人、殉狗，殉人置于墓主身侧，狗置于墓室中部的腰坑中。

西周文化遗址和墓地已发掘的地点有新沂三里墩、东海焦庄、盱眙六郎墩和梁王城西周墓地。

梁王城西周墓地已发掘竖穴土坑墓66座，马坑8座，牛坑1座和狗坑2座。墓坑盛行头部设二层台，坑底中部方形殉狗腰坑，人架撒朱砂。个别有棺，其中船棺6座。随葬器物组合为陶器鬲、盆、豆和罐，其形制具典型中原周文化特征。其中一座墓主佩戴有约160余枚海贝串饰。墓地的年代西周早中期为主，个别甚至早到商代晚期。

值得注意的是长江北岸滁河流域商周时期文化面貌，从南京牛头岗遗址发掘证明其岳石文化，商文化和周文化几乎与中原地区主体文化发展序列相一致，很少受宁镇区域文化因素的影响。

土墩墓是江南地区青铜时代的一种独有的葬俗。经对镇江及其周围运用遥感技术进行普查，共查出土墩墓3000余座，分布范围广且密集，以上区域是土墩墓分布的中心区，其他地方则散点状分布，一般仅一二十座。20世纪70年代曾对土墩墓形制、分期及其分布规律进行过探讨。80年代以后，对丹徒南岗山、横山、华山、金坛连山、丹阳导士、河阳、溧水和风等土墩墓群的发掘，使对其营造方法、文化内涵、性质年代都有了新的认识。2005年宁常、镇溧高速公路地段40座土墩233座墓葬的发掘，是江南土墩墓发掘史上规模最大的一次。最主要的学术收获是发现多墓土墩，与一墩一墓并列，首次发现了向心结构的土墩墓和复杂的祭祀行为，石床及木构的人字形窝棚式墓上建筑。出土的3800余件印纹硬陶和原始青瓷等器物可为江南土墩墓的分期建立了更精细标尺。

丹徒大港沿江山脉周代墓葬的发掘，是江苏商周考古的重要收获。自1954年烟墩山出土宜侯夨簋的一号墓之后，发掘清理的还有荞麦山母子墩、磨盘墩、北山顶、粮山、青龙山、王家山和烟墩山二号墓。墓葬一般营建在山顶部，背山面江，一山多为一墓，并有高大的封土堆。这批墓葬大多有墓坑，深浅不一，最深的王家山墓坑深达5米以上，与宁镇地区平地起封，浅坑的土墩墓有别。北山顶与青龙山墓发现有人殉和人祭现象，又与土墩墓葬有明显的差异。这批墓葬的年代学术界意见众说纷纭，有认为年代从西周至春秋晚期；有认为基本属春秋时期墓葬。墓主身份与国别亦意见不一，一种意见认为这一带是吴国贵族或王室墓地，

金坛句容土墩墓出土陶罐

并按世系东早西晚；另一种意见主要针对北山顶墓，认为并非吴国王墓而是春秋晚期舒人或徐人之墓。

六合程桥东周墓地位于滁河北岸，已发现竖穴土坑墓3座，一号墓出土编钟有铭文"攻吾仲终戕之外孙"等37字，据此断定是与吴国关系密切的贵族墓葬。三号墓出土的盘、匜、簠三器有铭文，为分属吴王、罗国、曾国之器，可知程桥墓系罗国被楚吞没后，其贵族臧公投奔与楚为敌的吴国，死后葬于该地。

邳州九女墩墓地已发掘其中5座。二号墩为春战之际土坑木椁墓，主室和边厢早年被盗，头厢随葬铜礼乐器、容器、石编磬、陶容器、几何印纹硬陶器。两侧二层台上殉人5具。出土器物铭文自命"攻王之玄孙"。从该墓的形制、器物特征看，明显具有不同风格，有徐、楚、吴越文化因素，反映了该地当时复杂的政治背景。

无锡鸿山战国时期越国贵族墓地的发现是近年来越文化最重要的考古发现之一。7座墓葬呈扇状分布，其中最大的丘承墩，在主轴底心，为中字形，长达57米，分墓道、主室和后室三部分，出土随葬器物1100余件。7座墓葬共出土青瓷、硬陶和玉器等器物2300件，包括礼器、乐器、佩玉和葬玉，单乐器一类就有近400件。首次完整地揭示了越国贵族在同一墓地的埋葬规律，其墓葬规模、营造质量和随葬物等，反映出当时的等级制度。出土的仿铜礼器和乐器对研究越国的礼乐制度和中原礼乐制度的关系，提供了极其丰富的实物资料。

无锡鸿山越国贵族墓出土角形器

苏州真山主峰发现的大墓，封土高达10～20米，凿山为穴，斜坡墓道，墓坑四周有二层台，墓室设棺床，早年被盗，棺床仅见重叠的漆皮9层，推测为重椁重棺。棺内发现玉面饰、玉贝、玉牌饰和大量的串珠，应即文献所载"珠襦玉甲"。据墓葬规模和随葬器物推定墓主可能是吴国王室成员。真山西侧严山1986年曾出吴国王室玉器402件。

此外吴县龙桥新塘战国墓地已发掘10座，竖穴土坑，独木棺具，随葬陶器和木器。从葬俗和陶器特征看，应是越灭吴后的越人墓地。

江南地区发现有多座春秋时期的城址，如淹城、胥城、留城、阖闾城、葛城、固城等，是吴国在其发展强盛的过程中，出于政治、军事和经济的需要而修筑的。典型的有武进淹城遗址，为子城、内城、外城三重城垣，均用泥土堆积而成，不挖基槽，未经版筑，不见夯窝，城外均有护城河，城内地层堆积较为纯净，反映出当时城内居住人口较少，时间亦短，子城发现的水井有竹编的方圈，城外有土墩墓群。

2007～2008年对阖闾城进行了考古调查和钻探，对该城的布局和性质有了新的认识，提出了该城为吴王阖闾所建都城，但是"都城"之说需要进一步考古发掘来加以确认。

邳州梁王城是春秋战国时期的城址，其平面布局按照中原东周都城建制，由大城、宫城双城制组成。平面呈凸字形，大城面积约100多万平方米，宫城位于大城西部，面积约2万平方米。大城城墙经解剖为版块夯筑，高5、夯层厚约0.15米。小城发现有面积360平方米的夯土台基，大型石础、石构房基、水道、水池、水井等重要遗迹。其布局和重要遗迹的发现为梁王城性质的认定提供了重要信息，可能与历史上的重要方国徐国有关。

石室土墩是西周至春秋时期广泛分布于苏南地区具有地域特色的青铜文化遗存，主要分布于环太湖周围和长江南岸的丘陵山地，以太湖周围山巅最为密集，苏州、张家港、无锡、武进、江阴、常熟等地都有发现。分布范围大体和历史上吴国的疆域相符。石室土墩的结构一般由石室、护坡和封土三部分组成。石室的

镇江出土南方青铜器

平面多长方形，少椭圆形、腰鼓形，一般由甬道和内室组成，由两面侧墙、后墙、前墙（封门）、顶盖石和铺石共同构筑而形成。石室外侧有护城石稳固，外围用大石块围成圈，以防护坡松动，最后覆土成墩状。遗物以几何印纹硬陶和原始青瓷器为主。石室土墩的性质是长期以来学术界讨论的话题，多种观点中影响最大的为军事设施说和墓葬说。

无锡龙山石室土墩分布区，发现一段叠压其上的石墙，采用石包土结构，高0.4～0.7、宽1米，目前已调查2千米，这一发现对于判断石室土墩的性质应有所帮助。

四　秦汉时期

秦代考古发掘在江苏较少。东海县双店竹墩出土秦始皇及二世"父子诏"铜量，量外腹部刻秦始皇二十六年法度量诏书："廿六年，皇帝尽并兼天下诸侯，黔首大安，立号为皇帝。乃诏丞相状、绾，法度量则不一歉疑者皆明一之。"另

徐州西汉刘和墓银缕玉衣出土情形

一侧刻秦二世元年关于法度量的诏书："元年制诏丞相斯、去疾，法度量尽始皇帝为之，皆有刻辞焉。今袭号而刻辞不称始皇帝，其于久远也，如后嗣为之者，不称成功盛德。刻此诏故刻左，使毋疑。"这件铜量的容积与秦《效律》中所说三分之一斗的"参"是一致的。

江苏已发现的汉代城址20余处，有诸侯王国的都城，如广陵城为汉代荆、吴、江都、广陵等诸侯国所在；有诸侯王国都城和县治的共同所在，如凌城，既为西汉泗水国的都城，又为凌县的治所；有县治所在，如盐仓城为赣榆县治，东阳城为东阳县治等。经科学勘探与发掘的仅盱眙东阳城一处。始建于秦，两汉沿用，夯筑城垣大部保存完好，东西城并列，面积在1.5平方千米以上。城内曾出土丰富的秦汉时期遗物，刻秦始皇廿六年诏书的铜权、半两钱、五铢钱、花纹方砖、卷云纹瓦当、兽面纹瓦当、板瓦以及大量的陶器。城址周围遍布着同时期的墓地，非常密集，尤其大云山、小云山，埋有规格较高的墓葬，反映出当时该城的繁华程度。高邮邵家沟是一处典型的村落遗址，地窖、水井、农具、种籽等，呈现出汉代农村自给自足自然经济的特征。徐州利国驿发现了汉代采矿和冶炼的遗迹。六合李岗铸钱作坊则是诸侯王国自铸钱币的实证。

两汉墓葬除东部沿海少数地区外，几乎遍及全省。其结构形制有土坑墓、木椁墓、砖室墓、崖洞墓、石室墓、画像石墓等。墓葬规格悬殊，包括诸侯王、列侯、官吏和平民墓葬，考古发现所展示的资料均与中原地区文化面貌一致。

诸侯王墓的发掘成果最为世人所瞩目。经发掘的西汉时期楚王墓有小龟山、东洞山、北洞山、南洞山、卧牛山、驮篮山和狮子山。墓葬均"凿山为藏"，在山体中穿凿成多室，规模宏大，早期异穴合葬，晚期同穴合葬。狮子山楚王墓坐北朝南，总面积达850平方米，出土玉器、金银器、铜器、兵器、印章封泥、钱币、陶器等器物2000余件，西侧有兵马俑陪葬坑，有兵马俑4000件以上，揭示了汉代军队建制和兵种配备情况。小龟山是墓主明确的楚王墓，据出土银印证实其为楚第六代襄王刘注。高邮天山1号、2号墓为西汉广陵王刘胥夫妇墓，揭示了"黄肠题凑"式木椁墓的完整结构，"题凑"内平面布局有厢、中椁、内外回廊、内椁。主要构件凿刻或漆书名称、顺序等文字。还有泗阳三庄泗水王墓。东汉诸侯王墓都为砖室结构，影响较大的有出土银缕玉衣的徐州土山彭城王及其家族墓，出土"广陵王玺"金印的邗江广陵王刘荆夫妇墓。

徐州发现有与诸侯王陵园修建相关的重要文物，云龙山北麓汉代采石场，包括采石坑、石渣坑、半成品坑、标号石坑等，一些采石的铁工具。羊鬼山西汉墓陪葬坑，羊鬼山经调查初步确定其为狮子山楚王墓的王后墓，在其东坡下早年曾发现过陪葬坑，2004年又发现彩绘陶俑坑、车马器构件坑、器物坑，是楚王陵园的重要组成部分。

徐州、睢宁、扬州、仪征、泗阳和南京还发现过一批列侯王族或高等级陪葬墓。如徐州簸箕山宛朐侯刘埶墓、火山刘和墓、天齐山刘氏墓；扬州"妾莫书"

狮子山楚王墓等出土玉枕

扬州西汉董汉夫妇合葬墓出土漆器

盱眙南窑庄窖藏出土西汉金兽

墓；仪征团山汉墓；泗阳三庄汉墓和南京湖熟汉墓等。这批墓葬规格高，分别出土有黄金饰，金印，人物画像镜以及银缕玉衣、琉璃衣、玉枕、玉面罩等重要文物。

地方官吏的墓葬以扬州、连云港附近发现较多，尤以东海县尹湾汉墓的发现最为重要，其中6号墓主人曾任东海郡五官司椽、功曹史的师饶，该墓出土简牍157枚，4万余字，依内容分为集簿、郡属县乡吏员定簿，长吏迁除簿、吏员考绩簿，武库永始四年兵车器集簿、礼钱簿、六甲阴阳书、历谱、遣策、谒、元延二年起居记、行道吉凶、刑德行时、神乌傅（赋）等。属已发现我国最早的一批郡级文书档案和一篇亡佚二千多年西汉赋文。是研究西汉中晚期行政建置、官吏迁除设置以及社会生活等重要史料。

扬州附近发现的汉墓群很多，以胡场最为典型，该墓地面积1平方千米，已清理30余座西汉木椁墓，椁内多为一棺，墓主身份平民或小吏，出土器物中漆木器占随葬器物百分之七十以上，银扣，铜扣，金银贴饰、镶嵌的漆器，纹饰华丽，线条流畅，多飞禽、走兽、羽人图案。木器有各种形制的俑。2007年西汉董子翁墓是近年扬州发现的重要墓葬，由外椁和主室两部分组成，随葬器物有玉器、漆器、琉璃器、铜器、木器等942件（套），其中彩绘漆肩、漆角壶和金缕琉璃匣，工艺精湛，十分少见。

江苏汉画像石墓集中发现在徐州附近，年代从西汉晚期经新莽到东汉晚期。近60年来已发掘的画像石墓有近百座，经调查、征集的画像石已经达千余件。徐州茅村汉画像石墓、白集汉画像石墓等是典型代表。画像内容丰富多彩，有生活、生产、出行、乐舞等多种内容，是我国汉画像石发现的重要地区之一，此外，淮阴、扬州、苏州等地也有发现。

盱眙南窑庄金、铜器窖藏是我国汉代考古的重要发现之一，出土铜壶、金兽、黄金铸币等器物36件，黄金总重达19906.8克，数量之多，价值之高，弥足珍贵。

五　六朝时期

六朝时期政治、经济和文化中心在南京。江苏成为六朝考古的重要地区，发现的城址、陵墓、世族墓地、窑址、作坊等遗存尤为丰富。

　　六朝建康宫城遗址的探寻始终是考古工作的重点。进入21世纪，在南京大行宫地区进行的20多个地点城市考古发掘中，发现了大量和六朝建康宫城遗址有关的遗迹和遗物，终于取得了突破性的进展。包括多条高等级道路、城墙、城壕、桥梁、大型夯土建筑基础，房址、排水沟和砖井等重要建筑遗迹，以及一批云纹、人面、兽面、莲花纹瓦当和精美的各式釉下彩青瓷器残片。其中一条南北向主干道，上下叠压有从孙吴至南朝多个时期的路面，路幅早晚略作移位，早期路面宽15.4米，晚期路面宽达23.3米，各时期道路两侧对称分布有宽窄不等的砖砌路沟，东晋道路两侧为砖铺路面车辙印痕清晰，中间为夯土路面。东西向道路与南北向道路相互垂直，时代亦是早、晚叠压，南朝晚期道路保存完好，路面宽约20米，两侧砖砌路沟宽约0.85米。东西向道路北侧发现有东晋至南朝夯土城墙，外侧均有包砌砖墙，内侧勒脚处还填筑一层未经整修的大石块。晚期夯土城墙残存高0.7米，墙基中间夯打木桩，基槽宽12.4、残深1.4米。城墙东延后向北折拐，折拐后的城墙逐渐加宽。东西向城墙外侧还发现有各个时期的壕沟，南朝壕沟宽5.6、深1.1米，孙吴时期壕沟宽9.7、深约2米，壕沟两岸有护岸木桩或砖墙。壕沟与道路交汇处发现一座六朝早期的木桥，仅见基桩，两排6根，为单孔木桥，东西宽约4.7米，桥孔南北间距约4.5米，架桥部位壕沟两岸分布有较粗的护岸木桩。夯土建筑基址其上发现有2处大型础石，10余座砖结构房址非常密集，有砖砌散水和排水沟，砖井和主要排水沟底部铺木板。这些重要发现，其规模、等级非同寻常，无疑是与建康宫城有关，大行宫一带应属建康都城的核心区域。所发现的两段城墙可能属于建康宫（台城）城墙。

南朝隋墓墓砖壁画"竹林七贤"

　　在南京市其他地段也发现过一些与建康城有关的遗迹和重要文物。包括船板巷木栅栏遗迹、中华门附近南北向道路和古河道，出土文物中大量的六朝瓦当，釉下彩瓷器，以及孙吴时期的简牍、象牙尺、木尺等。

　　镇江铁瓮城、扬州晋广陵城进行过小规模试掘。铁瓮城为六朝早期的京口城，南北长340、东西宽220米，总面积7.5万平方米，筑城时将铁瓮山外侧略加修整成台阶状，依山堆筑城垣，"因山为垒，依江为屏"，使铁瓮城与山浑然一体。扬州晋广陵城，于蜀岗汉广陵城的基础上重建，砖砌城墙，城砖模印文字"北门""北门壁""城门壁"，多作隶书，正书或反书，说明发掘地点即在北门附近，"壁"即"砖"的别称，此城可能是东晋大司马桓温所筑的广陵城。

　　中华人民共和国成立以来，江苏清理发掘的六朝墓葬，绝大部分集中在南京及其附近地区，约在千座以上，其中纪年墓百余座。

　　经考古发掘的六朝帝陵有10处，南京大学北园东晋帝陵（元、明、成）之一；南京幕府山东晋穆帝永平陵；南京富贵山东晋恭帝冲平陵（也有认为安帝休平陵）；南京西善桥宫山宋孝武帝景宁陵；南京郭家山宋明帝高宁陵；丹阳胡桥仙塘湾齐景帝修安陵；丹阳湖桥吴家村齐帝陵（宣、高）之一；丹阳建山齐废帝陵（或和帝）；南京西善桥油坊村陈宣帝显宁陵；南京灵山陈文帝永宁陵。王侯墓有5处，南京甘家巷梁安成康王萧秀墓；南京张家库梁桂阳简王萧融墓；南京刘家塘梁桂阳王萧象墓；南京白龙山梁临川王萧宏墓。六朝陵墓的特点为选择葬地"背倚山峰，面临平原"，即通常所说"山冲"之地，聚族而葬，不起陵冢，开凿墓坑（劈山营造），墓前设长排水沟，地宫单室，甬道设两道门槽，墓门石砌，门额半圆形，浮雕人字拱。南朝陵墓墓砖壁画，内容为"竹林七贤""羽人戏龙""骑马侍从""执戟侍卫""执扇侍从"。墓前神道设石兽、石柱、石碑，陵前石刻与地宫有较长的距离，且多不在中轴线上。由于陵墓均经盗扰，葬具及随葬制度目前尚不清楚。

　　南京江宁上坊孙吴时期墓葬是迄今为止发现的规模最大，规格和结构极复杂的孙吴墓葬。其前室顶部为浮雕神兽纹巨形覆顶石，前、后室四隅的兽首形石灯台，后室的大型虎兽状石棺座，均是首次发现的高规格墓葬设施。所出的模型明器中柱形器、毛笔、书刀、斗、量以及用文字记号装配的牛车在以往孙吴时期墓葬随葬器物中所未见。墓主身份当是孙吴晚期宗室之王。

　　经发掘的世家大族墓地，有北方世族与江东世族。北方世族有南京老虎山东晋颜氏家族墓地，象山东晋王氏家族墓地，戚家山和铁心桥东晋谢氏家族墓地，吕家山李氏家族墓地以及郭家山温氏家族墓地。江东世族有南京杨梅山东晋高氏家族墓地，宜兴周氏家族墓地，苏州张林山张氏家族墓。象山东晋王氏家族墓地

南京上坊孙吴墓

南京上坊东吴墓出土器物

宜兴周处墓出土青釉神兽尊（西晋）

最具代表性，该墓地为东晋初尚书仆射王彬家族的墓地，已发掘墓葬10座，分布相对集中四个埋葬区，墓地范围总面积约几万平方米，依次有7号墓、1～5号墓、8～10号墓及6号墓，大部分墓葬出土墓志，墓主身份明确，因此，该墓地是研究东晋望族墓地，是以世系辈分和尊卑制度的排葬规律的典型墓地。南京郭家山温氏家族墓地4座砖室墓分前、后两排布列，前排墓主为东晋大将军、始安郡公温峤，是迄今发现地位最高的勋臣墓葬。后排为其次子新建县侯温式之，该墓出土墓志记述温氏四代与其他世家大族的联姻关系，并为寻找东晋帝陵提供了重要线索。

苏州、镇江、建湖、金坛、扬州、连云港等地也发现一批六朝墓葬。

江苏发现的青瓷窑址，位于宜兴南山"均山"，现已发现四处。窑址年代西晋，从窑具、窑炉和产品看，均与浙江同时代窑址相近，应为同一系统，唯其产品从色泽、造型等反映出的烧造技术略逊一筹。

六朝墓葬出土的砖印壁画、墓志、青瓷器、玻璃器、陶俑在研究我国物质文化发展史、艺术史、中外文化交流方面都很重要。

六　唐五代时期

唐代扬州城是当时全国最为繁荣的商贸港口城市，时有"富庶甲天下"的声誉。20世纪70年代以来经过多年的勘探和发掘。唐扬州城由子城和罗城两部分组成，子城是衙署所在地，在今蜀岗之上，利用了隋宫城和东城旧址，平面呈不规则多边形，墙体周长约7000米，四面各开一门，城内设十字通街大道，南北长1400、东西长1860米。街宽11、交叉路宽22米。南门是子城的主要出入通道，为一门三洞结构，门洞铺石，中门道宽7、两侧道均宽5、门洞深约14米。北城和东城各有一水门，子城墙角设角楼，墙体拐角内外包砖，内侧包砖作成斜面砖，使砌成的墙体自然收分。罗城是里坊区，位于蜀岗之下，初始，也利用了隋罗城的旧址，但随着商业和手工业的发展，在隋罗城范围之外，向南沿河两岸拓展，最终形成于中唐，晚唐进行过修筑，并增加了包砖。罗城为长方形，约南北长4300、东西宽3100米。城内交通有水、陆两系统，陆路南北主干道3条，每条间距350米，东西主干道4条，每道间距1000米，主干道贯通城门。干道之间有小道，南北干道与东西干道相汇的中间地带即为里坊范围。城内发现多道纵横交叉的河道，应是文献所载"官河""市河""柴河"及其支流，现已探明横跨河道上的著名的24桥桥址，考古发现的1座五跨木桥桥址，桥面宽7、长约30米。城内河道同时是供水的水源与排水的明渠。罗城城门靠近蜀岗的三个门均为三门洞，东西墙各有四门，均为一门洞，南城墙三个门，均为一门洞，正南门与西北隅门

扬州城遗址南门遗迹

为瓮城。罗城范围内发现有密集的民居建筑以及排水设施，已揭露的排水沟长35、宽2、高1.5米，沟两侧用厚3厘米的杉木板作驳岸，上下两块，外侧紧贴木板用楠木桩固定。罗城官河两岸满布市肆，商易繁华，发掘出土的遗存中包括各种窑口的瓷器，包括长沙窑、寿州窑、巩县窑、越窑、宜兴窑以及波斯瓷，并有大量钱币。罗城西部为手工业作坊区，手工业作坊包括有金属熔铸，骨器，玉雕和蚌雕等。罗城外东郊五台山和智禅寺一带为墓葬区，出土有墓志和彩绘俑。

唐代扬州的发展演变过程，以蜀岗之上的小城到唐中期以后蜀岗之下的罗城，不仅仅是城市规模扩大，关键是城市性质的变化，由地方行政性的城市发展成为人口密集程度很高的重要商贸城市和对外港口，唐扬州城的研究成果，对我国中古时期城市发展及其模式研究提供极为丰富的资料。

镇江市发现有唐代官衙和木结构排水遗迹。南京张府园发现过南唐宫城护城河及石砌驳岸。

唐代墓葬遍及全省，迄今发现多为小型墓，墓葬形制以长方形、腰鼓形、梯形及凸字形券顶砖室墓为主，长约4米。扬州林庄唐墓是迄今江苏境内唯一长度超过10米的墓葬，出土彩绘俑60余件。值得注意的是扬州唐墓出土的瓷器，几乎当时全国各主要瓷器窑口的产品均有发现，反映了唐代扬州大商埠的历史风貌。扬

镇江丁卯桥唐代窖藏出土金银器

州、镇江出土的唐代墓志、买地券，是研究当时社会政治、地望、职官制等诸多方面的宝贵史料。

五代墓虽然发现较少，但是扬州七里甸五代墓、苏州七子山五代墓和南唐二陵都是当时高规格的墓葬。七里甸五代墓棺椁前置木屋模型，结构仿真制作，是研究当时葬制和建筑史的好材料；出土的乐器琵琶等器物，具有一定的艺术价值，墓主当为杨吴皇室成员。七子山五代墓结构保存完整，为前、中、后三室，中室西侧附耳室，全长14.34米，出土的越窑青瓷金扣边碗、金银器、青瓷器均为少见的精品，墓主应与吴越国钱氏关系密切的贵族。南唐二陵是南唐烈主李璟及皇后宋氏的钦陵和中主李璟及皇后钟氏的顺陵。墓室作仿木结构，构件上均绘有牡丹、海石榴，宝相花、柿蒂、云气纹等彩绘；顶部绘天象图，地面刻凿江河，室门两侧浮雕武士像；出土玉哀册和陶俑等。其建筑、雕塑风格和随葬器物极具南方特征。

丹徒丁卯桥唐代窖藏出土950余件金银器，其中涂金龟负"论语玉烛"酒令筹及令旗是一组宴席行令的专用器具，属首次发现，是研究唐代宴饮生活的珍贵资料。

南京近郊九华山唐代铜矿遗址，发现采矿场5个，矿场之间的通风设施、井巷，反映当时采矿利用顶底板结构原理分层开采的方法，同时发现一批采矿和运输工具，唐代矿冶遗迹极为罕见。

宜兴溧阳一带山区发现多处唐五代窑址，经正式发掘的涧众窑，填补了唐代民窑的空白，产品在江苏境内唐代遗址中常见，说明是销路很广的民间用具，此类产品在日本和韩国均有发现。

七 宋元明时期

扬州宋三城的勘探与宋城西门、东门、宋大城北门水门遗址的发掘，探明了宋大城、宝佑城、夹城的位置、范围和布局，宋大城西门城墙、城门坚固的结构，其特有的布局特点，充分反映了当时复杂的政治、军事形势。西门砖砌券洞城门是我国建筑史上由木结构过梁式城门向砖砌券顶式城门转型的最早实物。东门吊桥遗迹及南宋时期双瓮城的出现，对我国古代城市建设史和军事上均有极其重要的研究价值。北门水门则是为了解决城墙跨河问题而修建的门道设施，既可通航又可防御。

苏州大石头巷宋代坊市遗址，出土器物包括陶范、熔铸坩埚、骨器半成品、博具，是宋代平江城坊市商品经济的一个缩影。

江苏佛塔出土文物有镇江甘露寺地宫，连云港海清寺塔地宫，涟水妙通塔地宫，南京北宋长干寺地宫和苏州云岩寺塔天宫、瑞光塔天宫。其中瑞光塔天宫真舍利宝幢和四天王木函，长干寺七宝阿育王塔和墨书题记的丝织品是宗教文物中的精品。

宋代墓葬各地均有发现，除一般的土坑墓，砖室仿木结构继承前期传统，砖室木板顶或石板砌室则是地方的特点，开始出现浇浆木椁墓。两宋墓葬以北宋居多，南宋墓仅在苏南各地有一些发现，规模总体来说都不大，长度很少超过4米。仅在淮安扬庙北宋墓墓室绘有壁画。出土的随葬器物数量从数件到数十件不等，一般以日常用品居多，其中不乏精品。如镇江北宋章岷墓的一批瓷器、常州前村宋墓的戗金漆器、金坛南宋周瑀墓的丝织品，溧阳竹簀的釉陶家具明器，江阴宋代葛闳夫妇墓的夹钢剑等。南京南宋秦松家族墓地出土的玉、玛瑙器均反映出宋代手工艺技术达到了很高水平。此外溧阳平桥还发现过宋代银器窖藏。

元代墓葬发掘数量不多，大致可以分为砖室、石室和砖石合砌墓三类。徐州南郊发现的延祐七年（1320年）石室墓有石刻画像。苏州盘门张士诚父母合葬墓，封土到棺室有多达10道保护层，分别用夯土、三合土浇浆，层层护封。元墓中发现过一批重要金银器，其中以苏州吴中区吕师孟墓和无锡钱裕墓中出土的一批最为著名。金坛洮西出土元代青花云龙纹罐和淮安季桥出土的元代青花缠枝牡丹纹双兽耳罐是不可多得的元青花瓷精品。

明代早期定都于南京，地下保留有较丰富的文化遗存。

首先，明孝陵的考古调查和清理发掘自20世纪80～90年代，先后对明孝陵

南京长干寺出土七宝阿育王塔

南京沐氏家族墓沐昌祚墓出土金饰

陵宫门、享殿基址、配殿、神厨、神库基址以及东陵（太祖朱元璋所立皇太子朱标陵墓）的考古勘探和清理发掘，获得了一批珍贵资料。南京中华门外聚宝琉璃窑，经过20世纪60年代和21世纪初两次清理发掘，发现几十座规模不等的窑炉结构和一批色泽艳丽、造型优美的建筑构件，充分说明著名的明初大报恩寺塔的建材即在此烧造。南京三汊河宝船厂六作塘遗址的全面揭露，清理出34处造船基础设施遗迹，出土的遗物包括船用构件、舵杆、压舵石、船板，造船工具有锉、钻、锥、刀和木尺等。明代徐州卫镇抚司遗址清理出以厅堂为中心的建筑基址，侧厢房内分别发现有手铳、火炮及铁胄，并有一批生活用具。南京城周和紫金山麓清理发掘过一批明初功臣墓，包括蕲国公康茂才、东胜侯汪兴祖、靖海侯吴桢、南安侯俞通海等。明代功臣的丧葬制度直接由中央控制，规格高、等级多、随葬器物丰厚，出土的瓷器和金银器非常精美。值得注意的是南京将军山朱元璋养子沐英家族墓地，自20世纪50年代初至今不断发现有其家族的墓葬，且多有墓志出土，包括黔宁王沐英、子定远王沐晟、定边伯沐昂、四世孙副总兵同知都督沐瓒、八世孙黔国公沐朝弼、九世孙黔国公沐昌祚、十世孙黔国公沐叡。沐氏家族世代镇守云南，有明一朝，传承12代，现知其五至七世孙死后未归祖茔，葬在当地。该墓地对于研究明代重要功臣聚族而葬的葬制具有重要价值。墓内出土的

青花梅瓶 "萧何月下追韩信" "黔宁王遗记" 沐氏祖训金牌在明代文物中具有相当高的艺术、历史价值。淮安明弘治王镇墓中出土的25件书画则是我国考古史上出土书画最多的一次。

（原载《中国考古60年（1949～2009）》，文物出版社，2009年；与林留根合作）

江苏考古之亲历与展望——邹厚本先生专访

邹厚本（1936～），江苏苏州人，1955年9月考入北京大学历史系考古学专业，师从苏秉琦先生。1964年到南京博物院，主要从事考古发掘与研究工作；1986年起任考古部主任。在新石器时代马家浜文化稻田遗迹、江南商周青铜器和周代土墩墓等研究领域卓有建树。2015年10月3日，本刊编委、南京博物院考古研究所（江苏省考古研究所）林留根所长对邹厚本先生就其所亲历的江苏考古事业以及江苏考古未来的发展作了专访。

林留根（以下简称林）：邹老师，您好！首先向您介绍一下我们采访计划的缘起。考古学从20世纪初介绍到中国以来，一批又一批的专家学者为中国的考古事业贡献了青春年华甚至是大半生的岁月。时光荏苒，很多老专家都已年届八旬、九旬，他们作为考古学科建设和考古事业发展的亲历者和见证者，在各自的领域取得了丰硕的成果，积累了大量重要的信息和宝贵的思考，这些对考古学的学科建设和学术史研究、考古事业的发展以及专业人才的培养有着非常重要的价值。作为学术期刊，我们计划通过采访的形式，将这些宝贵的信息记录下来、保存下来，为相关的学科建设和事业发展履行自身的使命；同时，也让年轻一代了解老一辈学人的学术生涯和心路历程。

邹厚本（以下简称邹）：这个想法很好。

林：《东南文化》的主办单位南京博物院的前身是中央博物院，1950年先后为国家一级博物馆和华东大区博物馆，所以可以说南京博物院的考古史实际上是江苏省的考古史。从中央博物院到南京博物院，我院一方面为中国的考古事业做出了很大的贡献，另一方面也为考古学学科和考古事业发展积累了很多宝贵的遗产，值得一代又一代的考古人传承、借鉴。我想先请您就这方面谈一谈。

邹：中央博物院的考古发掘和研究有很多优秀传统，我们南京博物院都继承、弘扬了。第一，专业人员的年龄、知识配置结构合理，各有侧重，在各自的领域内卓有建树。我到考古部时，考古部主任赵青芳先生（以下略去敬称）、主要业务负责人尹焕章分别参加过河南安阳殷墟遗址和浚县辛村西周墓的发掘；有年岁稍长的、研究古环境古地理和考古测绘的张正祥；有精通古代工艺技术史和考古绘图的黎忠义，他绘制的殷墟陶器图录至今仍是考古绘图范本；有早期参加过文化部文物局考古训练班的罗宗真、葛治功；有历史系考古专业毕业的纪仲庆、尤振尧、郑金星、袁颖、汪遵国等；还有南京博物院培养的考古人员，如陈福坤、钱锋等人……各人的专业方向都有所侧重：新石器时代有纪仲庆、汪遵国；商周时代有我；汉代有尤振尧；六朝、隋唐有罗宗真。不过这种专业侧重也不是绝对的，如扬州唐城考古发掘，罗宗真、纪仲庆、尤振尧都参加了。这样，我们在考古学各相关研究领域都有发言权。第二，重大发掘或组织、集中部门或院内的业务骨干参加，如20世纪50年代配合治淮工程、60年代发掘南京泰岗寺遗址、邳县刘林遗址、铜山丘湾遗址、六合程桥东周墓等；或由某领域的专家组队，如罗宗真主持南京富贵山东晋帝陵发掘，尤振尧主持铜山青山泉汉画像石墓发掘。第三，重要项目的发掘报告，由参加发掘者合作整理并进行专题讨论，讨论结果作为报告的结语；报告发表须由主任审阅、签字。这样既发挥了研究者的专长，又保证了发掘报告的质量。如刘林第二次发掘整理报告时，所有参加者就各自对这次发掘的认识进行了几次专门的讨论，形成的共识便是报告的结语，最后由纪仲庆执笔统稿完成；北阴阳营的发掘报告也是这样完稿的。第四，发掘结束后，在当地做展示宣传工作，如六合程桥东周墓的发掘，主要由汪遵国负责宣传联络，结束后在当地做展示宣传。第五，利用考古发掘机会为院里培养年轻人。如发掘高淳永宁土墩墓时，院里的年轻人包括霍华、吴荣清、郝明华等到工地实习，专业技能和素质得到较大提高。第六，考古专业人员集中精力于一线的发掘工作。当时的发掘经费由院考古部在季度计划内开支，没有经费压力；修复、照相、绘图等辅助工作也均有专门的技术力量完成，有些老人从1949年前就从事相关的技术工作，如历史语言研究所的王文林、李连春等。第七，重视发掘现场的安全保卫。比如发掘天山汉墓时，整合、动员了60多人做现场保卫和保护。

林：南京博物院在发展历程中培养了、也出现了很多著名的考古学专家，您称得上是承前启后的一代人，上承曾昭燏、赵青芳、尹焕章以及稍后的罗宗真、尤振尧、纪仲庆等，成为20世纪60～90年代江苏考古重要时期的中坚力量，担负了江苏考古的重任，也完成了很多重要考古发掘。请您谈谈这段时期南京博物院重要的考古发掘项目。

邹：20世纪50年代初南京博物院的考古发掘与研究重点主要集中在华东地区，如曾院长主持发掘的南唐二陵、山东沂南汉画像石墓等。我院的考古力量在国家重大建设考古项目中做出过重要贡献，如淮河治理、郑州二里冈商代遗址、长沙汉墓发掘等。60年代考古发掘重心转移到长江下游的江苏地域，即使是"文化大革命"期间我院的考古工作也没有完全中断。1972年陕西省文物工作会议，国家文物局王冶秋局长对当时的考古工作进行了动员部署，对考古发掘事业的推进和宣传保护文物政策起了关键作用。70年代后期到80年代中期，考古工作步入正轨，比较重要的是草鞋山遗址的发掘，这处遗址是当地窑厂挖土时发现的；南京栖霞山六朝墓群是工程建设中发现的，发掘工作均得到了当地的有力支持。80年代发掘的墓葬多，有扬州广陵王墓、高邮天山汉墓，时代背景与马王堆汉墓发掘有关。90年代初考古学科重视三大课题的研究：人类起源、农业起源、文明起源，昆山赵陵山良渚墓地、新沂花厅新石器时代墓地、连云港藤花落龙山时代城址、苏州草鞋山遗址古稻田等项目的确定都与文明起源、农业起源研究相关。

林：这些重大考古发掘项目中，哪些是您亲历的？因为您的学术生涯和心路历程基本上是和这些重大考古发现联系在一起的。

邹：我考古生涯中实际参加的较重要的考古发掘、调查项目主要有邳县刘林遗址、苏州草鞋山水稻田遗址、邳县刘林新石器时代墓地、铜山丘湾社祀遗址、沭阳万北遗址、丹徒断山墩遗址、句容浮山果园和高淳永宁土墩墓群、六合程桥东周墓、涟水三里墩战国墓、高邮天山汉墓、徐州狮子山楚王墓、宜兴古窑址调查与发掘等。我于1964年4月26日到南京博物院，不久赵青芳安排我先看材料，我当时新石器时代的材料看得比较多。5月份我就与赵青芳、汪遵国去邳县刘林发掘。我们一共10个人，住上下铺，老中青三代主要业务人员全部参加，有赵青芳、尹焕章，还有纪仲庆、汪遵国、钱锋、陈福坤和我，由尹焕章总体安排。当时大家的主要精力都用于发掘，其他主要的活动就是学"毛选"。在工地上，尹焕章考古发掘经验丰富；实际操作方面纪仲庆做了比较重要的策划，并且负责整理报告。发掘结束时，结余的六千多块钱由我带回来。当时我们每个季度有考古经费五六千，相当于现在的60万，用不完。同年8月我与汪遵国、尤振尧一起参加了六合程桥中学东周墓的发掘，在滁河边上，我们住在教室里。我和尤振尧在工地上发掘，汪遵国负责全面工作包括对外联系和宣传等方面的工作，发掘出土了臧孙编钟等有铭文的青铜器。接下来是涟水三里墩战国墓的发掘，赵青芳、纪仲庆和我参加。涟水汽车站到住地有两里路左右，我们挑着行李，住在一个茅草棚里，早晨吃的是山芋干稀饭。之前我和纪仲庆调查过，那儿是黄泛区，在离地表四米以下发现过新石器时代的遗址。发掘战国墓时有三四千人围观，我们只能连夜取回遗物进行整理，后来发现的透雕铜镜就是整理出来的。当时江苏省委书记许家屯在涟水蹲点，要求我们给当地做宣传，我们照办了。那段时期发掘任务很紧，我们接着又到徐州发掘丘湾遗址，尹焕章带队，赵青芳、我、钱锋参加，发现了社祀的现象被捆绑的殉人和狗架向着三块石头。但当时我们只是感觉到遗迹现象重要，没有提高到社会现象来分析。报告送中国社科院考古所后，夏鼐所长认为这个报告很重要，给予了充分肯定。

林：学术界都知道，您是"土墩墓"的发现者和命名者，请您简要介绍一下命名的经过。

　　邹：实际上土墩墓在20世纪50年代已被发现，但当时并不认识，不知道怎么定名，称其为"印纹陶遗存"。70年代镇江博物馆在句容浮山果园发掘的土墩墓，形制特殊、内涵丰富，引起了重视。姚迁、赵青芳和我到现场考察后，决定我院再进行发掘。我院前后两次发掘浮山果园，第二、三次发掘浮山果园我们认真按照考古发掘的方法，用分方开方的办法来发掘，发掘的结果是我们感到很重要。后来又发掘了高淳顾陇、永宁土墩墓，对其葬制、文化内涵特征和时代获得了新的认识。在江西庐山江南印纹陶学术会议上，我就湖熟文化和土墩墓问题作了发言，第一次正式在会议上用"土墩墓"命名这种墓葬，得到了与会学者的认可。

　　林：土墩遗存一直是学术界关注的课题，后来在浙江、福建等地发现了早期土墩墓，在浙江、安徽甚至湖南等地又发现了汉代土墩墓，再次成为研究的热点。我们前几年举办过一个专题研讨会，在《东南文化》上发了两期专题成果。

　　邹：这是一个值得深入研究的课题。到了90年代初，我们比较重视对外文化交流，1992～1999年，我们与江苏省农科院和日本宫崎大学合作发掘草鞋山水稻田，参加的有我、李民昌、谷建祥，苏州的丁金龙和吴县的姚勤德。1992年是试掘，主要是学经验，决定怎么做、怎么判断；1993、1994年陆续发现了早期稻田遗迹现象，时代分为三期。后来到日本举办过学术研讨会，日本各大报纸都刊登这次重要发现的消息，因为这是国际上第一次发现早期的稻田遗迹现象。

　　林：刚才介绍的主要是您参加的发掘调查，在您担任所长后领导或布置、安排了哪些重要发掘项目？

　　邹：我刚才已经说过了，现在再补充几句。汪遵国主持的花厅遗址发掘，全部门有一半人员参加；1991年发掘昆山赵陵山遗址，我们与上海博物馆的黄宣佩、浙江省考古研究所的王明达一起到现场就发掘布方、方法讨论过。1996年开始我主要在三峡地区做考古发掘（1992年开始规划），一直到2004年，我们在三峡发掘的遗址、墓葬反映了这个区域的文化发展过程，文化的地域特色很清楚。

　　林：您参加、领导了这么多重大的考古发掘，你认为最重要的或者感触最深的考古项目有哪些？

　　邹：大致有三个。第一，丘湾遗址的发掘。夏鼐所长高屋建瓴，他对遗迹现象的总体把握给我感触很深，以前我们没有这个认识。第二，土山汉墓的发掘。中国社科院考古所充分重视，使我们认识到发掘墓葬应有整体考量，不能有挖宝思想。第三，草鞋山稻田的发掘。这是个新的遗迹，我的感触是要掌握遗迹现象及其与自然界的关系，要重视多学科的研究。

　　林：江苏考古确实有很多重要发现和收获。总体说来，江苏考古在全国处于第二方阵的前段，因此我们还有很多工作要做。请您结合十三五规划谈谈目前江苏考古还存在哪些问题，最近几年江苏考古最要紧的是要做哪些工作。

邹：第一项工作是梳理江苏古文化的命名问题。第一个，青莲岗文化有没有？成立不成立？现在看法不一样。我觉得青莲岗文化的定名要有个答案，要在这一片区找同类型遗址做发掘，现在不能轻易否定或肯定，只好按约定俗成的办法先这样说，但要本着对学科发展负责的态度和原则，要界定清楚。早期考古学文化的研究要特别重视区系类型研究。苏秉琦先生的区系类型理论是考古学科基础研究理论的核心之一。我认为用水系的流向线索来研究古文化也是一个可行的方法，因为先民的聚落都与水源密切相关。有一个奇怪的现象是，为什么大汶口文化会到豫西去，这就是与水系有关的问题。先民们随着水流往下走，有一支留存在那里，所以就在这个区域出现大汶口文化。大汶口文化在江苏的情况是：在徐州以北，包括大墩子、刘林遗址是大汶口文化早期；在徐州往南，睢宁、泗洪一带就是大汶口晚期遗址；然后下淮河、到颍水往西走到豫西。所以古文化的发展与传承，有一群人在支撑着。

林：江苏淮河流域、特别是黄淮间的考古学文化，我们一定要花大力气去调查研究。目前山东研究得很清楚，但江苏一直不清楚，总是采用山东的文化命名，实际上很多场合张忠培先生就称之为"刘林文化"，严文明先生也称为"大墩子文化"。江苏不光是大汶口文化，包括龙山文化、北辛文化、青莲岗文化、顺山集文化的整个考古文化谱系都需要梳理。

邹：江苏史前时期有个特殊现象：南片的脉络基本清楚，古代长江以北的文化交流影响的作用和因素很多，如何界定是很重要的任务，我们始终理不清。江淮间也很难理清，龙虬庄文化、青墩文化都不被学术界公认。我认为其实都可以归入大崧泽文化，成为其一个类型。崧泽文化是这个时期的繁荣时期，是一个重要时期，为什么良渚成为古国时代？崧泽是它的基础。

林：比如张家港东山村那么大的崧泽大墓紧靠在长江口，充分说明当时崧泽文化已经跨越长江两岸。

邹：崧泽是酋邦时期，良渚是神权时期、古国时代，这是古文明发展的历程。酋邦时期发展很快，太湖是其根据地，从这儿往长江以北发展，此后的良渚文化的扩张线路也有往北走的。因此，崧泽是良渚早期的铺垫。目前还有两个比较纠结的问题：第一是江苏北部东夷与商的关系。现在发现的商代遗存是它的点还是面？商代的经略不一定是全面铺开，而是建立好多据点，万北可能就是一个很重要的据点，所以万北的商代墓葬呈现典型的商代特征，出土了那么多遗物。丘湾不一定是商代的；有学者认为是东夷的，但它出土的陶器与商代的一样。

林：估计也是商代的，商代的人到当地后融入当地的习俗也是有可能的。

邹：第二个，湖熟文化基本得到了学术界的认可，但我们自己把自己搞乱了，如湖熟文化与吴文化。目前我们对它的文化内涵、分期梳理不清晰，尤其是墓葬因素，原先说它的上层基本与土墩墓相接，但其下层没有发现墓葬，说明我们工作没做到位。只有遗址，没有墓葬，这是个大问题。一个考古学文化要得到认可，一定要解读清晰。但迄今在其文化分布范围内没有发现商代墓葬，这很奇怪。

林：苏北地区还发现了几处商代墓葬，但苏南地区至今还没有。江苏的土墩墓早不过商代，江苏的遗址及其附近也钻探不到这个时期的墓葬。不过浙江地区比较早。

邹：第三个是吴文化。虽然现在打吴文化的品牌，但是吴、吴文化与镇江的关系令人困惑，到现在没有一个突破口。我感觉镇江可能是徐的据点，是南淮夷的据点。春秋后期各国争霸，徐虽然被灭了，但它的后裔仍然在传承徐国的文化。我认为宜侯原来的封地是在古邳，镇江北山顶出土的铜器明显是徐国的器物；镇江是徐的属地。吴国是军事性质的国家，忽视后方的经略，是昙花一现的霸国。木渎古城范围很大，但文化堆积并不丰富。所以这是江苏考古的难题，关键在于怎么找到突破口。

林：我也倾向于您关于镇江是徐的据点的意见。宁镇地区这么大，应该能发现一些重要的商代墓葬。

邹：商代的经略与资源有关，一个是东边的山东东部、江苏北部，获取海洋资源；另一个是南边的湖北、江西获取铜矿资源。浙江的商代遗存与原始瓷有关；宁镇地区应该也和资源有关。宁镇地区岳石文化时期已经有北方文化的渗入，镇江马迹山、句容郭庄都发现了岳石文化遗迹；南京附近发现的典型商代遗物，可能与此有关。

林：关于徐夷、淮夷、南淮夷的考古，我们目前有一些重要线索。苏南地区，常州的孟河一带是南北交通要冲，从目前的调查看，存在着春秋时期的贵族大墓。苏北的邳州梁王城周边地区与徐国有密切关系，应该做系统的考古工作。

邹：是的，近几年的考古发掘证明了邳州梁王城是西周至春秋时期相当重要的城址，进一步的考古工作肯定能有更重要的发现。第二项工作是中古时期城市发展的考古解读。为什么江南地区在汉代还很落后，但到了六朝以后、南宋以后突然那么发达？我们比较注重早期阶段的发掘和研究，其实晚期的文化、历史等方面也要关注。如古城址的发掘，苏州平江府城有那么好的规划图；比如大石头巷，以前工作做的不多，还需要做，可以在现在的城址下面寻找古代的踪迹；苏州、常州、扬州、泰州几个重要的城市都要发掘。

林：考古所秉承中央博物院以来诸多优良传统，今后应如何发展，如何与国际接轨，将学术研究做得有声有色，是目前的主要任务。在江苏，南京博物院综合实力最强，发展目标也一直是做大做强；同时，各区市的考古力量也比较强，只不过发掘工作开展的力度不大，这可能涉及管理层面的问题。您认为我们考古所应该如何发挥领头作用。

邹：有些事情急不起来，但要有个良好的开始。

林：考古事业要可持续发展，某些重要课题，一次中断就需要好多年才能恢复。江苏考古目前可能需要有大局、全局观念，比如六朝墓、明代墓的发掘，明代聚落、都城及御窑、功臣墓的发掘。我们是否可以借鉴中国社科院考古所的办法，中央与地方合作、中央带动地方的模式开展重大发掘工作？比如西安唐城遗址、西安汉长安城遗址、洛阳汉魏洛阳城遗址的发掘就是中国社科院考古所主导；扬州唐城遗址的发掘就是因为有国家队，才能取得今天这样的成绩。南京作为六朝古都，相关六朝宫城、明朝都城以及明故宫的考古都应该借鉴这种合作模式。

邹：是的。江苏近几年要开展的第三项工作就是，江苏考古要重视人才的培养，从现在看有一些问题。首先是培养机制。考古所有责任培养人才，考古所的人才至少在国内某一方面要有发言权。现在考古队伍中年轻的同志越来越多，而考古人才的培养是个积累过程，要把他们放到第一线去锤炼，稍有资历和发展潜力的要放在专业岗位上，不要急于提拔到行政领导岗位上，否则他们基本上就没有时间和精力从事考古专业工作了。考古事业发展需要专家，需要高眼界；考古事业要与国际接轨，首先要与国内先进的理念与方法接轨，无论是人才培养机制、管理模式还是配置方法。第二是管理机制。不能放养式地管理，要有意识地管理。现代社会功利色彩较重，我们要强调、推崇一些精神层面的东西。要选定重要遗址或墓区，建立固定性的考古工作站、工作队。如泗州城，带课题去做五年、十年、二十年、五十年，成为专业人才，在所涉及的领域有权威性发言权。所以要选重要的、在全国有影响的点，与大遗址结合起来，为人才提供研究基础，通过不断积累，成为权威。

林：培养人才不能是有考古项目了再培养，我们可以吸纳、借鉴国家考古所的方式：全国各地有重要发掘的地方都设置一个点，比如这几年傅宪国在海南，一个人能在那里带领一批年轻人进行考古。江苏如果某个人对汉代考古有兴趣，就可以派去连云港做盐仓城，或者盱眙东阳城，那他就是队长，相当于工作站的队长，他带项目、带经费去开展工作，同时也是在为当地培养人才。我们可以借助这个模式发展考古事业，对他提要求，要求他出什么成果享受什么待遇。这是培养人才的重要的管理机制。

邹：对。第四项工作是要建立数据库和资料库。因为有时候我们发掘后一不小心就会丢掉很重要的信息。这是常年性的工作，是长期的成果，若干代人都能享受这个成果。第五项工作是要重视科技考古和多学科的运用。现在的考古发掘和我们以前完全不一样，现在多学科的研究成果促进了考古事业的发展和考古成果的体现。如果把草鞋山遗址的人骨、其他良渚文化遗址的人骨不断地积累，建成数据库，向全社会、学界公开，不仅我们可以使用，外界也可以使用。

林：当时我们设想将龙虬庄、金坛三星村、常州圩墩的上千具头骨积累起来，形成一个资料库，这个资料库将成为长江下游最重要的资料库，所有大学都要来查找材料，可以实现共享。我们的体质人类学实验室可以建库，从史前一直到元明清，中国的人口迁徙比较频繁，也很重要，譬如顺着大运河这条线，象淮安出土的宋元明清时期的墓葬的人骨资料都可以建库，能解决大的学术问题。我们的动物、植物考古没有专业人员，但可以利用其他学术机构共同开展合作研究。

邹：第六项工作是要不断更新、添置先进仪器和设备，它们的确比传统设备先进、精良，我们不能总是采用传统方法。比如电脑画图辅以手工画图，效果更好。重要的考古发掘要整合力量，形成群体智慧，这个要形成机制。另外，年轻人对老一辈的考古研究成果中的不成熟、不确定之处，不要轻易推却，而是要挑起重担。比如青莲岗文化，要继续研究，命名属于赵青芳，但成果属于年轻人，要继承发展。不要轻易否定老一辈的观点，学科建设应该是继承发展，如现在不称仰韶文化，称仰韶时代；青莲岗文化也可以称青莲岗时代。学术研究是艰苦历程，不是一代人能解决的问题，可能需要若干代人的努力。

林：接着您说的人才培养来谈。您是受年轻人爱戴的前辈，大家对您都很敬仰。中央博物院、南京博物院历来有培养年轻人的传统，江苏省也具备很好的条件，比如20世纪70年代南京博物院就曾举办过两届培训班。

邹：当时国家文物局在陕西办班，要求地方也办。1976年我们在东阳城办了一期工农兵考古学员训练班，培训对象是淮阴、涟水县市文化站的干部。那年地震，我们是在抗震棚里办班。实习地点在当时梁白泉负责发掘的东阳城，在东阳城东南角发掘了一批墓葬，并对东阳城遗址做了调查。这是第一期培训班，主要讲授一些政策。第二期是培养学员，主要是来自省内各地的年轻人，赵青芳、罗宗真、汪遵国、尤振尧、我、曹者祉都给他们上过课、编过讲义。我主要是带学员们实习，实习地点是在江宁点将台，就是后来的点将台文化遗址地点，近半年时间。这批学员后来都成了地方主要业务骨干。

林：那么，目前我们应该如何培养年轻人，让我们优良的传统薪火相传，发展下去？也请您对年轻人谈一些希望，寄语他们怎么做学问，怎么做人。

邹：年轻一代首先要对事业有信心；第二要互相沟通，共同提高；第三要经常看看外面的世界，要有大视野。现在是信息时代，发展很快。比如同样是发掘墓地，传统的方法与现在的方法不一样，王一级的墓要注意陵园，下层次的要注意茔域，持续的要注意区分界限，前后高低都能反映出葬礼。因此要常看、常交流，要增加见识，多见世面，多写文章参加学术会议，这也是一个促进和提高。

林：现代考古基本上是海陆空全方位，并且充分利用社会资源，比如石峁遗址、良渚遗址的发掘即调用社会各方资源，采用多种科技手段。学术界最近几年比较关注的考古学的分支学科，如科技考古、公众考古、水下考古以及考古发掘与遗产保护利用等方面，目前江苏也取得了不同程度的进展。水下考古是国家战略，目前已在全国全面开展。江苏也已经先从太湖地区开始，主要开展太湖的古代航线与相关遗址的调查。其他如考古与遗产保护、利用相辅相成，考古学科建设、考古事业发展出现的新趋势和相关调整，都是我们目前必须关注的。

邹：太湖的水下考古，有几个地点很重要：江苏有的古湖泊周边有古城沉落，苏州越溪、东山、胥口是吴越交战时期的重要通道；无锡马迹山附近也很重要。太湖附近的河道里曾经出土过好多青铜兵器，就与吴越战争有关。太湖水位浅，很可能会发现当时的战船，也许还能发现当年槜李之战古战场的遗迹现象。

林：我院拟在十三五期间建立的江苏公众考古中心，是将考古发掘、遗产保护纳入到公共文化服务体系中。重要的考古发掘通过公众考古的平台来宣传，能收到很好的效果，是精彩江苏的一部分，也能避免像南京明故宫那样负面的事件发生。这是很值得期待的。最后请您谈谈对考古所的希望。

邹：目前考古学科的发展已进入到一个崭新的阶段，历史信息的提取、考古资源的保护、多学科的合作研究，提升了考古作为第一学科的升值空间。作为南京博物院内一个组成部分的考古研究所，如何适应事业、专业、学科的发展，我认为首要问题是解决理念问题；其次是解决管理体制、管理模式问题，毕竟考古所与博物院其他部门的专业性质、工作对象、工作方式方法不完全相同。因此我建议，可以就这个问题进行一次调查研究和专题研讨，这在全国也是首创，对推进南京博物院体制内的考古学科发展很有价值。

（本次采访由毛颖录音、记录并执笔整理；采访稿由采访人与被采访人审阅定稿）

弘扬优良传统，提升江苏考古水平

刚才听了林留根所长对顺山集文化的探索过程，是考古学文化的命名、发展、建立文化谱系中很重要的一个环节。江苏以前提过青莲岗文化、湖熟文化、点将台文化等，应该说都是江苏考古历史进程中很重要的课题。但是我们没有展开深入研究。结果导致很多文化被周边地区所命名的文化替代。接下来我们该怎么办，是否还要继续研究？实际上，刚才林所讲的青莲岗文化的问题，我们还有很多工作可做：发掘、整理、综合分析、研究考古学文化的命名，这样研究才能不断深入，得出科学的结论。

林所给我出了一个题目，叫"弘扬优良传统，提升江苏考古水平"。这个题目太大，需要有高深的理论和专业水准，我达不到这个要求。但既然参加了会议，总得讲几句，算是交差吧！

第一个是说说过去，讲讲过去的考古工作。第二个是要讲讲现在，今天各位青年工作者的发言非常精彩，说点我听了以后的看法与收获，当然不一定点评的对。第三个是要谈谈未来，对江苏考古的展望和期望。

首先说说过去。

我原来不想讲的，老生常谈，后来谷建祥跟我讲，你就要讲过去的事情。年轻人对以前的事都不知道，我们到底是怎么过来的，大家就当听故事一样。江苏考古的队伍是怎么来的？主要是南京博物院曾昭燏带的一支队伍，包括中华人民共和国成立前留下的一部分考古人员和中华人民共和国成立后成长起来的年轻学者。这些老一辈的考古学家都做过大的项目，尤其是在我们中国考古学史上有地位的项目。第二支队伍是江苏的土著队伍。先讲第一支队伍，这支队伍的领衔人物是曾昭燏，她基本跟夏鼐所长平辈。当时曾有"北夏南曾"之称，这个提法提高了，但是有这么个说法。曾昭燏主要的得力干将，一个是尹焕章先生，就是淮安市博物馆尹增淮先生的父亲，是殷墟发掘的五大干将之一；第二个是赵青芳先生，原来跟郭宝钧先生一块，是浚县辛村卫国墓地的主要发掘人。她带的队伍中的技工，是参加殷墟发掘的技工王文林。王文林在抗战时期就跟着他们到了重庆，结果他的老婆跟孩子只能靠乞讨生活，最后他回来了，他老婆都不认他，一直到临终前也不肯。当时的照相师，是史语所的李连春。图是由曾经绘过殷墟陶器图的黎忠义先生绘的，你们可以去看，殷墟陶器图是绘得相当好的。我们在座的好多老同志都认识他，他兢兢业业，绘了一辈子的图，同时也做了好多研究。还有一位张正祥先生，他对江苏地形地貌的研究相当深入。后来又陆续有大学生过来，早期的大学生都参加了文物局的考古训练班，也就是所谓的考古界黄埔一期、二期训练班，包括南大的蒋赞初先生、我们的罗宗真先生、葛治功先生。就这么一批人，这样一支队伍起来了。还有一支队伍，是当时苏北、苏南的文管会，朱江先生他们就是苏南文管会的，还包括谢春祝他们，高皇庙遗址就是谢春祝写的报告。这个队伍就是这样一批老人。当时我们现有的地方能做考古工作的就是南京的李蔚然先生跟金琦先生。当时江苏就是这样的结构，现在看来，大江南北人才济济，这个队伍多优秀，知识结构多全面。工作都是有分工的，我们南京博物院的人，包括干部、新进的大学生都有分工。纪仲庆先生、汪遵国先生侧重新石器时代考古，我当时跟着搞商周考古，秦汉考古是尤振尧先生，六朝、隋唐考古是罗宗真先生，尽管每个人的研究方向各有不同，但是整支队伍是一个整体。当时不像现在，技工是很少的，主要靠我们自己动手去做工作。这样就不论你侧重与否，我们都一块来干，最后编写报告以那个侧重研究这一方面的人为主笔。20世纪50年代初期的主要工作是配合治淮跟长沙市、郑州市的建设，我们派队伍参加了。宋伯胤先生参加了长沙市的发掘，跟王仲殊一块。在郑州，河南挖了二里冈，我们挖的碧沙岗。50年代和60年代初期的考古调查，应该说对江苏考古起到了很重要的积淀作用，现在很多重要的遗址都是这个时期调查的成果。当时的调查，我们可以举个例子，南京附近宁镇地区湖熟文化遗址的调查，那时在全国都没有这样一个按水系大面积分区分片的调查。这次考古调查的主要人物是研究地形地貌的张正祥先生，他雇了一条船沿着秦淮河走，看哪个地方高就往哪个地方转，所以当时的调查面很宽，准确率也很高。到后来80年代我跟谷建祥、尹增淮一块在沭阳调查的时候，也是分区分片来调查，顺着这个线索在调查中发现了万北遗址。谷建祥先生调查到万北的时候从群众中了解到，1958年的时候这个地方有一车一车的陶器运到县城去，他到附近的井上看断面，确定了这个地方很重要。当时的考古发掘是组建一个团队一起去的，譬如说，我们在刘林遗址发掘的时候有10个人参加，扬州唐城发掘也组了好几个组。丘湾遗址的发掘，发掘领队是尹焕章，尽管赵青芳是我们考古部的主任，但他完全支持尹焕章来做这个工作，我们当时就跟着去做。刘林遗址的发掘也是这样，并没有因为你是领导就由你来主持，不是这样的情况。发掘过程中，尹焕章先生特别重视纪仲庆先生的意见，因为纪仲庆是新来的大学生，对新石器时代考古很有研究。整理、编写报告也是集体一块做的，整理南京的北阴阳营遗址时，我们专门在三楼将所有材料摊开，大家一块整理，分头执笔，并有专人统稿，统稿之后，还有人二次改稿。当时发简报或者报告，稿件都是部门主任签字后发出去的，重要遗址的发掘报告的结语是大家一块讨论的。刘林遗址二次发掘的报告，当时的姚迁院长就让考古部专门开会，大家分别发表意见，之后执笔者根据大家的意见将大家达成共识的东西写在里面，体现了团队的成果。但研究是各人都有所侧重，你可以研究这方面，他可以研究那方面。至于署名，这有个过程，以前是谁带队就署名在前，而且知名老先生署名在前，年轻同志署名在后。后来渐渐改变了这种方式，尽量体现个人的研究成果和价值。以上就是我说的过去，让大家知道一些故事，也就结束了。

第二点，讲讲现在。

我听了这次论坛安排的报告，内容丰富，题材多样，我看到了年轻的学者在成长，也听到了年轻学者的研究心得，感到长江后浪推前浪，江苏考古充满了希望。我将你们的报告分为以下五大类。第一类，是专业性的管理类报告。我感觉这个很重要，现在我们的考古事业在发展，成员在不断增加，结构也在不断变化，而且在市场经济特别发达的时期，我们如何管理好考古工作是一个大课题。管得不好，最后可能连经费都不够，大家也就没法开展工作，所以我感觉这是当前我们所面临的一个实际问题。听了你们的发言，尤其是南京市考古所所长的报告，我感觉到他考虑得很细致。我的观点很简单，我们要用足政策，在政策允许的范围我尽量做好，不要亏待大家，这是管理者应尽到的责任。这是一方面问题，还有一方面问题，考古遗址公园的建设是个热门课题。刘宝山院长他讲得很好，我们一定要坚持考古遗址公园的规划建设，考古队要有参与权、发言权。我的观点是我们各个考古单位要主动出击，绝不能退让，这才有利于考古遗址公园的建设。第二类，大家讲得比较多的是考古发掘报告，我感觉现在的报告的出版时间跟以前完全不一样，但还是要在报告中尽可能地充分展开、发表各方面的历史信息，要带着课题来作报告。历史时期的考古报告，要补史、证史跟考证，南京市、扬州市、苏州市都有很好的报告，报告材料也很精彩，这是我要说的第二部分，不是泛泛的报告，而是尽量把历史信息充分发掘。我举一个例子，譬如仪征五代时期的白沙窑，应该说这个报告方方面面的思考还可以做点工作。作为一个窑址，它主要生产砖，而且砖用在城墙上面，那这个砖的烧成温度测试跟泥料的测试要附在报告里，要解决烧砖的原料问题。你讲了它的运输问题，窑址就牵涉到运输还有烧造方法，这些都要讲清楚。这样你的报告就会更丰富一些。我再举个例子。扬州刘刚的报告，扬州出土的漆器特别多，尤其是漆绘陶器，要特别注意这个问题。漆绘陶器确实是很有特点的东西，要想办法多展开一点。南京有些报告涉及对文字的考订与研究，比如宋墓的报告就讲得很好，注意从报告中来展开内容，我就不一一点评了。第三类，学术性论文。一种是考古资料的综合和归纳，一种是专题性的研究性文章。我感觉我们的年轻同志掌握的资料在不断丰富。譬如淮安的同志写的西汉列侯的资料，我觉得很好。这里面他提到一个三里墩的问题，这里我可以讲一下。三里墩这个墓的报告结语讲到他可能是鳣侯应的墓葬，但报告里只是一种提法而已。实际上这个报告在《考古》上发表以后不久，山东的王恩田就写了一篇文章对此说有异议。当时考古所考虑到跟南京博物院的关系，没有把这篇文章发表，而且告诉博物院，征求我们的意见。那么你今天提出的这个问题我也可以作一个回答，因为我是参与这项发掘的人。当时来现场参观的人不下四五千，好多都是从淮安（当时叫淮阴）赶到涟水来取棺椁木料的，据传回去煮汤之后可以治病。该墓椁室边箱里完全是战国的器物，具有齐国的特点。该墓中间部分是群众挖黑泥当肥料时发现的，已经被破坏，发掘过程中出土了五铢钱，在没有办法将墓室地层做清楚的情况下，只好往汉代去靠，所以这个报告存在不足的地方。今天回过头来想，你的问题提得很好，这是我要讲的。还有一个问题，就是在研究过程中，南京市有好几位同志对墓主的考证我很认可。我们确实要把墓主搞清楚，这对我们考古资料的运用，对历史，甚至对文学史可能都有价值，所以我们在考订问题这方面要下功夫，查考文献弄清来龙去脉。搞历史时期的研究，你古文献要精通，地方志要精通，甚至于笔记小说也要精通。这个确实要花精力、花时间，有个积累的过程。这次学术论文里有个跨界的课题，我感觉很重要。贺云翱先生应该说这几年在我们江苏文化界的地位很高。他确实在宏观上把握得很好，在微观上他也注意了中外关系的问题，值得我们学习。我们不仅要在家里当老大，也要有出去同台辩论的气魄。尤其在我们跟韩国的关系方面，我可以举个例子。谷建祥跟李民昌和我在中日合作研究草鞋山稻田遗址的时候，关键时刻他们的意见起到很大作用，李民昌主要搞自然科学的部分，研究人骨、兽骨和环境考古，谷建祥主要搞考古学方面的研究，我们在那儿讲话与对方平起平坐，一样来讨论。在这些学术报告里，涉及一个很重要的基础考古。我现在不太喜欢提传统考古，我提基础考古，基础考古也就是地层学、类型学，是我们考古学的基础。同时我们的眼光不仅要看到基础，还要重视多学科的综合研究。新的考古学在发展，但基础考古一定要做强。这次在学术报告里面，就牵涉许多基础考古的问题，譬如沂沭河流域商周遗址的调查，譬如邳州梁王城西周墓的分期，将来有机会我们可以请对这方面有独到研究的先生来讲讲基础考古学。我特别怀念俞伟超先生，他不光讲基础考古，也提新的东西。现在我们讲的水下考古、航空考古，都是他当时提出来的。对我们江苏考古，他也特别厚爱，每次到江苏总希望接触年轻人，你问林留根他就知道。当时发掘藤花落遗址，他专门晚上十二点以后去找他谈，两个人边喝酒边聊。我们年纪大的人，都要器重年轻人，相信一代能够超过一代。另外在编写考古报告的过程中，要充分重视新的科学技术，注意多学科的研究。但是编报告一定要以考古材料为核心，我发现现在有些报告，本身报告体量已经很小了，结果大量的都是多学科的东西，这就是比例失调了。人家的也是成果，我们要充分肯定，但是我们要接好轨，不然会感觉不协调。再就是对以往的考古资料的引用，我们不能讲去伪存真，我们讲去污存清，有些不必要的、现在看来明显有偏差的东西，我们可以去掉。我们要把精华部分提炼出来，不是否认前人的成果，而是把前人的成果定到合适的位置，在研究中要充分重视文献资料的应用跟考释、考订。第四部分，室内考古。我看今天徐州博物馆那位讲得很好，这就提升了我们的信心，我们考古要注意现场重要资料的提取，要整体提取到室内，开展实验室考古。这个玉棺在汉代诸侯王墓考古中是一个很重要的课题，李馆长也专门讲了这件事，这项工作很好。通过这个我们很受启发，现场不一定要完全揭露，我们可以转入室内去进行，会留下更多重要的历史信息。第五部分，考古学史，民国时期考古教材的问题，我也觉得很好。实际上我们很多老先生开始也是接受这方面资料的学习，之后逐渐进行他自己的学术研究的。今天还有新的东西，比如海洋考古，内容也相当丰富。

最后一个，我们谈谈未来，展望一下我们江苏考古的未来。

由于各级领导的重视，我们整个江苏考古界的地位在不断提高，年轻人的队伍在不断壮大，考古在社会上的影响在扩大，公众考古的位置也在不断提升。我们今天这个报告会的外面，有好多人想进来听，我感觉这很好。我建议将来的年会就是要向社会公开，大家都可以来听，这是一个宣传考古工作的机遇，我们为什么不做呢？今后的考古工作，第一要抓基础，我们要充分重视基础材料，查缺补漏。第二要抓课题，与多学科研究接轨。第三要创造条件，让更多的年轻人参与到全国性的学术课题的讨论与研究中，重点培养有前途的青年学者，这样我们才能有全国性的专家。譬如人类起源，国内就我们没有人做旧石器考古。华国荣写过南京人报告，全国性课题——农业起源、文明起源，还有中外文化交流，我们都要争取发言权、话语权。全国性的重大课题有话语权，地域性的尤其是江苏地域性的课题要我们作主题报告，要有分量，我感觉要抓好以上三条。我讲讲当前我们要做些什么工作。第一，完成江苏地域区系类型、谱系的研究。这个首先由各个小区域建立考古学文化系列，宁镇区的系列、太湖区的系列，江淮东、西的系列、徐海地区的系列，把这个系列弄全了。第二，要抓住当前水文化遗产的调查。对先秦水系、江苏地域的古代水系要弄清楚，为我们今后的考古调查提供新的线索，为发现新的遗址建立基础。要对先秦时期的太伯渎、胥河，历史时期的坡岗、渎、运盐水系都要有调查，这是目前能够做到的。第三，要抓住江淮区间的历史空白，尤其商周时期的空缺，商周时期这一块到底是什么情况，是如何变化的，徐州开始在沭河、沂河流域做这方面的调查，淮泗区、淮河下游这一片有那么多邦国、小国家，难道考古上就一点也发现不了吗？要争取在"十三五"规划期间把这个工作做好。第四，我一定要讲一下，考古专业人才的培养，希望各级领导开开绿灯，保证考古专业人员有足够的时间、精力从事自己的专业和研究。尤其现在有的人一有点成果，就马上当领导了，当了领导后就没有时间、精力再做研究了。上次在"十三五"规划里，我讲要重视考古人才的培养，我们现任考古所长心里要有数，考古人才的培养绝对不是一朝一夕的事儿，是个积累的过程，离开这个岗位，你叫他再去抓是很困难的。还要讲一下，当今时代节奏快，功利色彩浓，考古专业人员要严格遵守职业操守。这一点要特别提出来，第一个，我们考古所自己收藏文物的有没有？我们考古人不能收藏文物，将来讲不清的，这是我们老一辈的曾昭燏明确规定的。第二个，我们考古工作者怎么看待文物鉴定、文物收藏，怎么来处理这个关系？我个人的看法是我们可以研究，可以鉴定，老实讲你有这个专业，有这个水平，人家请你，你完全拒绝也不可能，你可以帮人家看，但你不要去当钱赚，不要在中间去操作去买卖，我想这个应该是底线，否则你讲不清楚的。我希望大家既要有高水平，也要有高品格。有一位学者跟我讲，学术水平高，不一定品格高，我感觉确实有这种情况，还是要提醒大家，我们的学术水平要高，但是品格上一定不要出格。我讲的可能离题了，到此打住，我的话就讲完了。

（原载《江苏省考古学会文集（2015-2016）》，上海古籍出版社，2018年）

厚德载物，以人为本——沉痛悼念邹厚本老师

尹增淮

今天下午，我在宿迁考古工地惊悉邹厚本老师病逝的噩耗，内心万分悲痛，泪水不由自主地掉下来。我能在洪泽湖地区继承父辈的遗志，并能成为文博系列的研究馆员，完全离不开邹老师对我的培养与提携。在考古学实践上，他是我最得力的老师。我参与邹老师主持的考古项目很多，如泗洪古遗址调查、盱眙六郎墩发掘、沭阳古遗址调查与万北遗址发掘、金湖古遗址调查、盱眙小云山陈婴家族墓地的发掘等。

回想起以往的考古经历，邹老师对考古事业兢兢业业的态度深深地感染了我，其渊博的考古理论与丰富的工作技能更深深地教育了我。我从小在南京博物院长大，父亲尹焕章是南博老一辈考古工作者，邹老师对我特别关爱，发现我不懂不会的问题他都会毫不保留地传教于我。邹老师曾告诫我说"考古工作者除理论学习外，更重要的是田野实践"。下面我就将1986～1987年在沭阳万北遗址考古调查与发掘的故事告诉大家，以表达我对邹老师的崇敬心情。

1986年春，为探讨苏鲁皖交界地区史前考古学文化，邹老师带着谷建祥、王根富、缪祥山来到了沭阳（在发掘阶段李民昌也来了），我与包立山、方九、张步军作为淮阴市考古人员亦参加了这次活动。为保证此次考古调查的质量，在调查前，邹老师把我们所有参与人员集中在县招待所进行了短期的培训，首先要我们明确调查的目的及工作方法，所作所为真是有板有眼。因为沭阳是江苏大县，辖乡镇众多，邹老师把我们分为两组，谷建祥负责一组，我负责一组。当时我们跑了许多乡镇都没找到邹老师认定的理想遗址，邹老师勉励我们要继续努力。后来我想起来徐伯璞先生（民国时期教育部社教司科长，"文化大革命"后期与儿子徐乾下放在沭阳），在第二次全国文物普查时，他曾为淮阴市博物馆在沭阳万匹征集了一个商代铜鼎。根据这个线索，我建议谷建祥去万匹，不出所料，一处黄淮地区重要的古遗址被发现了。邹老师非常高兴。当年下半年就进行了发掘。

来到沭阳万匹，邹老师正好50岁，他身体依然很健硕。我从小就知道邹老师

是运动健将，他乒乓球、足球、篮球样样都会。在万匹我们考古队与万匹中学进行了一次篮球友谊比赛，邹老师是我们考古队篮球队长。他生龙活虎，运球传球神出鬼没，围观的师生与乡民都夸这个"小老头"厉害。那天我们考古队竟然把万匹中学校队打败了。

在发掘过程中，邹老师很会安排我们考古人员的角色。勘探中，在万北村民王正明家菜园发现有一座商代墓葬。因紧靠房屋，房主不让考古队发掘。邹老师叫我去攻关，做说服工作。我在做知青时当过生产队队长，知道农村的风俗。我了解到王正明求子心切，便登门劝说。我说："王正明啊，你已生了几个女儿，为什么不生儿子？你知道其中的原因吗？"王正明一下就被我问住了，他追问我其中的原因。我说："你家阳宅前面有墓，很不好，阴阳不和！我们考古人懂风水，我们会为你调顺阴阳的。"王正明听了我的话，当即表示同意让我们发掘了，为此，邹老师还表扬了我。后来在王正明菜园里，一座商代晚期的贵族墓葬被揭示开来了。发掘过程中，邹老师对殉葬现象及其腰坑遗风，包括对出土文物如何保护都做了一一解说。发掘结束我回淮阴后，谁知第二年秋天，王正明提着花生与红鸡蛋来淮阴博物馆找我，说是要感谢考古队因挖了那座古墓，改变了风水，让他生了个儿子。

邹老师每到一个遗址他都会把周边的环境巡视一下。有一天，邹老师在勘察中被一只大狼狗咬了，他腿上流着血回到工地，我们惊恐不已，他却不以为然。在大家再三催促下邹老师去县城打了狂犬疫苗针。谁知邹老师打了疫苗后有反应，屁股上害了疔疮，疼痛难挨，晚上卧床都要趴着睡，但邹老师忍着痛苦，依然奔波在大江南北。

当时邹老师已担任南京博物院考古所领导工作了，他在主持沭阳万北遗址发掘项目的同时，还要兼顾苏南、苏北其他工地的考古工作。在发掘万北遗址时，南博在邻近的新沂花厅遗址也正在发掘，邹老师借坐淮阴博物馆一辆老式吉普车赶去了，直到晚上九点多钟车子还没回来。当时正值冬季，是夜凛冽的寒风夹着大雪漫落下来，如果邹老师当晚赶不回万北，他们的车子就会封锁在山里了。正在我们焦急等候的时候，驻地大门突然被推开了，只见邹老师涨红着脸，头上眉毛上还沾着白雪，像圣诞老人一样出现在面前，好一幅《风雪夜归人》，我一闻就知道他喝酒了。他还没站稳又猛然调头跑到院里。我也急忙跟随出去。只看他挺立着身子，将酒从嘴巴里喷吐出来，吐酒姿势真是与众不同。他嘴里还不停地说："今天我高兴……。"第二天邹老师才告诉我说，花厅遗址考古又有了新的发现，他太高兴了。花厅发掘是汪遵国老师领队，手下的一批队员想把邹老师灌醉。谁知道邹老师好酒量，他力战群雄，发挥自己快枪手的魅力，一鼓作气喝了许多白酒。他说"想让我喝醉没那么容易，要吐酒也不能在他们面前吐。"邹老师就是这样一个有个性的人。

邹老师虽然是考古大家，又是南京博物院考古所领导，但他到基层考古从不摆架子，平易近人，有很强的亲和力，他非常支持地方文博事业。在万北遗址发掘中，邹老师为了提高淮阴市13个县区文博专职干部的业务素质，主动向淮阴市文化局提议，在万北遗址发掘现场举办培训班。向学员们逐一介绍探方文化地层和器物标本，增强基层文博人员对考古学文化的认识。为了丰富淮阴博物馆陈列展览，他还亲自动手把一座商代土坑墓整体起取。那天下午烈日炎炎，邹老师指挥民工与木匠安装套板。他十分谨慎，忙上忙下，汗水湿透了他的衣衫。不料天气突变，大风吹着乌云袭来，如果不赶在暴雨前把商代土坑墓起取起来，雨一下墓坑将被冲塌。我在他身边都慌了，邹老师沉着冷静，有条不紊地指挥操作。木板从墓底套合后，邹老师又与大家从探方深处一步一步地把大木箱搬到地面。刚搬到地面，大雨就席卷而来，邹老师与我们站在风雨中用塑料布遮盖着木箱，大家的脸上都露出满意的笑容。这座起取的商代墓葬已成为淮安博物馆基本陈列的重要展品。

万北遗址在邹老师的带领下，经过三次发掘取得了丰硕成果，为研究苏鲁地区北辛文化与青莲岗文化提供了新的材料。此外，还发现大汶口文化、岳石文化、商文化等历史遗存，积淀深厚，在邹老师的带领下，我经历了一次重要的田野考古的历练，每个环节邹老师都会孜孜不倦传授于我。发掘结束后，邹老师还安排我去南博与谷建祥一起整理陶片，撰写发掘报告，让我得到系统的学习和锻炼，掌握更多的考古技能。

今天邹老师去世了，考古界失去了一位杰出的考古学家，我失去一位知遇的恩师。在悲恸之余，我们应该学习与发扬邹老师身上那股考古人的精神，筚路蓝缕，宵衣旰食，不畏艰难地把我们的本职工作做好，为建设中国特色、中国风格、中国气派的考古学贡献力量！

2022年5月26日晚悼念于宿迁马陵山

江苏考古界的"老顽童"——邹厚本先生

吕春华

邹先生溘然长逝，虽然早有预料，却还是令人猝不及防。回想这么多年跟邹先生在一起工作的日子，有很多难忘的瞬间令人回味。

几年前，邹先生已八十岁出头，还时常被我们邀请奔走在考古工地，为大家指点迷津。他个性开朗，大方幽默，大家亲切地叫他江苏考古界的老顽童。我和邹先生的见面通常从高铁站开始，从这里出发到全省各地的考古工地，他的圆脸上洋溢着笑容，一如遗像中一样。

还记得多年前他的八十大寿，各地的考古项目负责人、邹先生的多年圈中好友齐聚句容考古工作站，共同见证文博老前辈的八十华诞。大家纷纷送上寿礼，发表热情洋溢的祝福。那时的邹先生满面红光，神采奕奕，他很感谢大家来为他这个平凡的人过寿，感谢大家对他的祝福。他跟大家说，我是苏州人，苏州最有名的是昆曲，我来为大家唱一首吧。大家的掌声很热烈，他拿起话筒，即兴唱起了吴语山歌，咿咿呀呀，尽管一句也听不懂，我还觉得别有韵味，耳目一新。

一　土墩墓发掘

2005年春夏之交，为配合宁常、镇溧高速公路建设，省文物局组织实施了句容金坛土墩墓考古发掘。南京博物院牵头的八支考古队在金坛和句容40座土墩墓上，挥汗如雨奋战了5个多月。彼时邹老师已年近古稀，作为本次发掘专家组成员，他协助省文物局和南京博物院制定土墩墓考古发掘田野阶段工作要求，对田野考古工作规程做了细化和强调，并拟定基本建设考古课题，奔波在田野为大家指点迷津，就每一个新发现的遗迹现象与发掘者反复讨论。笔者有幸参加了此次发掘，并在大大小小的历次讨论与座谈中，聆听了先生语重心长的建议和意见。在土墩墓考古专家论证会上，邹先生与李伯谦、黄景略、宋建等来自国家文物局专家组和长三角的专家们共同探讨论证此次考古的重要意义和收获，邹先生深入分析了句容金坛土墩墓考古取得的重要成果，阐述了这些成果在江南土墩墓考古历程中的里程碑意义，令省内外专家更加了解土墩墓考古的收获和考古工作的艰辛。此次考古被专家们誉为"基本建设考古工作的样板"，也荣获了2005年度"全国十大考古新发现"及国家文物局田野考古二等奖（一等奖空缺）的殊荣，我想，这与邹先生的悉心指导是分不开的。

二　大云山之行

那是2009年的夏天，一个刺耳的举报电话划破了假日值班室的上空。著名的汉代诸侯王陵顶部发现盗洞，盗墓还牵出了几个人的死亡，这个盗墓的严重程度几年来罕见。很快，我奉命和邹先生及另一位考古专家火速赶赴盱眙大云山盗墓现场。

那一年，邹先生七十几岁，身体还很健康，我们戏称他为70后。驱车两小时后，来到了大云山脚下。下车后得走一段山路，邹先生一马当先，步伐比我这个年轻人都轻快。一口气来到山顶，赫然看到一个深深的洞直通下面，从表面看，只是一个不大的洞。邹先生看看洞口，又到洞口周边看了下地形地势，叹了口气，遗憾地说："看这个样子肯定盗到主墓了。这个山顶是大云山的主峰，应该是主墓所在地。20世纪七八十年代我在小云山考古调查，这里经常来，这个墓一定是西汉哪一代诸侯王的陵墓，可惜呀可惜"。后来的发掘证实果然主墓葬被盗得不轻。

当时的我对汉墓了解还不够深入，看到邹先生只从盗洞和周边地形就能大概判断墓葬的性质，我只有佩服的份儿。作为北大考古专业毕业的老一辈考古学家，邹先生做过全省很多遗址墓葬的调查研究，对各地的情况了如指掌，只要说出地名来，他基本能如数家珍地知道那里有什么。

三　美食家邹先生

有关这个老顽童有很多故事讲，我只能选一些本人熟悉的有意思的事情。那是十几年前的一个春夏之交，天气已渐渐暖和。省内一个专家出差赶火车，在高铁站偶遇邹先生。这个时代，在高铁站遇到熟人概率比较大。老爷子时常全省溜达，我们也都习惯了，有的是考古工地发掘出的特殊遗迹现象需要专家来辨识，有的是博物馆做展览需要向专家咨询，还有的是如何保护展示遗址需要征求专家意见，于是会来接他或帮他买好票他自己乘车。当天那个专家以为邹先生受哪个地方邀请要去指导工作。

见到他时，他提着一个手提袋，正在候车室来回转悠。于是问："邹老师，您老上哪里去啊?"。邹老师很轻松地告诉他:"我到宜兴买点雁来蕈"。各位可知道什么是蕈?我是后来经查字典并请教邹老师才知道,原来这是一种产于宜溧山地的菌类,类似于蘑菇,用它来做蕈油面"特别好吃"。邹先生在说这个"特别"两字时特别用力,"特"字三声,"别"音上翘,显出这个蕈油面的不同寻常。他说:"这个天,蕈刚刚长出来,宜兴有一家菜场有的卖,别人不晓得,我去了才能找得到,哎……"他一个哎字拖着长长的尾音,婉转悠长,透着骄傲与自豪。

为了一顿蕈油面,乘高铁去宜兴买雁来蕈,这是什么样的生活态度!如果没有对美食和生活的热爱绝对做不出来。我听说后很是好奇,当面跟邹先生证实,他若无其事地说确有此事。看我纳闷,他还给我普及了蕈油面的做法:"这种蕈有一个好听的名字叫雁来蕈,新鲜的蕈买到以后呢,要尽快把它做成蕈油,就是把蕈择洗干净拿油炒,慢慢地收汁,蕈吸了那油,自身的水分也析出来,变得饱满多汁,面条煮好后,浇一勺蕈油,那味道特别鲜美"。他又用特殊的语调说起"特别"二字,又短促又上扬。听他说完,我仿佛吃到了新鲜的蘑菇面,口腔里充满了哈喇子。

看看邹先生对蕈油面的热爱,突然想起自己小时候对宁夏紫蘑菇做成的蘑菇面的热爱。只要尝过那种鲜味,大概一辈子也忘不了。人类对滋味的追逐,每个地方、每个人,不论男女老少都一样吧。所以就连八十几岁的邹先生也会念念不忘当年自己吃过的蕈油面,据他说每年这个季节他都要想办法去弄到新鲜的蕈来吃吃。一般人也就吃本地能买到的菜,乘高铁到外地专门为了买菜,计算时间和经济成本也觉得划不来啊。但对事物的追求就是这样,你觉得值得就可以为此付出,邹先生对美食和食材的追求比别人更加执着,他愿意花半天时间百八十块钱去宜兴买蕈,来满足自己的味蕾,何尝不是一种追求呢。

四　考察洪泽宋代壁画墓

2017年,洪泽在新农村改造中发现宋代壁画墓,邹老师应邀到现场指导。正值梅雨季节,一场雨后工地有些泥泞,一行人鱼贯进入狭窄的砖室墓。穿过倾斜的墓道,眼前的宋墓有些简陋。可进入青砖垒砌的单室墓,却别有洞天。

且不说墓葬出土大批珍贵文物,也不说砖室墓的仿木结构多么精美,最宝贵的要数墙壁上的壁画了,经过千年的潮湿腐蚀,画面虽已模糊,还看出些许红色、黑色颜料。裙裾飘飘样貌秀美的仕女款步前行,手里轻轻捧着一个精致的食盒,另一边的男人举着盘子。可能主人家要举办重要活动,或者要大宴宾客,宴席之前需要先祭祀祖先。壁画线条柔美,笔触细腻,生活场景跃然纸上,仿佛张择端的清明上河图再世。

邹老师在现场啧啧称赞，在他漫长的考古生涯中，这也算是罕见的："20世纪在淮安杨庙曾发现过两座宋代壁画墓，壁画刚发现时线条清晰，颜色鲜艳，很可惜当时的保护技术和重视程度都不够，两个墓葬也没能很好保护。"说到这里，他向地方上的行政人员呼吁："宋代墓葬在江苏不多，宋代壁画墓更少见，这个墓带着北方中原地区的风格，很有可能是北方移民，因为淮河的交通便利来做生意，或做官到洪泽来定居，死后还念念不忘家乡的风格，这个墓研究保护好将会揭示出宋代北方文化的特色，和对南方的影响。价值很大，一定要好好保护，最好能现场保护。"

邹老师的一番话让洪泽的父母官醍醐灌顶，本来犯愁如何处理这个墓葬为建设让路，现在才知道墓葬的价值这么重要，话题纷纷转到如何保护和研究墓葬了。现在，这处宋代墓群已原址保护，壁画也请洛阳市文物研究院进行了专题修复，还原了当时的面貌。

洪泽湖边的风又湿又冷，看完墓葬怎能不用酒来御寒？邹先生的另一大特点是喝酒来者不拒，这一点对于一个八旬老人来说，着实让人胆寒。菜还没吃多少，大家纷纷向席间年纪最长、德高望重的邹先生敬酒，每人走到邹老师面前说一句："邹老师我敬您一杯酒，您老随意"后，仰起脖子一饮而尽。每当这个时候，邹老师并没有随意，他往往端起酒杯，以同样的动作回敬来访者，仰脖一口干掉杯中酒，仿佛喝的不是酒，而是白开水。这时我们会劝他："您老不用喝完，没关系呀"。他则笑笑，大睁着布满红血丝的眼睛毫不在乎地说："没事没事。"

他端起满满一壶酒回敬大家："我就一起敬大家了，你们随意我干掉"，话音刚落，还没等大家反应过来，他已经右手拎着酒壶仰着脖子咕咚咕咚"拎壶冲"了。等大家劝他不要喝完时，他将壶底朝天给大家看了，脸上红通通，笑盈盈的。众人鼓掌为老爷子喝彩，为他的爽快、好身体及不服老喝彩，而我却有些担心。

"没事"是他的口头禅。在考古工地爬高就低有人搀扶他，他说没事。下雨天有人为他打伞，他说不用，没事。出去开会时间太长耽误了饭点，他说没事。出差到处乘车倒车，他说没事，连我这个年轻人都吃不消的事，在他那里通通没事。

五 老江湖邹先生

人们通常把一个经验丰富见过世面处理问题老到的人称为老江湖，邹老师就是这么一个老江湖。可以说常年在野外跟各色人等打交道的考古人，大部分是老江湖。他们看惯世事风云，了解人性和事物的规律，有敏锐的判断力和洞察力。

2017年的数九寒天，我和老爷子到常州某考古工地，一处保障房即将建设，遇到宋代墓葬，而这个墓恰好是南宋抗金英雄张守的家族墓园。诸位可能知道陕西蓝田吕氏家族墓，那可是排列整齐规划有序的一处北宋大型墓园，吕大临比张守年长，张守已处于风雨飘摇的北宋末期，北宋王朝南迁至杭州偏安一隅，岳飞、韩世忠、张浚等一批爱国将士为收复被金人占领的河山奋勇拼搏，而张守也是其中一员。

张守家族墓园处于常州一个叫皇粮浜的地块，墓葬的位置正好位于规划中的学校和绿地，南宋的砖室墓葬出土文物丰富，还留有部分回廊和墓上祭祀建筑，在江苏首次发现。邹老师等几位专家力陈遗址的重要性，建议建设方和当地政府调整规划，将发现的遗址回填原址保护，作为小区建设中的绿地，为小区增加文化底蕴。

即将过年，天寒地冻，天空还飘着点雪花。那日恰逢周五，忙完所有的事到了高铁站，已经傍晚。我们没有提前买票，拒绝了常州同行送我们回南京的好意，满以为能买到回程车票，可是到售票处傻眼了，居然一张高铁动车票都没有，只有K字头的车半夜到南京。

看着车站黑压压的人群，我仿佛置身春运时的火车站，内心有一丝恐慌，弱弱的问了一句邹老师"我们要不要住一晚明早再走？"。邹老师当机立断："不用麻烦地方了，我们打车走吧。"

已是晚上七点多，华灯初上，车站尽是急着回乡的游子，个个神色匆匆。我俩走出车站，走向出租车排队处，问了几个人，一听说南京，都直摇头，要么说下雪，又黑天半夜，哪个要去！要么价格贵的吓人。

这时候老江湖出面了，邹老师跟我说，"等会你别说话，我来谈"。他镇定地拦着一辆车，二话不说先上车坐下，不给司机拒载的机会。进入温暖的车厢，我那拔凉拔凉的心稍微安定了些。邹老师带着笑，好言好语地跟师傅说，"小伙子，我们要去南京，包你的车去。你看看多少钱？"。司机师傅是30岁上下一男生，看到一个70大几的老头上了车，还比较和气跟他说话，人已在车上，也没办法拒绝，就跟我们实在说，得700。这个价还好，邹老师稍加思索便同意了，"好，就依你说的，走吧"。

一路上，邹先生在副驾驶慢慢跟小伙子套话，哪里人，开车多长时间了，家里几口人，有没有结婚，有没有小孩，平时不开车都做什么。深夜包车，对于一个女生加个老头，实在有些冒险，如果司机起歹意，我们绝不是他的对手。我曾听一个同行说起他深夜独自打车遇险差点被谋财害命的事，因而对此行深为担忧。在邹老师一步步跟师傅交谈过程中，我才慢慢放松了警惕。路上司机出去加油，邹老师悄悄告诉我，"看到了吧，对付跑夜路的司机，要有策略。我在慢慢套他的底细，这样他就不敢造次了。不然他打什么歪主意我们怎么办？"

随着车子慢慢靠近南京，我的内心总算松了口气，一路上我很少说话，基本上在观察司机，听他们二人交谈，偷偷判断形势。

终于到南京了，可爱的老头很周到，先让司机把我送回家，然后再送他回家，我一点也没拒绝老爷子的好意。

六　老去的邹先生

邹老师身体一直很健康。他酷爱运动，年轻时曾横渡长江，踢足球打篮球，样样运动都在行，打下了很好的身体底子。当年省厅组织登紫金山，别人还在山半腰，他已经到了山顶，毫无悬念地拿了第一名。三九天出门在外，我们套上厚厚的长款羽绒服，他一件毛衣套着夹克，还敞着拉链，光溜溜的脑袋上面扣着一顶呢帽，一点也不怕冷。他关心各种体育赛事，不管足球篮球乒乓球比赛都看，连出差也会熬夜看球，常常一两点睡觉，第二天精神照旧。有次向他请教健康的秘诀，他的回答至今让我铭记："除了多运动和营养均衡外，最主要得想得开，保持良好的心情。"

然而岁月不饶人。八十岁以后，邹老师渐渐生出些老态来。说话需要很大声才能听见，有时候讲半天，他也只能听个大概，嗯啊的回答我们，我们就知道他并没有听到，为此他带了助听器，稍有改善。但走路时常露出疲态，呵欠连天，步履蹒跚。唉，人总有一天要服老。

有一次，他骑自行车买菜，居然直接栽了下去，有点小中风前兆，路人通知家里人将他送到了脑科医院。我们去看望时，他躺在楼道里的加床上，经检查是小面积的脑梗，不严重，但是也得密切注意了。床位紧张，他没跟原单位领导提要求找关系换床，怕麻烦别人，说加床挺好，好在没几天就出院了。

在家的邹老师依旧很忙，除了照顾比他小七岁卧床不起的爱人，伺候吃药，每天买菜做饭，还看书写稿，精力依然旺盛。这一两年与邹老师偶尔也能见面，他依然达观开朗，但对我们的"不带他玩"也深表遗憾。俗话说"七十不留宿，八十不留饭"，外地的活动我们不敢冒险请他去，只能请他出席在南京的活动，有人专车接送，保证安全。

邹老师的猝然离世，是江苏文博界的一大损失。我们都要学习邹老师宽厚达观的生活态度，孜孜以求的治学精神，保持健康的体魄，争做一个有建树的考古人。

编后记

邹厚本先生，是一个被考古界广为尊重的名字！

在中国考古界提到江苏考古，邹厚本先生始终是一个被津津乐道的考古人；而在江苏考古界，邹厚本先生又是一位给江苏考古留下深刻印记的学者和长者。邹先生的音容笑貌、豁达开朗的性格，无不是同仁们闲聊或小酌时的话题。

时值邹厚本先生去世一周年之际，仅以此书来表达我们对先生无比崇敬的心情，追思先生的谆谆教诲，缅怀先生丰硕的学术成果。

从1964年4月入职南京博物院，先生从此没有离开过考古岗位，哪怕退休后，依然壮心不已。先生不图名、不图利，始终不遗余力地为江苏考古辛勤耕耘，真正把考古作为了他一生所钟爱的事业。

邹先生不仅有坚毅不拔的实干精神，而且又有深厚而精湛的学术造诣。先生曾主持或参与了大量的考古调查、发掘工作，并在很多领域进行了深入的探讨与研究，取得丰厚的成果，发表了诸多论著，不乏真知灼见，在学术界产生了很大的影响，更有代表作被誉为某一领域具有"标尺"性的成果。

南京博物院自2009年起开始编纂《南京博物院学人丛书》，其作者皆为南博资深学者，通过把他们的文章结集出版，使之变成可以作为系统的历史文献资料而得以传承；同时，也希望学人身上精神的光芒、文化的力量能够代代相传。邹厚本先生两者兼而有之，为他出版文集也就顺理成章，并在2021年底正式提上议事日程。当时邹先生身体虽比前些年略显老态，但仍思维清晰，行动如常。大家私下也常谈起要为先生操办九十大寿的事情，觉得凭他当时的身体及精神状态，活到一百岁都不是没有可能。

先生得知院里决定为他出版文集的事非常高兴，立即投入工作，查找、汇总、筛选他曾撰写过的文章、论著，并很快准备了一份目录给编者。然而，很快发生了意外，2022年3月份，邹先生突然病倒了，并于5月仙逝，永远离开了他念念不忘的考古事业，以及许许多多尊敬他、喜爱他的同侪与后辈。文集的编纂工作还得继续，好在有他生前提供的目录，事情便变得没那么复杂。通过大家的努力，邹先生的论著很快得以汇总。李伯谦先生不顾年迈为文集作序，邱永生、田名利、孙瑾以及邹先生家属也为文集的结集出版做了许多具体的工作。

　　在文集即将付梓之际，眼前仍常浮现邹厚本先生的音容笑貌。

　　文集呈现的不仅仅是邹先生的学术成果，也希望读者透过一篇篇文章，看到其背后体现的精神力量和人格的光芒。

编　者